上大法学文库

商事主体与商事信托法律制度研究

李智 等 著

上海三联书店

前 言

商法作为维护市场经济秩序的基本法,确立商事主体,指导商事行为,规范商事操作机制。商事主体作为商事活动的起源,定格商法的调整对象;商事主体所为的商事行为,引领商法的价值取向。所谓商法,即是以商事主体为核心、对其行为进行技术性规范并凸显出浓烈逐利情结的"商人法"。

商事主体与商事行为作为"商人法"中的两大核心元素,体现了商事立法的实践品格并与时俱进。公司作为商事活动最基本的主体,浓缩了市场经济跌宕起伏的历程;商事信托作为一种特殊的商事行为,代表了资本经营模式的高端水平。作为现代社会最合理的治理工具——公司,将其引入传统的信托制度之中,才使信托具有了商事特质。是故研究商事信托,则需以公司法制为前提。本书第一编以商事主体法律制度研究为楔子,并选取公司作为主要研究对象;第二至第四编推进探讨商事信托,以房地产投资信托(REITs)法律制度为奠基研究,其后提升研究保障性住房投资信托(REITs)法律制度,最后对家族信托等新型信托制度进行展望。

第一编铺陈商事主体法律制度研究。公司作为商事主体中的重要组成部分,对其设立、运营、终止等各个环节的法律规制无疑在商法中占有举足轻重的地位。本世纪之初,对于中国公司法的改革呼声日高。本书从比较研究入手,对有限责任公司的法律制度、股东权益保护、公司治理结构、公司资本制度、企业社会责任、企业融资问题等方面进行了较为详实的研究。这一系列专题为本书第二至四编商事信托提供了前提性探索。

第二编转入房地产投资信托(REITs)基础法律制度研究。20世纪90年代以来,发展房地产业对于有着 13 亿人口的中国尤其具有战略意义。而房地产业的发展与房地产金融业的成长息息相关。与发达国家相比,我国的房地产金融仍处于初级阶段,存在着融资渠道单一、房地产金融市场法律体系亟待完善等问题。我国房地产金融业的相对滞后已成为制约我国房地产业持续发展的重要因素,而加快金融创新、成立房地产投资信托无疑将是市场的必然选择。房地产投资信托(REITs)的理念发端于 1960 年,迄今已走过近半个世纪的历史,其不仅立法十分完善,而且运行也较为稳定。更值得一提的是美国 REITs 真正发展的时期是 1960 年至 1970 年间,而这期间美国的金融环境与我国现阶段的金融环境非常相似。当时美国由于政府紧缩银根,信贷额度相应缩小,导致房地产项目资金普遍匮乏,而握有大量闲散资本的小投资者却无力以自身资产投资房地产,在此情形下美国政府通过法案正式确立了 REITs 制度,并一直延续至今,成为联系房地产资金需求者和投资者的重要纽带。西学东渐,通过研究国外尤其是美国的 REITs 制度,对尝试建立中国房地产投资信托(C-REITs)制度以拓宽融资渠道将大有裨益。

第三编深化保障性房地产投资信托(REITs)法律制度研究。美国保障性住房 REITs 初现于上世纪 60 年代,以廉租房 REITs 的形式出现。到 1986 年,低收入住房返税政策(Low-income Housing Tax Credit,LIHTC)出台即掀起一股廉租房 REITs 的投资高潮。2011 年 9 月国务院办公厅发布的《关于保障性安居工程建设和管理的指导意见》提出了加快解决中低收入家庭住房困难,促进实现住有所居的目标,保障性住房难题亟待解决。本部分首先从美国和香港等国家与地区保障性住房 REITs 的成功经验入手,联系我国实际,丰富我国关于保障性住房 REITs 的相关理论,为完善我国 REITs 的法律体系提出建议;其次从廉租房、公租房、经适房三个方面入手,寻求符合国情的保障性住房 REITs 制度设计方案,试图凭 REITs 之优,排中低收入群体住房之难,解政府和房地产企业之急,为立法部门和司法部门提供建议,以化解社会矛盾,维护社会稳定。

第四编开发新型信托法律制度研究。"富不过三代"的说法流传至今,像"魔咒"一般在很多家族应验。如何才能打破魔咒,实现家族财富的基业常青?在欧美国家越来越多的富人把"家族信托"当作传承家族财富的重要方式。随着平安信托发售国内首款家族信托产品,家族信托的发展前景广阔。我国《信托法》颁布距今已有十几年，由于法律的滞后性，立法之时不可能面面俱到，目前在设立家族信托之际财产所有权的归属、财产登记制度、受托人的权利与义务平衡等法律问题仍有待完善。

在此感谢对本书的整理提出宝贵意见的上海大学法学院同事：张秀全教授、李凤章教授、陈剑平教授、崔文玉教授、李本教授、李立新副教授、陈敬根副教授、杨显滨博士及南昌大学法学院杨峰教授。感谢参与本书梳理与校对工作的研究生同学：卫鑫、李荣、徐元强、王琼、陈雅。

感谢上海大学法学院推出代表作系列丛书项目，使得本人有机会将拙作及与弟子的合作作品汇集成本书，与大家分享。由于时间有限，本书中的错误在所难免，还希望各位读者不吝赐教。

李　智
2016年9月

目录

前言 / 1

第一编　商事主体法律制度研究

专题一　澳门与内地有限公司法律制度之比较 / 3
　　一、有限公司的设立 / 4
　　二、股东与公司的关系 / 5
　　三、组织机构 / 6
　　四、"一人"有限公司 / 8
　　五、澳门与内地有限公司法律制度冲突的解决途径 / 9

专题二　英国"小公司"法改革介评 / 11
　　一、"小公司"法改革之背景与"公司第一位考虑"原则 / 12
　　二、"小公司"法改革内容介绍 / 13
　　三、结语 / 16

专题三　上市公司收购与小股东权益保护 / 18
　　一、上市公司收购对小股东权益之影响 / 19
　　二、上市公司收购中股东权保护不足之原因分析 / 20
　　三、上市公司收购中小股东权益保护措施之完善 / 22

专题四　CEO法律地位与法律责任问题研究 / 27

一、CEO 的法律地位 / 28

　　二、CEO 的法律责任 / 32

　　三、强化 CEO 法律责任之对策研究 / 37

　　四、结语 / 42

专题五　公司减资制度初探 / 43

　　一、"减资"减什么？——外延及内涵 / 44

　　二、减资制度涉及利益冲突之考量——对股东、
　　　　债权人的保护 / 46

　　三、减资制度的实证考察——比较研究 / 48

　　四、减资制度有必要存在吗？——实质与合理性分析 / 51

　　五、我国减资制度的检讨——立法现状与对策 / 52

专题六　股票折价发行禁止之反思 / 56

　　一、折价发行之禁止——传统理念 / 57

　　二、折价发行之允许——比较研究 / 58

　　三、禁止折价发行反思之一——法学维度 / 62

　　四、禁止折价发行反思之二——经济学维度 / 67

　　五、我国股票发行制度之检讨与改革 / 72

专题七　论企业社会责任中的利益平衡 / 75

　　一、企业的社会责任就是捐赠吗？——企业社会责任的
　　　　内涵解读 / 76

　　二、捐赠的标准是什么？——现行相关法规的缺失分析 / 78

　　三、捐赠的制度完善——企业社会责任中的利益平衡 / 79

专题八　民间借贷风险的法律防范 / 81

　　一、民间借贷的内涵及其新特点 / 82

二、民间借贷的风险分析 / 85

　　三、民间借贷风险的法律规制 / 89

第二编　房地产投资信托(REITs)基础法律制度研究

　专题九　房地产投资信托(REITs)法律制度之基本理论 / 95

　　一、房地产投资信托(REITs)的界定 / 96

　　二、房地产投资信托(REITs)中的信托法律关系 / 101

　　三、房地产投资信托(REITs)与其他房地产金融工具的比较 / 104

　　四、房地产投资信托(REITs)的历史演进与发展 / 110

　专题十　房地产投资信托(REITs)之功能演绎与成因探析
　　　　——以美国REITs立法为背景 / 125

　　引言 / 126

　　一、REITs立法目的之偏离 / 126

　　二、税法对REITs兴起的重要影响 / 131

　　结语 / 137

　专题十一　房地产投资信托运作中的几个相关问题 / 139

　　一、证券立法与注册豁免 / 140

　　二、利益冲突与治理结构 / 141

　　三、股份的转让限制 / 142

　　四、反收购体制 / 144

　专题十二　房地产投资信托制度(REITs)风险之法律规制与
　　　　　运营控制 / 148

　　一、REITs风险之法律规制简析 / 149

　　二、伞型合伙(UP REITs)结构风险的法律规制 / 155

　　三、合股(Staple-REITs)结构风险的法律规制 / 157

四、下属合伙结构风险的运营控制 / 159

专题十三　中国房地产投资信托风险规避 / 162
　　一、银监会暂行办法(征求意见稿)相关规定之不足 / 163
　　二、中国 C-REITs 风险规避机制之设计 / 164
　　三、结语 / 171

第三编　保障性房地产投资信托(REITs)法律制度研究

专题十四　廉租房房地产投资信托的域外经验及其借鉴 / 175
　　一、消除迷思：房地产投资信托消极属性的诠释 / 176
　　二、制度移植：我国廉租房建设引入房地产投资信托的"试水"和困境 / 178
　　三、他山之石：美国和我国香港特别行政区廉租房房地产投资信托的经验 / 182
　　四、突破瓶颈：我国廉租房房地产投资信托制度之构建 / 184

专题十五　中国廉租房 REITs 模式设立中的法律问题分析 / 192
　　一、廉租房 REITs 模式的发展概况 / 193
　　二、中国廉租房 REITs 模式设立中的问题 / 195
　　三、中国廉租房 REITs 模式设立法律环境之完善 / 197
　　四、中国廉租房 REITs 模式设立机制之借鉴 / 199

专题十六　廉租房 REITs 的困境与脱困 / 201
　　一、必要性及困境：廉租房 REITs 在中国的入驻 / 202
　　二、比较与借鉴：美国与我国香港保障性住房 REITs 的制度经验 / 207
　　三、设计与脱困：中国廉租房 REITs 的走向 / 210

专题十七　廉租房 REITs 风险防范之法律制度研究 / 217
　　一、中国廉租房 REITs 的融资现状及发展意义 / 217
　　二、中国发展廉租房 REITs 的现状概述 / 220
　　三、中国发展廉租房 REITs 的内外部风险分析 / 221
　　四、构建廉租房 REITs 的风险防范制度 / 223

专题十八　公租房 REITs 的瓶颈与出路 / 226
　　一、理论铺叙：REITs 之法律解析 / 227
　　二、REITs 应用于公租房建设中的可行性 / 227
　　三、瓶颈解构：公租房 REITs 的法律障碍 / 229
　　四、他山之石：美国和我国香港保障性住房 REITs 的经验 / 231
　　五、制度设计：中国公租房 REITs 的走向 / 233

专题十九　经济适用房 REITs 的路径依赖与法律构建 / 237
　　一、理念与优势：经济适用房 REITs 在中国的引入 / 238
　　二、可行性与瓶颈：经济适用房 REITs 在中国的入驻 / 240
　　三、源头与启示：经济适用房 REITs 的美国经验 / 242
　　四、框架与设计：中国经济适用房 REITs 的走向 / 243

第四编　新型信托法律制度研究

专题二十　家族信托法律问题探析 / 251
　　一、打破"魔咒"：家族信托之兴起 / 252
　　二、发展与缺罅：我国家族信托之现状与窘境 / 253
　　三、回荡与探索：英美家族信托之发展与启示 / 257
　　四、且行且完善：我国家族信托法律问题之思考 / 260

第一编　商事主体法律制度研究

专题一　澳门与内地有限公司法律制度之比较

专题二　英国"小公司"法改革介评

专题三　上市公司收购与小股东权益保护

专题四　CEO法律地位与法律责任问题研究

专题五　公司减资制度初探

专题六　股票折价发行禁止之反思

专题七　论企业社会责任中的利益平衡

专题八　民间借贷风险的法律防范

专题一 澳门与内地有限公司法律制度之比较[*]

李 智

(上海大学知识产权学院,上海 200072)

目 次

一、有限公司的设立

二、股东与公司的关系

三、组织机构

四、"一人"有限公司

五、澳门与内地有限公司法律制度冲突的解决途径

摘 要:澳门与内地的法律在有限公司的登记设立、成立后股东与公司的关系、组织结构,以及可否成立"一人"有限公司等方面存在较大差异。为解决两地间的这个问题,必须尽快完善与修订两地现行的公司法并制定全国统一后的区际冲突法。

关键词:澳门;内地;有限公司;公司法

中图分类号:D922 291 91 **文献标识码**:A **文章编号**:1002-8919(2001)02-0037-05

---

[*] 本文载于《中国青年政治学院学报》2001 年第 2 期(政治类 CSSCI)。
作者简介:李智(1968—)女,重庆人,上海大学知识产权学院讲师,法学硕士,主要研究民商法学、澳门民商法、WTO 动态。

澳门由于其特殊的历史背景，中小型企业居多，而中小型企业最宜采用的公司形态是有限公司。因而，有限公司在当今澳门各类商业组织和经济实体中所占的比例最大。根据澳门基本法，澳门回归后，其现行的公司法律制度将得到保留。回归后，由于实行不同的有限公司法律制度，澳门与内地有限公司法律制度是否会冲突？应如何协调这两者之间的冲突？这已成为两地法学界及工商界人士关注的焦点。本文拟从有限公司的设立、股东与公司的关系、组织机构等方面，就《澳门公司法典》与内地《中华人民共和国公司法》（以下简称《公司法》）中有关有限公司的法律制度作一比较。

一、有限公司的设立

有限公司是指股东以其出资额为限对公司债务负有限责任的公司，在澳门，它又被称为责任有限公司。所谓公司的设立，是指成立公司的创办人依据法律的要求，准备和实现公司必须具备的一切条件，并建立起一个具有独立法律人格的经济实体之一系列法律行为之总和，在有限公司的设立上，澳门公司法与内地公司法原则上都采用登记准则主义。但二者仍有所差异，主要表现在：

（1）澳门公司法仅严格限制有限公司的人数上限，而没有最低人数要求。《澳门公司法典》第188条规定，有限公司的人数不得超过30人，且任何使公司股东人数超过30名的行为，只要是该公司尚未正式以决议转变为股份公司的，都不发生任何效力。而内地公司法则不仅严格限制有限公司的人数上限，也规定了最低人数要求。《公司法》第20条规定，除了国家授权投资的机构或者国家授权的部门可以作为单个股东设立国有独资的有限责任公司外，其他有限责任公司股东必须为2人以上50人以下。

（2）澳门公司法对有限公司既限制最低资本额，也限制最高资本额，同时允许分期缴纳股金。《澳门公司法典》第189条规定，"有限公司之资本，不得少于澳门币2.5万元，不得逾澳门币500万元。"依此法律规定，如公司资本超过500万元，则必须通过决议将公司转化为股份公司。这种对公司作最低与最高资本额限制的作法，即使在大陆法系国家中也称得上是独树一帜。并且澳门公司法允许分期缴纳股金，只规定在公司成立前股东必须交足50%的股份。内地公司法仅根据各种不同行业的具体特点,规定了各行业的最低注册资本限额:"以生产经营为主的公司人民币50万元;以商品批发为主的公司人民币50万元;以商业零售为主的公司人民币30万元;以科技开发、咨询、服务性为主的公司人民币10万元。"这些规定与其他大陆法系国家的法定资本最低限额相比,数额偏高,一般约高出10倍～20倍,有的甚至更高,同时又要求过严:我国现行公司法规定设立公司时,股东必须一次缴清股金,不允许分期缴纳。因此,在内地设立有限责任公司比在澳门设立同类公司更难,这也是现行公司法律制度在市场经济发展中逐渐显露出来的弊端之一。

二、股东与公司的关系

有限公司是一种典型的合资公司,股东以其认购股份的出资额构成该股东所拥有的作为一个单位的定量,并不像股份公司一样,将公司的资本划分为相等的份额由股东认购。依据澳门与内地公司法的规定,两地有限公司之股东在公司成立后均以其出资额为限对公司承担有限法律责任。但同时,内地有限公司在股东与公司的关系上存在着一些差异,这些差异主要如下:

(1)澳门公司法规定有限公司的出资方式较少,但允许股东在公司设立时欠缴股款,并严格规定了不按期缴纳欠缴股款的责任。澳门公司法规定,有限公司股东应履行出资义务,可以缴现金,也可缴实物。有限公司的股单面值至少为1000澳门币,并且必须为50元的倍数。认缴出资必须首先以现金缴付50%的股单,当已认缴的股额达到法定的公司资本最低限额时,其余出资可延迟,但延迟认缴的期限最长不得超过三年。当股东不按期缴纳股款时,不仅其他股东有义务对其所欠之股款承担补充出资之连带责任,而且延期缴款之股东会丧失其对股单的权利,且无权收回已作为股款所支出的金额。这种做法,便于股东以较少的资金设立有限公司,又通过对欠缴股款之最长期限及不按期缴纳的责任规定,来确保公司出资的真正到位。而内地有限责任公司的出资方式较之澳门同类公司为多,但不允许股东在有限责任公司设立时欠缴股款。内地公司法规定,股东可以用货币出资,也可以用实物、工业产权、非专业技术、土地使用权作价出资。当发现作为出资的实物和工业产权等实际价额显著低于公司章程所定价额的,公司设立时的其他股东应对此承担连带责任,而未缴足出资的股东在补缴其差额后,仅向已足额缴付出资的股东承担违约责任。由于对未缴足出资的股东责任规定较少,因而在一定程度上影响了有限责任公司出资的真正到位。

(2)澳门公司法对股东之间相互转让股份作了严格限制。澳门公司法规定,股东之间相互转让股份应以"私文书"确定(即区别于由立契官公署所作出的"公文书"),且必须通知公司并登记,否则转让无效。对于股份的转让,本公司享有第一优先购买权,为期45天;如公司不行使该优先权时,其他股东可按股比例享有第二优先购买权,为期15天。由于存在购买顺序,不利于股东之间相互转让股份,但却因为有购买的时间限制,加速了股份转让的进程。内地公司法仅笼统规定,股东之间可以相互转让其全部出资或部分出资,并无购买顺序的限制,因而股东之间可自由转让其出资。另一方面,由于没有转让的时间限制,影响了股份转让的速度,不利于效率的提高。

(3)澳门公司法允许股东在公司成立后收回其出资,并规定由其他股东分摊偿还其股款的办法。澳门公司法规定,当一股东被除名或退出时,其他股东应向该股东分担偿还其所持之股的股款。"摊还应依股东之决议进行,未缴足股金之股份不得摊还。摊还的金额分两期支付,即在应摊还之日起六个月及一年后各支付一半。"[1]内地公司法则规定股东在公司登记后,不得抽回其出资。公司财产按规定清偿后的剩余财产,有限责任公司按股东的出资比例情况分配。这就要求股东在公司登记前慎重考虑其是否出资,出资多少等问题。

三、组织机构

组织机构是公司决策、管理与监督等机构的总称。公司的一切活动,包括业务发展、操作运行、监督管理等等,均受制于组织机构,完成于组织机构。可以说,组织机构是公司的命脉所在。正因为如此,组织机构的组成与运作对一个有限公司的生存与发展至关重要。澳门公司法与内地公司法一样,均规定有限公司组织机构包括股东会、监事会等机构,但两地在股东会、监事会等具体规定上存在诸多差

---

[1] 米健:《澳门法律》[M],北京:中国友谊出版公司,1996年版,第39页。

异,主要差异如下:

(1) 澳门公司法规定股东会决议采用一致性原则,并对股东会议作了严格限制。依据《澳门公司法典》第55条,股东不得就同一事项的表决以不同的意向投出所拥有的票数,亦不得部分行使其投票权,即所谓一致性原则。同时,由于股东会决议对公司整体及公司股东的利益影响较大,澳门公司法还从以下三方面限制股东会决议的效力:(a)未经股东会作出的决议,但经事后追认的决议除外;(b)提交表决的事项未列入表决范围或会议日程中;(c)违法或违背善良风俗之决议等。在下列情形下,股东会决议可予以撤销:(a)违反法律规定,但尚未达到无效之程度;(b)表决前未按规定向股东提供法定资料。决议的中止是指"在必要时,法院得根据有正当权利主张决议无效或撤销者的请求,下令中止已作出或已开始执行的决议"[2]。由于一致性原则规定,股东须全面行使其职权,并就同一事项只能表示或支持或反对之一种意向。而对股东会决议效力的严格限制,则从法律上保证了股东会议的公正性与合理性。内地公司法在股东会议问题上仅采用多数性原则,即对于公司增减注册资本、分立、合并、解散或变更公司形式以及修改公司章程作出决议,必须经代表三分之二以上表决权的股东通过,其余事项仅须过半数即可通过。内地公司法没有关于一致性原则的规定,亦没有对股东会行使决议权作出严格限制。

(2) 澳门公司法明确规定监事会成员之一或独任监事必须为核数师。澳门公司法规定,公司资本额在100万澳门币以下时,独任监事可以为公司的监督机关,而且监事会成员之一或独任监事必须是在本地核数师公会注册的核数师。同时澳门公司法禁止下列人员担任监事:(a)股东、行政管理人员及公司秘书;(b)公司其他职员或收取公司报酬者;(c)这两类人士的配偶及近亲属。由于澳门公司法将公司职员及与公司有利益关系的人排除在监事会之外,且监事会成员中至少有一名核数师,从而保证了监事会公正发挥其监督职能。而内地公司法则没有明确要求监事会成员中必须有1名本地审计师担任,仅规定董事、经理及财务负责人不得兼任监事。对于公司的其他员工,除因经济犯罪被判处刑罚或剥夺政治权利执行期

---

[2] 米也天:《澳门民商法》[M],北京:中国政法大学出版社,1996年版,第253页。

满未逾五年,或因个人所负数额较大的债务到期清偿之外,公司法允许他们成为监事会成员。由于充认监事会成员的公司职工与公司存在直接的利益关系,可能会影响监事会正常发挥其监督职能。

(3) 澳门公司法借鉴英美法系制度而引入特殊的组织机构——公司秘书,并承认其法律地位。在澳门,有限公司秘书是与股东会、监事会等平行的一个独立机构,享有广泛权力,其职权主要有三:其一,确认权。即对需签名的文件做真实性核查之后,秘书就签名盖章以示确认;其二,公证权。经秘书签名盖章之文件与经过公证的文件一样,任何人无权变动该文件内容;其三,监控权。秘书签名权的行使对董事长及公司高层管理人员在公司内部的活动起到了监控作用,避免了将个人行为作为公司行为而损害公司与股东的利益。公司秘书在有限公司设立时即委任,可由公司聘请律师或法律代办担任,但公司秘书不得以秘书和公司行政管理机关成员之双重身份作出同一行为。将公司秘书作为公司的独立机构,使得公司内部监督机制更加完善,可以有效地防止权力的滥用,保护股东及债权人的利益,从而"保障了公司运作的安全性"[3]。内地公司法没有设立公司秘书制度,但在公司实践中,内地有限责任公司均设有秘书一职。只是这类秘书,类似于经理助理,既无法律上的地位,也无法定权力,仅负责日常事务性工作,没有任职资格要求,由于这类秘书缺乏对公司权力的即时监控,导致谋取私利和虚假现象的发生,从而增加公司运作的危险性,加重管理成本。

四、"一人"有限公司

澳门公司法明确承认一人有限公司,并对该类公司作了严格限制。澳门由于市场经济由来已久,借鉴葡萄牙公司法的做法,澳门公司法明确规定了一人有限公司,即"任何自然人得以其构成单一股的资本设立一有限公司,且在公司设立时为惟一权利人"。此类公司名称前应冠以"一人公司"或"一人"字样。鉴于一人公司的个人财产容易与公司财产混淆,法律对一人有限公司作了严格限制。这些限制包括:(a)自然人不得同时成为一个以上有限公司的股东;(b)公司与股东之间的

---

[3] 胡蒌利:《〈中华人民共和国公司法〉释义》[M],上海:立信会计出版社,1994年版,第26—27页。

法律行为应以书面方式进行,且应符合核数师出具报告之条件,否则无效;(c)当公司章程未规定监事会或独任监事时,公司应指定一名核数师担任监事等等。内地因尚处于市场经济的发育阶段,《公司法》原则上不承认一人公司。"但鉴于我国以生产资料公有制为主体的具体国情,可设立由国家授权投资的机构,如国有资产管理局,或者国家授权的部门单独投资的国有独资公司。"这类公司不设监事会,股东也只有一个,即国家。

五、澳门与内地有限公司法律制度冲突的解决途径

澳门与内地有限公司法律制度的差异实质上是两地公司法律制度自身的差异。而两地公司法律制度的差异是在特殊社会与历史条件下形成的区际公司法律冲突。因此,为解决澳门与内地有限公司法律制度之冲突,有必要探讨澳门公司法与中国内地公司法冲突的解决途径。

(1) 完善与修订澳门与内地现行公司法。在澳门,由于特殊的社会历史背景,长期以来,公司立法不仅陈旧而且也相当散乱,即使是尚处于立法审议阶段的《澳门公司法典》也过多地援用了葡萄牙公司法的有关条款,难以与中国内地公司法接轨。内地《公司法》自1993年颁布以来,随着市场经济体制的确立、深化与发展,法规中缺乏必要的与国际接轨之规定,且许多亟待解决的问题尚未列入公司法的调整范围,这些弊端与盲点已日益显露出来。由此看来,澳门回归后,为加强两地公司业务往来,澳门与内地都有必要进一步完善、修订与补充各自的现行公司法。在修订公司法过程中,既要注意尽力与国际公司法的普遍惯例相接轨,又要设法确保澳门公司法与内地公司法的靠近与趋同。同时内地在修订公司法时应积极吸收澳门在公司立法方面的成功经验,在可能的条件下,把澳门公司法与内地公司法之差异减至最低,以缓解两者之间业已存在的严重冲突。建议在内地《公司法》修订时,应规定向国有独资公司派驻监事会,并明确规定该监事会成员中必须有职工代表,以加强对国有独资公司的监督力度;借鉴澳门一人有限公司的做法,可以减少设立公司的难度,同时通过对其作出种种限制性规定,以加强对该类公司的监管力度;此外,也有必要借鉴《澳门公司法典》,引入公司秘书这一特殊组织机构,确认其法律地位,选任律师或具有法律专业背景的高级人才担任这一职务,以加强对公司事

务的确认权、公证权或监控权。

（2）尽快制定全国统一的调整公司法律冲突的区际冲突法。两地公司均有关于"外国公司分支机构"的规定，澳门回归后，这些规定虽不能再直接适用，但两地公司可以互相以对方公司法的有关规定为依据，进行公司分支机构的登记与设立。这种途径只能在澳门回归后之过渡时期采用，是一种权宜之计。在澳门，除了一些调整国际冲突的法律散见于判例与成文法中以外，没有一部系统调整法律冲突之法律。而在中国内地，在冲突法已初具规模的今天，有关解决公司法律冲突的立法也呈真空状态，有鉴于此，澳门回归后，在条件成熟之际，通过多方协商，制定统一的适用内地、澳门、香港三个法域的调整公司法律冲突的区际冲突法已刻不容缓。在这类区际冲突法规中，不仅应依国际冲突法的一般原理，对公司的成立、营运与解散等适用该公司注册地法，而且两地应互相承认依对方法律而成立的公司，只是应注意被承认之公司能力不得超过承认地给予依其自身法律组成之公司能力范围。此外，在特殊个案中，澳门与内地可以在平等互利的基础上，通过协商，依照"最密切联系原则"来选择所适用的法律。

A Comparison of the Legal Systems of Limited Company between Macao and Mainland

LI Zhi

(Intellectual Property School, Shanghai University, Shanghai 200072, China)

Abstract: There are remarkable differences between Macao's laws and Mainland's concerning the establishment of limited company, the relation between shareholders and management, the organizational structures, etc. To solve these contradictions, the corporation laws in effect should be amended and united inter-region conflict of laws should be made as soon as possible.

Key words: Macao; Mainland; Limited company; Corporation law

专题二　英国"小公司"法改革介评[*]

李　智

（中国政法大学，北京 100088）

目　次

一、"小公司"法改革之背景与"小公司第一位考虑"原则

二、"小公司"法改革内容介绍

三、结语

摘　要：为了促进本国经济的发展，也为了确保公司法的结构是最新的，英国政府进行了150年来最全面的公司改革，现行公司法在很大程度上忽略了小公司的需要，某些规定对小公司而言不仅不适用，而且还对小公司强加了不必要的负担。此次公司法改革确立了"小公司第一位考虑"原则，放松了国家公权力对企业的干预，简化了适用于小公司的法律，赋予了小型企业在其内部管理上更大的灵活性与意思自治权。

关键词：英国"小公司"法；改革；"小公司第一位考虑"原则

19世纪中叶，英国确立了现行公司法的基本结构。其中包含了影响较大的《1844年合股公司法》与《1855年有限责任法》。前者创立了"信息披露"制度，后

---

[*] 本文载于《法学杂志》2003年第4期（法学类 CSSCI）。
作者简介：李智（1968—），女，汉族，重庆人，上海大学知识产权学院副教授，中国政法大学民商法博士生。

者引入了股东"有限责任"概念,在此基础上,英国现行公司法得以逐步发展起来。自1972年以来,为适应欧共体公司法一体化的要求,英国于1985年和1989年进行了两次公司法改革,但都未能从根本上触动公司法的基本原则和基本结构。

从英国公司法的发展历史可以看出：英国现行公司法完全是一个庞杂、臃肿的法律拼凑产品。近20年来,网络和信息技术的迅猛发展,使得现行公司法不仅不能推动科技发展,反而成为竞争、成长和投资的阻碍。此外,加拿大、澳大利亚、新西兰等国近年来已不再追随英国公司法模式,纷纷对公司法进行大规模检讨,以期逐步发展适合自己国情的公司法模式。因此,面对本国公司法已经过时这一现实,英国政府深信检讨核心公司法的时机已经成熟,下决心进行150年来最全面的改革。这一方面是为了促进本国经济的发展,另一方面也是为了确保公司的结构是最新的,以便新的公司法成为国家竞争力的基础。

一、"小公司"法改革之背景与"小公司第一位考虑"原则

(一)"公司"法改革之背景

英国现行公司法主要反映了大公司的需要,然而它却在很大程度上忽略了小公司与私人公司的需要。公司法中的某些规定,应在公众公司与私人公司中有不同的适用规则,却在公司法中以某种方式混杂在一起,以致难以识别那些仅适用于私人公司的规则。英国现行公司法对小公司的规定存在以下两方面的缺陷：其一是强加了过度的国家干预；其二是立法用语不明晰。这两方面的缺陷导致了同样的后果,即由于规则的过度与混乱使得公司法难以被遵守,并且小公司基于诚信原则而作出的决策常常由于公司法的含混而被迫流产。只有将小公司与大公司区别对待,使适用于小公司的法律和规定更为明晰与易懂,我们才能去掉这种制度上的负累。

(二)"小公司第一位考虑"原则

尽管英国现行公司法奉行以"迎合大型公众公司的需要而设计,其他公司适用与大型公司相同"的原则,面在现实生活中,大型公司却不占统治地位。在英国现有的150万家登记注册的公司中,公众公司只有1.5万家,而上市的公众公司仅有

2700家,其余近149万家为私人公司,私人公司占公司总数的99%。显然,若不尽快改革现行公司法,过时的公司法律制度将会成为英国企业发展的严重障碍。

所谓"小公司第一位考虑"原则。本次改革建议中的"小公司",至少应符合以下标准中的两项:(1)营业额不超过480万英镑(目前为280万英镑);(2)资产负债总额不超过240万英镑(目前为140万英镑);(3)雇员不超过50人(与目前一样)。为了完善公司法结构以及适应小公司的需要,要求新的公司法立法应贯彻三项原则:其一,法律应当清楚并易于为公众所理解;其二,不能仅为了使法律易于理解而不正当地牺牲法律的准确性与确定性;其三,立法应明确哪些规定是适用于小公司的。其中,第一项原则即法律的清楚及易于理解是最为重要的。英国政府致力于简化所有私人公司的法律,并且强调,公司法应平衡股东、债权人、董事及消费者的各种利益,避免对小公司强加不必要的负担,以期改革能大大降低小公司的经营成本。[1] 应该说,新公司法为小公司创设了一个简化的,满足其需要的制度。

二、"小公司"法改革内容介绍

(一) 改革目标

由于英国政府不愿再看到英国商人到海外投资,希望英国能再度成为投资者的热土。而要做到这一点,建立一个良好而又宽松的投资法律环境已迫在眉睫。考虑到公众公司与私人公司的区分已成为欧盟公司法的基础,本次英国公司法改革仍保留了这一基本区分,但对于私人公司,公司法检讨小组则确立了一个新体制,以适应绝大多数私人小公司的需要。本次公司法改革的目标主要体现在以下四个方面:(1)大大简化私人公司的治理机制。(2)保留少数股东权,以鼓励平等投资,但同时要限制少数股东的滥诉。(3)废除那些主要或部分是为了保护第三人的规定,且这些规定已被证明对小公司是不适当的或过分的。这主要是关于资本维持、财务和审计方面的制度安排。(4)对小公司和私人公司的规定应当是易于识别的。这四方面建议的核心在于对所有的小公司、私人公司予以松绑。

---

[1] See Modernizing Company Law (the White Paper), July 2002.

(二) 内容分析

1. 公司内部管理机制。英国现行公司法为了构建公司内部管理机制采用了以下方法：(1)区别哪些决议可以由董事会作出，哪些决议应得到股东的授权。(2)无论是由董事会还是股东作出的决议，都必须遵守公司法或公司章程规定的所有程序。(3)当决议由股东作出时，该决议应通过股东大会完成或通过。多数情况下，公司法要求当议案被提出时，董事应将具体的信息告知股东。(4)当决议由董事会作出时，董事必须遵守义务，以确保他们代表全体股东利益而行事。(5)当决议不公平地对待少数股东时，公司法规定，少数股东可以向法院申请而获得特别救济。

公司法承认，前三种方法通常对私人公司是不适当的。因为在私人公司或小公司里，董事会与股东大会通常很少或者甚至没有区分；在许多公司，多数或全体股东本身就是董事。公司法检讨小组提出对小公司的内部管理进行改革。公司法改革的主要目标是简化决策程序，以反映小公司的特殊需要。而该决策程序需要迎合三种情况：其一，当股东与董事融洽相处并通过一致同意的方式运作封闭公司时，决议作出可以不拘形式；其二，当公司的股东与董事存在较大争议时，决策程序应允许讨论，以为少数股东提供发言的机会；其三，当公司股东之间的工作关系破裂时，立法应允许这种关系得以恢复，或解除这种关系，但尽可能地不让公司的福利与经营冒风险。

2. 股东决议。(1)一致同意。立法应明确表明，当股东一致同意时，公司有权在不遵守公司法和公司章程规定的程序之情况下作出公司的决议。依据该原则，当公司的全体股东参加一个会议并在会上投票时，其所达成的非正式协议与经过股东达成的决议有同样的效力。[2] (2)书面决议程序。所谓"书面决议程序"，是指当一致同意不可能时，可以不召开股东大会而作出决议。它保留了简易与快速的优点。当采用书面决议程序时，特别决议经 75% 的有表决权的股东投票即可通过，而普通决议则须简单多数的有表决权的股东投票即可通过。这些措施极大地增加了私人公司迅速作出决策的能力，即使在全体一致不可能时，也无须依赖股东

---

[2] 目前的法律要求，同意应该公正地获取（不能因欺诈或误述而产生），也应该被维持。

大会的形式。(3)选举制度。选举制度的主要目的是免除小公司召开股东大会的义务。它通过授权公司一致决定不召开股东大会,也不执行股东大会所实施的法律行为而实现的一种制度。一些股东对于不召开股东大会、不履行某些法律行为存有异议。为使潜在的争议在其扩大之前予以解决,建议维持股东个人的下列权利:坚持召开一年一度的股东大会、坚持提交会计报表和召开免除审计师的会议。

3. 董事的义务。英国现行法规定,公司可以担任董事,但主要的问题在于难以确定究竟谁在控制公司,并且对公司董事也难以适用制裁。因此,本次改革建议给予3年的过渡期,该过渡期过后即完全禁止公司担任董事。对于小公司的董事而言,重要的问题在于可获取性。普通法规定的绝大部分董事义务,如果没有专家帮助,小公司的董事不可能依公司法确切地了解什么是他们的义务。同样,那些注意到董事可能不适当行为的股东也可能产生困惑,不知董事是否违反了其法定的义务。为此,改革法案建议,普通法中有关董事的一般义务应被制定成法典,以便给小公司的董事和股东提供一个明确的指引。

4. 少数股东权及股东争议的解决。关于小公司的内部管理,改革法案允许公司不受形式约束地进行运作,并同时保留了反映少数股东正当发言权的程序,改革的目标在于,确保股东各方的权利,在可能的情况下,任何争议都应在不损害公司经营的前提下予以解决。这方面主要应注意两方面的问题:一是明确少数股东起诉主张自己的权利或公司涉及股东的权利之界限;二是确立解决争议的有效程序。(1)少数股东权。本改革建议的主要原则在于:依据公司章程可提供正常的、适当的救济手段,当章程权利被滥用、章程机制的运作被破坏时,少数股东应有权予以调停。改革的具体措施包括:限制少数股东对不公平损害的诉讼能力;将派生诉讼的规定纳入成文法中,规定只有在董事怠于行使权利时,股东才有权利代表公司提起诉讼;明确公司章程的性质,包括进一步明确股东依据公司章程应享有的权利。(2)争议的解决。当争议不能通过公司内部程序解决时,适用外部解决机制是非常必要的,但诉讼往往存在费时长、费用高的缺点。因此,改革建议鼓励各种替代性的争议解决方式(简称为ADR),使得股东争议更多地通过ADR解决。此外,政府应建立相应的仲裁方式。通过这些措施,股东争议解决的时间和费用将大大减少,并且在限制公司的成本与分裂的同时,为受侵害的少数股东提供适当的救济。

5. 资本维持、财政报告与审计。公司法改革的主要目的在于：应使公司自己决定如何最好地处理其内部事务、扩大其经营并吸引投资。一些有关保护第三者（如债权人）的规定，免除时应非常谨慎。(1)资本维持。改革的几项建议对于私人公司特别重要：现行法中获取自己股份之财政帮助的规定不再适用于小公司；引入董事偿付能力的声明，替代现行法中资本减少须经过法院批准的规定；废除"授权股份资本"的规定；修改现存的某些禁止国家补助的豁免性规定，引入新的豁免制；废除私人公司可以用资本赎回或购买本公司股份的特别程序。通过这些改革，为小公司提供了一个简单而明确的减少资本的方法，只要这种资本减少不危及公司的偿付能力即可。(2)财务报表与审计。小公司已经从单独的会计与审计制度中获益，改革建议将赋予这种制度更大的灵活性，改革的目的在于：在提高公开记录的信息之有效性的同时，减轻小公司财务报表与审计的负担。具体的改革措施包括：为了简化小公司的财务报告的形式和内容要求，设计一套小公司财务报告标准(FRSSE)，以取代完整的会计标准；废除小公司将其财务报告的简表向公司登记管理机关备案的要求；缩短小公司将其财务报表备案时间限制，从目前的会计年度终了之日的10个月减少到7个月；提高小公司审计的法定最低要求：自2000年7月1日起，只有营业额达到100万英镑的小公司，才要求进行法定的审计，而营业额在100万英镑以内的小公司则免除审计的要求。

6. 公司秘书。现行法中规定，每一个公司都必须有一个公司秘书。但公司法没有关于小公司秘书的资格与经历的规定，也没有对公司秘书的义务与作用加以定义。当公司只有一名董事时，董事可以兼任公司秘书。对于小公司而言，任命公司秘书的要求无疑是一种负担，许多小公司不得不让外部顾问或家庭成员来填充此位置。公司是否需要秘书应由市场来决定，而不是由法律来强制规定。因此，本次改革建议废除要求小公司任命公司秘书的规定。建议给予小公司在其内部治理中以更大的灵活性。当然，是否任命公司秘书，小公司有权进行选择。

三、结语

总而言之，英国政府为了使本国公司法再一次领导世界潮流，进行了本次根本性的公司法改革。本次改革放松了国家公权力对企业的干预,着重强调了在市场经济条件下企业的自由竞争,简化了适用于小公司的法律,赋予了小型企业在其内部管理上更大的灵活性与意思自治权。据"白皮书"报告估计,本次公司法改革草案为小型私人公司每年共节约 1.68 亿英镑的潜在成本。毫无疑问,英国公司法的此次改革对于提高企业竞争力,尤其是小企业的竞争力,将产生积极而深远的影响。

　　我国目前正在进行公司法的修改,立法者需要勇于面对现实,及时对现行立法进行审视与检讨。由于有限责任公司与英国的小公司很类似,在我国的公司法改革中应积极借鉴英国的"小公司"法改革,一方面简化有限责任公司的法律制度,另一方面免除公司法对有限责任公司的一些不适当的要求。由于有限责任公司的成长对国民经济的发展至关重要,因此,法律有必要为这些公司的设立、经营与成长提供最优化的制度框架。

专题三　上市公司收购与小股东权益保护*

李　智

(上海大学知识产权学院，上海 200072)

目　次

一、上市公司收购对小股东权益之影响
二、上市公司收购中股东权保护不足之原因分析
三、上市公司收购中小股东权益保护措施之完善

摘　要：在上市公司收购中，小股东的利益处于极不稳定的高风险状态。公司法和证券法对小股东的保护存在诸多缺陷。在上市公司收购中应完善对小股东合法权益的保护。

关键词：上市公司；收购；小股东权益；法律保护

中图分类号：D922.287　　**文献标识码**：A　　**文章编号**：1002-8919(2002)06-0080-05

公司收购概念最早来源于英美法上的"Take Over"一词，它是指一个人(含自然人、法人)通过购买资产直接地或通过控制管理层间接地获得目标公司控制权的一个或一组交易。在国外，这种控制权的取得通常有三种方式："(1)要约人与目

---

* 本文载于《中国青年政治学院学报》2002 年第 6 期(政治类 CSSCI)。
　作者简介：李智(1968—)，女，重庆人，上海大学知识产权学院讲师，中国政法大学民商法博士生，主要研究民商法。

标公司的控股股东达成股权转让协议;(2)在证券交易所购买目标公司股份;(3)发出公开收购要约。"[1]而在我国,依《证券法》的规定,只有当目标公司是上市公司,而且是以股权转让协议或收购要约形式进行的"Take Over"时,才是我们所要讨论的上市公司收购。上市公司收购虽表现为收购者与目标公司经营管理者之间进行的股票交易行为,而实际上,这种行为却掩盖了大股东利用其合法地位和权力对其他小股东的逼迫与排挤;目标公司采取的反收购措施也常常依少数大股东的意志而定,使得小股东的利益处于极不稳定的高风险状态。鉴于小股东容易受到侵害的弱者地位,在上市公司收购中如何完善对小股东合法权益的保护,是公司法及证券法迫切需要研究与解决的一大课题。

一、上市公司收购对小股东权益之影响

1. 在上市公司收购中,收购者与目标公司股东之间的不平等以及目标公司股东之间的不平等,使得目标公司小股东很大程度上处于被剥削的弱者地位。在市场竞争中,公司经济效益低下往往会成为现实或潜在的被收购目标。"公司收购与反收购实质上是为了获取和保持目标公司的控制权而在收购者和目标公司之间展开的一场争夺战。"[2]在这场争夺战中,由于交易的股票数量很大,且交易的时间有限,必然对股市价格冲击较大。与收购者相比,目标公司的小股东由于缺乏信息、专业知识,因而在面对收购者的逼迫与掠夺时无力讨价还价,在股份的出售与否上很难做出维护自身合法权益的明智选择。在目标公司内部由于股东之间地位的不平等,目标公司大股东凭借其雄厚的经济实力可以协议方式出售自己的股份,从而获取收购者给予的优惠待遇,而小股东却无法享受这种待遇。在收购战中,真正获益的是目标公司的大股东与收购者,因为如果收购成功,"收购者则以较低的收购价,换取了目标公司巨额的财产利益。即使收购失败,收购者也能通过高价向目标公司出售其已有的该公司股票的方式获取高额收益。"

2. 在上市公司收购中,目标公司管理层常常滥用其控制权,以维护目标公司

---

[1] H. Leigh French, International Law of Take—Overs and Mergers, (1986) U. S. 62.
[2] 郭富青:"论公司要约收购与反收购中少数股东利益的保护"[J],《法商研究》2000年第4期。

控制权为借口采取反收购措施,侵害了广大小股东的利益。当目标公司被收购或出现被收购的迹象时,为避免被收购,"目标公司可能会采取积极的反收购措施,其基本指导思想是通过提高收购成本、增加收购难度或降低目标公司自身的吸引力,使收购人退却"[3]。反收购行为将收购者与目标公司股东的股票交易关系转化为由少数大股东操纵的为夺取和固守目标公司控制权的争夺战。在这场争夺战中,一方面收购者将自己标榜为小投资者伸张正义的"救世主";另一方面,目标公司的经营者则斥责收购者对公司发起的袭击是一种"工业强盗"的行为,经营者往往借口维护公司的发展、长远利益及制止收购者对股东利益的掠夺,来采取反收购战。"据在美国的统计,在被兼并之后的3年内有半数目标公司经理失去了职位,而失去职位即意味着丢掉了丰厚的薪水和分红、优厚的福利待遇和受人尊敬的稳定职业,而这些都是管理层无法接受的噩梦,所以毫不奇怪他们会竭力进行抵抗。"[4]事实上,对目标公司的广大小股东而言,"无论是收购者或是本公司的经营者在公司控制权的争夺战中均不值得信赖。因为在这场角逐中不管谁获胜,都无法改变其弱者的地位,只有以最高的价格出股票,才能实现其自身利益的最大化。"但遗憾的是,广大小股民以为公司经营者会为股东利益着想,且反收购成功后公司股份会升值等,而错过了以最高价出售其股票的良机。

二、上市公司收购中股东权保护不足之原因分析

根据日本及我国学界的通说,以其行使目的为标准,股东权可分为自益权与共益权。自益权是股东仅为自己的利益而行使的权利,包括股利分配请求权、剩余财产分配请求权、股份转让权等。共益权则是股东为自己利益的同时兼为公司利益而行使的权利,包括表决权、提案权、质询权、累积投票权、股东大会决议撤消诉权以及新股发行、设立、合并无效诉权等。正确行使自益权与共益权,无疑对维护股东权益起着至关重要的作用。

1. 股东权平等原则之分析。该原则是指"公司在基于股东资格而发生的法律

---

[3] 官以德:《上市公司收购的法律透视》[M],北京:人民法院出版社,1999年版,第199页。
[4] 汤欣:《公司治理与上市公司收购》[M],北京:中国人民人出版社,2001年版,第206页。

关系中,不得在股东间实行不合理的不平等待遇,并应按股东所持有股份的性质和数额实行平等待遇的原则"[5]。这是上市公司收购中股东权保护的一项根本性原则,它要求在上市公司收购过程中,目标公司所有股东均应获得公平待遇,而无论其持股份额之大小。该原则与我国《公司法》第 130 条的"同股同权,同股同利",第 106 条的"一股一表决权"之规定相适应。这种股东权平等并非是股东平等,正相反,这种表面的股份平等掩盖了事实上股东间地位的不平等。因为少数大股东基于其对公司权力机构的操纵,采用多提任意公积金、少分派甚至不分派股利等等手法,侵害了广大小股东的合法权益,滥用了这种表面的平等权。

2. 资本多数表决原则之分析。根据该原则,股东具有的表决力与其所持股份成正比,股东持股愈多,表决力愈大。这对于确保公司经营决策的效率,平衡股东之间的利益关系,确保广大股东的投资热情等具有重要作用。然而,当大股东为实现自己或第三人所追求的某种利益,往往会利用其持股优势,将其意志上升为公司意志,进而对广大小股东产生约束力。这不仅削弱了广大小股东对公司事务的发言权,使得股东会流于形式,而且由于小股东始终处于弱者的地位,其合法权益根本得不到应有的保护,从而挫伤了他们的投资积极性。

3. 对收购中需披露信息的内容规定得不够充分。《证券法》第 79 条规定了大股东的持股披露义务,第 80 条对报告和公告的内容做了规定,从中可以看出政府鼓励收购之意图。但现行法规中仍有不少值得商榷之处,如《证券法》第 80 条虽对大量持股及增减变化披露的内容做了规定,但披露信息的内容尚不充分,最重要的是欠缺大股东大量持股目的之信息,而这些信息对于小股东抉择是否出售自己的股份尤为重要;第 82 条仅规定强制要约的披露义务,未对自愿要约收购的披露内容做出规定。更为遗憾的是,《证券法》未对一致行动共同持股的信息披露做出规定,而我国首例上市公司收购案——"宝延风波",就是宝安公司与其两家关联公司采取一致行动,从而损害了广大延中公司小股民利益的事件。

4. 对目标公司经营管理层在收购中的权利义务及反收购措施缺乏限制性规定。《证券法》与《股票发行与交易管理暂行条例》一样,只规范收购方,未规范目标

---

[5] 刘俊海:《股份有限公司股东权的保护》IMI,北京:法律出版社,1997 年版,第 30 页。

公司管理部门。目标公司的广大小股东相对于有备而来的收购人而言,明显地处于劣势地位。由于《证券法》未对目标公司的经营者规定其对股东进行指导的义务、对本次收购做出公正客观的评价及报告的义务,客观上使得广大小股东存在着被侵害、被掠夺之可能性。同时,《证券法》对反收购措施也未做规定,而且我国目前公司收购立法中也缺乏类似公司法关于"公司董事义务"的明确规定和"公司诉讼"的专门规定,在此情况下,实难指望目标公司管理层为公司和股东利益行事。目标公司管理层往往为了自身利益,采取一些诸如"毒丸"、"股份回购"、"白衣骑士"等等的反收购措施以挫败该项收购,而小股东的利益则极易成为这些措施的牺牲品。

5. 关于收购豁免的规定不够全面具体。《证券法》规定了强制要约收购义务的豁免,但未明确规定何种情况下投资者强制要约收购义务可得到证监会的豁免;对于通过非证券交易所进行的协议收购是否进行豁免则没有明确规定,而在证券市场上,需要得到豁免的正是大量进行的协议收购。同时,豁免的条件、程序等也缺乏相关规定,容易导致暗箱操作。具体规范不明确导致股东决策依据的信息不完全,最终导致股东尤其是小股东的权益得不到应有的保障。

三、上市公司收购中小股东权益保护措施之完善

在当今公司化的世界里,股东是股份公司存在的细胞。股东参与公司经营活动,其根本目的在于实现资金增值。如果忽视股东权的保护,势必挫伤广大股东的投资积极性,许多潜在的投资者也将望股止步,股份公司制度最终将失去其存在的制度价值。上市公司收购制度无疑是涉及股东权保护问题最多的制度之一。《公司法》从生效至今已经7年,其"股东权平等原则"和"资本多数表决原则"在股东权保护中的缺陷已逐渐暴露出来。《证券法》作为公司法的特别法,虽然把保护中小投资者的利益作为其立法宗旨,并将这种立法意图在第4章"上市公司收购"中予以贯彻,但《证券法》短短的17条规范显然无法解决上市公司收购中股东权保护这一复杂的课题,以致在股东权保护上仍有诸多不足之处。从目前来看,以下问题需要在实践中予以探讨解决。

1. 确立累积投票权制度以规范公司权力机构之产生。所谓累积投票权,是指

在股东大会选举两名以上的董事和监事时,股东所持的每一股份都拥有与当选的董事和监事总人数相等的投票权,股东既可以把所有的投票权集中选举一人,亦可分散选举数人,最后按得票数之多寡决定当选董事和监事。我国《公司法》尚未对股东累积投票权做出任何规定。鉴于我国股份公司制度的运作时间不长、小股东权益保护十分薄弱之现状,我国应对累积投票制采取强制主义态度。"如果允许公司从章程中排斥累积投票制之适用,而公司章程之内容又由多数发起人或多数股东决定,则无异于把小股东累积投票权的命运双手拱给憎恨累积投票制的大股东摆布,其后果可想而知。"[6]我国《公司法》对于股东大会选举董事与监事的具体程序未明确规定,是同时选举或是分两次选举容易造成理解上的分歧。如果董事和监事由股东大会分两次选举,会在很大程度上压抑累积投票制的功能。《公司法》应借鉴我国台湾省的立法经验,规定在股东大会上对董事和监事同时合并选举,因为无论是大股东还是小股东都有权选择并实施自己认为最佳的累积投票策略,且选举的法律效力不容否认。若某人同时当选为董事和监事,依据《公司法》之规定,由当选人自行决定担任董事或监事,而其缺额则由选举中次多数票获得者递补。这样,可有效地保障小股东将代表其利益和意志的代理人选入董事会和监事会,在一定程度上平衡了大小股东之间的利益关系,对于保护小股东权益真正发挥了"杠杆"的作用。

2. 完善股东大会决议的可撤销和无效程序。多数派股东若违反其应负的诚信义务,滥用其表决权,由此形成的股东大会决议即存在瑕疵。对有瑕疵的股东大会决议,法律允许股东就此提起决议撤销之诉或决议无效确认之诉。依《公司法》第111条:"股东大会、董事会的决议违反法律、行政法规,侵犯股东合法权益的,股东有权向人民法院提起要求停止该违法行为和侵害行为的诉讼。"由此可见,小股东可行使诉权以纠正资本多数表决之滥用,但该条对股东大会决议的瑕疵未予分类,也未对违反公司章程的股东大会决议之起诉等问题做出明确规定。为达到大股东与小股东之间的利益平衡,借鉴国外立法贯例,我国《公司法》的修改中应规定如下内容:(1)将股东大会决议的程序瑕疵和违反章程的内容瑕疵都规定为撤

---

[6] 刘俊海:《股份有限公司股东权的保护》[M],北京:法律出版社,1997年版,第192页。

销原因,包括召集手续之瑕疵、决议方法之瑕疵及决议内容违反章程等;(2)明确撤销之诉的出诉期间。对此出诉期间,《日本商法典》规定为3个月,《瑞士债务法典》规定为2个月,我国台湾《公司法》规定为1个月。我国可将该出诉期间规定为2个月,自决议之日起计算;(3)明确原告的股东资格。作为撤销之诉与无效确认之诉的原告,其股东资格必须从起诉时起至判决生效期间终始具备。在此期间,若原告股东将其全部股份转让出去,即丧失原告资格;在股东大会决议时并非股东,但在出诉期间内成为股东的,也可以提起决议撤销之诉或决议无效确认之诉。

3. 确立股东派生诉讼制度。《公司法》第118条规定,董事应对董事会的决议向公司承担责任。但在被诉的董事掌握公司重权的情况下,要求股东大会和董事会以公司的名义追究董事的法律责任几乎不太可能。当公司怠于对董事提起诉讼时,该条规定实际上限制了小股东受到欺压时寻求救济的途径。为了加强对小股东的救济力度,《公司法》应引入国外公司法的特殊诉讼形式——股东派生诉讼制度。所谓股东派生诉讼是指当公司的合法权益遭受他人侵害,而公司怠于诉讼时,符合法定要件的股东以自己的名义为公司利益对侵害人提起诉讼,追究其法律责任。这种股东所提起的诉讼实质上是代替公司行使诉权,派生于公司的诉权,故被称为派生诉讼。为防止个别股东利用派生诉讼干扰公司的正常经营活动,从我国的实际情况出发,《公司法》修订时应对原告的股东资格做出如下限制:第一,持股时间。借鉴英美法系立法例,采用"当时股份持有原则",即原告必须在其起诉的侵害公司利益的行为发生时拥有公司股份,而不得对其成为公司股东之前,公司遭受的侵害提起派生诉讼;第二,持股期限。为防止恶意股东滥用派生诉讼权以损害公司的名誉,《公司法》可规定原告股东须连续持股6个月;第三,持股数量。为确保派生诉讼具有一定的代表性,大陆法大都要求起诉的股东持股10%以上。考虑到目前我国公司状况,《公司法》可将有限责任公司的股东持股比例设定为5%,将股份有限公司的股东持股比例设定为1%,以此来避免削弱对小股东的保护;第四,费用负担。由于派生诉讼胜诉后,公司可从违法、违规的董事处获得赔偿,故《公司法》可规定:如果派生诉讼成功,则提起派生诉讼的股东可向公司请求补偿其因参加代表诉讼所支出的一切合理成本与费用。

4. 完善信息披露制度。根据各国上市公司收购的立法实践,我国《证券法》应从如下几方面来加强信息披露制度：第一，对自愿要约收购也规定履行信息披露义务。建议将《证券法》第 82 条中的"依照前条规定"这一表述删去，对自愿要约收购与强制要约收购均规定履行信息披露义务；第二，明确大量持股及其变动的信息披露之内容。大量持股常常是收购的前兆。大量持股及其变动的披露，一方面使广大投资者对公司控股权的可能变动情势有足够警觉，另一方面又提醒投资者对所持投票的真正价值重新进行评估。建议借鉴美国《威廉姆斯法》，在我国《证券法》中明确规定披露的内容，包括收购中使用的资金或其他对价的数量、来源、购买的目的及公司的发展计划，以此来加大对小股东保护的力度；第三，规定一致行动共同持股的信息披露制度。参照日、美、英和我国香港的做法，将采取一致行动的股东所持有的股份看作一人持有，当持股达到法定比例时须履行披露或强制要约等义务。

5. 规制目标公司经营管理层在收购中的权利与义务及反收购措施。为了让目标公司的广大股东对公开收购有清楚的了解和判断，我国《证券法》可明确规定目标公司经营管理层在收购中的权利与义务。其权利包括：第一，知悉权。有权获取收购者背景、持股数量、收购意图等重大信息。第二，建议权。有权根据自己对收购要约的态度，向股东做出推荐或拒绝收购要约的建议。第三，合理阻挠权。为维护公司及股东利益之目的，有权依据股东大会决议，采取合理且合法的反收购措施。其义务包括：第一，通知义务。应及时将收购信息通知目标公司股东及其员工。第二，评价及公告义务。当收购要约公布后，基于忠实义务应对本次收购做出客观的评价，出示意见书并予以公告。第三，禁止阻挠义务。未经股东大会同意，不得对收购行为采取信息处理阻挠行为。在反收购措施的规制方面，应采用英国模式，即未经股东大会同意，目标公司管理层不得采取反收购措施，并具体规定如下：第一，若目标公司经营者为维护自身利益，以维护公司长远利益为借口而采取反收购措施，从而损害股东尤其是小股东利益的，应宣布此次反收购行为违法。"在立法上应当将反收购行为是否损害少数股东的利益，作为判断其是否有合法性的惟一原则。"第二，允许目标公司经营者在收购发生后寻找收购竞争者（白衣骑士）参加要约竞争，但目标公司经营者必须平等对待所有收购竞争者，以期股东获得最高的溢价；第三，未经股东大会批准，目标公司不得从事发行股份、增设或准许增设或发行任何可转换公司股份的证券等行为。

6. 明确规定强制收购豁免的条件。为维护市场公正、效率的原则,境外规定强制要约制度的国家,通常在法规中多规定了可以豁免强制要约义务的种种情况。我国可借鉴《香港收购守则》的规定,明确规定下列情形下可以豁免达到法定持股比例的大股东承担收购要约之义务:(1)股份为无偿取得;(2)行使新股认购权、公司分立等原因而取得目标公司股份;(3)因持有人的过失致持股达到强制要约临界线,但其实际上未取得目标公司控制权;(4)一致行动中,任何一个一致行动人持股量的变化,导致强制收购义务的产生。

On the Taking Over of Listing Companies and the Protection of the Interests of Those Small Shareholders

LI Zhi

(School of Intellectual Property, Shanghai University, Shanghai 200072, China)

Abstract: During the process of taking over a listing company, the interests for those small shareholders are in a precarious condition. There are many drawbacks in the laws of company and stock with regard to the protetion of the small shareholders. It is obligatory to consummate the protection of the interests of the small shareholders in the process of taking over a listing company.

Key words: Taking Over; Listing Company; Interests of the Small Shareholders; Law Protection

专题四 CEO法律地位与法律责任问题研究[*]
——从"看得见的手"谈起

李 智

(上海大学知识产权学院,上海,200072)

目 次

一、CEO的法律地位

二、CEO的法律责任

三、强化CEO法律责任之对策研究

四、结语

CEO的英文全称为Chief Executive Officer,我国一般将其译为首席执行官。在国外,CEO并非仅仅设立于公司中,公司之外的机构也广泛存在CEO职位。例如,美国证券交所不仅设立主席职位,也设有首席执行官。纽约时报、华盛顿大学、雅典与悉尼奥委会组委会以及巴基斯坦国家机关均设立了CEO。由此看来,CEO的外延非常广泛,CEO的概念正日益泛化。在此,对CEO的探讨将限于公司的CEO。

CEO是美国在20世纪60年代进行公司结构改革创新的产物,其初衷是为了解决由于公司规模过大、董事会决策效率不高、决策层与管理层脱节等一系列弊端。CEO的出现在一定意义上代表着将原来董事会的一部分决策权过渡到经理

---

[*] 本文载于《比较法研究》2004年第5期(法学类CSSCI)。

层,是对传统的"董事会决策、经理层执行"这一公司体制的变革。换言之,CEO 的出现并非仅仅是名称的改变,其实质是公司治理结构的变革和公司机关权力的重新配置。

据国际著名猎头公司 Challenger Gray & Christmas 的跟踪统计,美国 2000 年 8 月到 2001 年 2 月期间,由于网络泡沫破裂,每天平均有 4 位 CEO 离职,只是当时离职的 CEO 主要集中在网络公司。而去年美国离职的 CEO 行业分布则比较广泛:去年 5 月离职的 CEO 有 80 位;从去年 6 月 1 日到 6 月 20 日,又有 44 位 CEO 相继离职,平均每天有两位 CEO 离职,这是自 2001 年 10 月以来的新高。不仅如此,CEO 的任期也越来越短,CEO 们的平均任期已从 1995 年的 9.5 年下降到 2001 年的 7.3 年。无独有偶,国内王志东出走新浪、爱多兵团离开金正、陆强华"下课"创维等等,一些行业因为高级经理人跳槽而引发的公司危机已成为中国企业界最头痛的事情。关于职业经理人与企业家的是是非非、关于职业经理人的种种问题与危机已成为人们普遍关注的热点话题,其引发的反思颇为令人关注。

目前,国际上的大公司已普遍设立 CEO,尽管 CEO 并非一个法律上的概念,而是公司治理与管理实务上的概念,但各国公司法中很少对 CEO 作出规定,我国法律也没有关于 CEO 的明文规定。既然 CEO 在公司实践中已经广泛存在,而法律又没有对 CEO 作出明文规定,那么,探讨 CEO 在公司治理结构中的法律地位、加强 CEO 的法律责任、研究强化 CEO 法律责任之对策则很有必要。

一、CEO 的法律地位

随着经济的全球化,"职业经理人制度"在上个世纪 90 年代中后期由美国传至我国,并逐步引起人们的关注。作为职业经理人的 CEO,在法律上没有明确的规定,那么,经理制度的沿革,CEO 在法律上如何定位?CEO 与我国公司的经理和董事长有何区别?CEO 的主要权利与义务是什么?这不得不引起我们的思考。

(一) 经理制度的沿革——"看得见的手"取代了"看不见的手"

现代市场尽管是商品和服务需求的创造者,但工商企业已接管了协调流经现有生产和分配过程的产品流量的功能,以及为未来的生产和分配准备资金和人员的功能。"由于获得了原先为市场所执行的功能,现代工商企业已成为美国经济中最强大的机构,经理人员则已成为最有影响力的经济决策者集团。"[1]

美国在18世纪90年代,大部分本地市场以外的贸易由东部港口的少数商人所掌握,然而到了19世纪40年代,数以千百计彼此不熟悉的商人,已控制着规模大得多的各式各样货品的流动。他们从生产者那里进原料,通过各种生产和分配过程,将产品送到最终消费者手中。这就正如亚当·斯密所言,虽然每个商人"只期待达到自己目标,他……被一只无形的手所引导而完成了原非其本意欲达到的目的"[2]。斯密接着又指出,"事实上每个人在追求其个人利益的同时,他对社会的贡献往往比他真正有意去做的贡献还来得有效。"

19世纪40年代以前,美国并没有发生经营方式的革命。大的转变要等到新技术和新市场来到时才会发生。到19世纪40年代,当新技术和新市场逐步发展时,由于管理层级制能够比市场机制更有效地控制和协调许多经济活动时,新机构就出现了。"在新技术和扩大的市场能经由生产和分配过程以空前速度提供产品和劳务时,管理上的有形的手就取代了市场力量的无形的手。"[3]新机构的不断发展,越来越多的职业经理阶层能被充分雇用。因此,在美国随着现代工商企业的兴起,出现了所谓经理式的资本主义。

(二) CEO与我国公司经理的比较

随着公司治理结构的发展,职业经理人CEO制度发端于经理式资本主义策源地的美国,并于20世纪90年代被引入我国的一些大公司中。CEO与我国公司的经理是否等同?答案是否定的。CEO与我国的公司经理相比较,主要存在以下的异同:

首先,二者在词源上存在着差异。首席执行官CEO,其全称为Chief Executive Officer,而我国公司的经理,其对应的英文称谓是Manager。

其次,二者在产生上具有一致性。在国际上,CEO一般由公司董事会选拔。

---

[1] 小艾尔弗雷德·D.钱德勒:《看得见的手——美国企业的管理革命》,商务印书馆2001年版,第1页。
[2] 小艾尔弗雷德·D.钱德勒:《看得见的手——美国企业的管理革命》,商务印书馆2001年版,第15页。
[3] 小艾尔弗雷德·D.钱德勒:《看得见的手——美国企业的管理革命》,商务印书馆2001年版,第12页。

例如,具有广泛影响的《经济合作与发展组织公司治理结构原则》指出,董事会的主要职能之一是"挑选、奉薪、监督,并在需要时,替换主要执行官员,同时监督继任计划"。著名的《美国商业圆桌会议公司治理声明》也指出,选拔、评估和撤换首席执行官是董事会最重要的职能。韩国的《公司治理最佳实务准则》也将任免管理层的权力交给了公司董事会。可见,CEO不是选举产生的,而是由董事会聘任和解聘的。而我国公司法也规定,经理由董事会聘任或者解聘。

再次,二者在职权上既有区别,又有联系。CEO通常是作为公司的主要协调人、政策制定者和推动者。而全美公司董事联合会蓝带委员会的《示范性CEO职位说明》为我们具体地描绘了CEO的职责:(1)营造一种促进道德行为、鼓励个体的正直和承担社会责任的企业文化;(2)维持一种有助于吸引、保持和激励在各个层次上由最高素质员工组成的多样性群体积极的道德的工作氛围;(3)为董事会开发并推荐能产生股东价值的适合公司的长期战略与远景;(4)为董事会开发并能支持公司长期发展计划的年度业务计划和预算;(5)确保公司日常业务的恰当管理;(6)持续努力实现公司的财务和运营目标;(7)确保公司提供产品或服务的质量和价值有不断的进步;(8)确保公司在行业内占有并保持令人满意的竞争地位;(9)确保公司有一个在CEO领导下的有力的管理团队,并有一个有效的团队发展、换届计划;(10)与董事会合作,确保有一个有效的CEO职位的接班计划;(11)制定并监督公司政策的实施;(12)担任公司的主要代言人。[4] 由此可以看出,CEO的权利基本上类似于我国公司经理的权利,但原来董事会的一些决策权,如制定公司的年度经营计划与财务预算方案等已让渡到CEO手中;并且由于CEO与经理的上述不同,使得CEO参加董事会决策,并负责监督实施董事会通过的各项决策,以避免决策层与经营层的脱节。

(三) CEO与公司董事长的比较

CEO职权的扩张,导致了董事会职权发生相应的变动。从美国全美公司董事联合会蓝带委员会的《示范性董事长职位说明》可以清楚地看出:董事长的主要职

---

[4] 梁能主编:《公司治理结构:中国的实践与美国的经验》,中国人民大学出版社2000年版,第212页。

责是召集和主持董事会,确保董事会的顺利召开和董事会有效地履行其职责,即董事长负责公司的整体策略的宏观管理;而 CEO 则由董事会任命,全面负责公司的日常决策和经营管理。显然,二者的区别是十分明显的。

  一个值得关注的问题是,董事长和 CEO 是否可以或应该兼任?目前美国的很多机构中 CEO 和董事长职位兼任,认为这样的组织会更有效率。在美国,一家公司只能设董事长一人,但一家公司可以有不止一个 CEO。美国没有"法定代表"一说,但公司总裁(CEO)在很多方面行使我国公司法人代表(董事长)的职能。[5]如,担任公司的主要代言人、检查董事会决议的实施情况、代表公司签定合同和各种文件等。在英国,一般要求董事长和 CEO 应分离,认为二者的兼任会导致权力的过分集中。所以,英国公司高层常常有明确的责任分工,确保权力的平衡,以便使个人决策权力受到约束。

  由此可知,CEO 类似于我国公司的经理,但其还享有我国公司董事会与董事长的部分职权。

(四) CEO 的主要权利与义务

  CEO 由公司董事会聘任或解聘,CEO 的权利和义务由公司章程及董事会授权书具体订立。就公司内部关系而言,公司与董事会是委托人,CEO 应该是它们的职业"代理人"。CEO 应该在法律、公司章程及董事会授权的范围内享有权利并承担义务,CEO 对第三人的职务活动是以公司与董事会的名义进行的,在上述范围内 CEO 的职务活动后果也由公司与董事会承担,因而其地位就是职业"代理人"。

  由于 CEO 的职业"代理人"的地位,结合设立 CEO 的目的及职能,一般而言,CEO 主要享有以下权利:(1)参加董事会会议决策;(2)主持公司的生产经营管理工作,组织实施董事会决议;(3)制定公司年度经营计划、投资方案和财务预算方案,把它推荐给董事会;(4)拟定公司的基本管理制度;(5)代表公司签定合同和各种文件;(6)提请聘任或者解聘公司副总裁、财务负责人;(7)聘任或者解聘应由董事会聘任或者解聘以外的负责管理人员;(8)检查董事会决议的实施情况;(9)公司章程及董事会授予的其他权利。通常,在享有权利的同时,CEO 应承担以下主要

---

〔5〕朱伟一:《美国公司法判例解析》,中国法制出版社 2000 年版,第 86 页。

义务:(1)应当遵守公司章程,忠实履行职务,维护公司利益,不得利用在公司的地位和职权为自己谋取私利;(2)不得挪用公司资金或者将公司资金借贷给他人,不得以公司资产为本公司的股东或者其他个人债务提供担保;(3)不得自营或者为他人经营与其所任职公司同类的营业或者从事损害本公司利益的活动;(4)除依照法律规定或者经股东会同意外,不得泄露公司秘密等。

二、CEO 的法律责任

由于公司实践中 CEO 已经普遍存在,而各国法律对 CEO 的明文规定甚少。随着 CEO 引发的问题日益增多,CEO 的责任承担问题已引起了法律界人士的广泛关注。笔者认为有必要分析经理制度的基本理论、了解美国国会 2002 年 7 月出台的索克斯法案关于 CEO 之相关规定,并通过比较中美两国在公司治理结构上的差异,来探讨在我国设置 CEO 的法律障碍。

(一)经理制度的基本理论—企业的契约理论

企业的主流契约理论的先河由科斯开辟,随后又由阿尔钦、德姆塞茨、张五常等学者加以拓展。这一派理论的共旨在于,企业是"一系列合约的联结"(nexus of contracts)。该派理论中最具影响的是交易费用理论和代理理论。本文将探讨与经理制度有关的代理理论。

1. 委托—代理关系

在市场经济中企业是一种典型的组织形式。企业内不同的参与者之间,在收入分配和控制权上具有不对称性,这种合约安排是企业的最显著特征。在企业内,某些参与者被称为"雇主"(employer),而另一些则被称为"雇员"(employee)。雇主有权索取剩余收入,并对雇员拥有权威;而雇员则挣得固定收入,并在一定限度内服从雇主之权威。依据委托—代理理论(principal-agent theory),"雇主即是委托人(principal),雇员则是代理人(agent)。雇主与雇员之间的这种'微观'层次上的不对称,直接决定着一种'宏观'层次上的不对称。"[6]正因为如此,企业的这个话题,不仅引起经济学家们的注意,也成为法学家们关注的对象。

---

[6] 张维迎:《企业的企业家—契约理论》,上海人民出版社 1995 年版,第 2 页。

委托权的实质是承担风险。"作为承担风险的回报,委托人被授予'监督的权威',这种权威使他可以在规定的限度内要求(强制)代理人比在没有这种权威时工作得更多。因此,委托权安排是经营成员与生产成员之间的一个二维契约。"[7]

资本家之所以把委托权安排给经营成员,只是因为这种安排是最优的。这不仅因为经营决策活动影响着企业收益的不确定性,同时也因为经营成员的行为较难监督。对于经营成员而言,他们通过承担风险而取得企业家的身份,并不是由于他们较不厌恶风险,而是因为他们是主要的"风险制造者",并且他们的行动是最难于监督的。

2. 代理人问题与道德风险

代理人问题是委托代理关系中的基本问题。在这一关系中,由于委托人与代理人各自具有不同的利益,使得在代理行为中,当代理人追求自身利益时,有可能作出损害委托人利益的行为,这就是代理人问题产生的原因所在。代理人问题包括代理人的道德风险:即当代理人从事经济活动时,为了最大限度地增进自身的效益,而作出不利于委托人的行为。

CEO作为职业"代理人",当然也不可避免地会出现代理人问题。这主要是基于以下几方面的原因:"第一,作为代理人的CEO是一个具有独立利益和行为目标的'经济人',他的行为目标与委托人的利益目标不可能完全一致;第二,CEO作为经济人同样存在所谓'机会主义倾向',在代理过程中会产生职务怠慢、损害或侵蚀委托人利益的道德风险问题;第三,委托人与代理人之间存在的严重信息不对称性,使得委托人难以准确判断代理人努力程度的大小,有无机会主义行为。"[8]为了解决代理人的道德风险问题,委托人必须设立一套有效的制衡机制来规范和约束代理人的行为,从而减少代理人问题,降低代理成本,提高企业经营效率,更好地满足委托人的利益。公司治理结构就是这样一套制度装置,这将在后面的内容中予以讨论。

---

[7] 何维达主编:《公司治理结构的理论与案例》,经济科学出版社1999年第1版,第56页。
[8] 何维达主编:《公司治理结构的理论与案例》,经济科学出版社1999年第1版,第16—17页。

3. 激励机制

依据委托—代理的基础框架,在企业的合约安排中,资本所有人是委托人,他将决策权委托给管理者(即代理人),后者又转而雇佣工人(即亚代理人)。他们之间的关系演化为:委托人设计一种激励或监督机制,以诱导或强迫代理人为委托人的最佳利益而工作。在这种激励机制中,委托人所面临的约束是:代理人不至于投靠另一委托人或拂袖而去,而是从自己的利益出发,心甘情愿地做委托人所要求他做的事情——因为这是他自己的最佳选择(即激励相容约束)(incentive compatibility constraint)。

由于经营活动的重要性以及对其监管的难度,对于管理者而言,重要的是激励机制问题。因此管理者的收入必须与企业的效益紧密联系,而不能通过合约予以固定化。也就是说,管理者应该从企业中分享部分剩余。让经营者享有剩余索取权,其主要功能是免除对经营者行为的外部监督,使得经营者自己监督自己。因为如果让经营者索取剩余,对经营者而言,不仅获得了自我积极性,而且还获得了监督工人的积极性。另一方面,"工人自我积极性的丧失,则可以通过被经营者监督而产生的积极性予以弥补,因为对工人的监督相对而言较容易"[9]。

让管理者持有一个较高比例的"赌注"通常能缓和代理问题。一般而言,有两种处理代理问题的主要机制:其一是股东大会和董事会("用手投票")实行的控制;其二是股市("用脚投票")实行的控制。这两种机制既相互依赖又相互替代。"用脚投票"的得分数(即股票价格)通常可以影响"用手投票"作出的更换经营者的决定。显然,一个有效的股票市场够降低直接控制的重要性,这就像勤于巡逻的警察能降低监狱的拥挤度一样。在市中,"股票的可转让性可以使资本家较容易地纠正他们在判断管理者能力时所犯的错误,而股票的不可回赎性又能使高能力的管理者免受持股人的不公正评价"[10]。可见,股票的市场价格可以用来衡量管理者的绩效。另一方面,如果管理者不为自己的轻率所犯的错误付出代价,又有谁会为此付出代价呢?

---

[9] 何维达主编:《公司治理结构的理论与案例》,经济科学出版社1999年第1版,第294页。
[10] 何维达主编:《公司治理结构的理论与案例》,经济科学出版社1999年第1版,第215页。

(二) 美国索克斯法案关于 CEO 的有关规定及启示

在股市重挫、上市公司丑闻迭出的困境下,美国国会于 2002 年 7 月 26 日以绝对多数通过了关于会计和公司治理改革的一揽子法案——索克斯法案(简称 SOX 法案)。这是一道令 CEO 们胆战心惊的行政法令。

针对全美所发生的一系列财务丑闻多与高管人员有关这一现实,该法案主要从以下三个方面来加强对 CEO 的管理:(1)公司定期报告的个人认证制度。该法案要求全美超过 12 亿美元的上市公司的 CEO,声明在其知情范围内,公司最近向证监会提交的年报、季报及其他法律文件不存在重大的失实陈述和重大的误导性陈述,这一规定将 CEO 的个人法律责任与公司的信息披露责任紧紧绑在了一起。该法案规定,CEO 如果在"知晓"公司的定期报告不能完全符合上述要求但仍然提供书面保证,将被处以高达 100 万美元的罚款和上至 10 年的监禁;而"故意"提供书面保证的 CEO 则将被处以高达 500 万美元的罚款和上至 20 年的监禁。(2)禁止公司向 CEO 提供贷款。规定上市公司不得直接或者通过其子公司向其董事或高管人员提供新的信贷或信贷支持;法律生效之前已提供的此类贷款可以宽限一次。(3)对 CEO 薪酬的限制。该法案规定:第一,一旦上市公司出现提交的财务报表有重大违规而需要重述时,CEO 在违规报表公布或向 SEC 财务机构提交报表之日起 12 个月内获得的一切报酬,包括奖金、期权和买卖股票的收益,必须向公司返还;第二,缩短买卖股票的申报期间。持有公司已发行证券的 10% 以上的 CEO,其向 SEC 申报的期间由原来的 10 个工作日缩短为 2 个工作日;第三,禁止上市公司在接受政府或司法调查期间对 CEO 支付任何重大款项。

此次美国公司法改革,首次明确规定了公司 CEO 对年报和季报的个人认证制度并制定了较为严厉的刑事责任,反映了监管当局在美国上市公司爆发一系列财务丑闻之后整顿资本市场的决心。应该说,这是"对症"下药之举。即使从消极角度考虑,这种应用法律威慑力的消极考虑在预防上市公司虚假陈述方面也将起到一定的积极作用。

从美国公司法的实践可以看出,初衷是为了激励管理者努力经营的期权制度,不仅没有实现其初衷,反而走向了另一个极端,即公司高管人员为了获取巨大的个人利益,常常不惜编造虚假财务报告、发布误导性消息以哄抬股价,从而达到其个人目的。"这给了我们一个启示,那就是如果管理者能够不受任何阻碍将持股风险转移给公司、投资者和市场,管理者持股和期权计划都不利于减少代理成本。"[11]

(三) 美国与中国公司治理结构之比较

在第一部分的论述中,通过比较 CEO 与公司经理、CEO 与公司董事长的关系,不难发现,公司 CEO 类似于我国的公司经理,但其还享有我国公司董事会与董事长的部分职权。在涉及 CEO 的法律责任时,无疑有必要比较中美两国在公司治理结构上的差异,为探讨在我国本土设置 CEO 的法律障碍作铺垫。

在美国设立 CEO 的公司中,其治理结构模式与我国《公司法》的公司治理结构模式之差异主要在于:(1)在美国,公司不设监事会,由董事会履行监督职责。董事会拥有公司资产的控制权,常常在公司治理结构中具有举足轻重的地位。在美国公司内部,董事长领导董事会,CEO 负责管理公司的日常经营。"目前,美国公司董事会作用的排序,首先是监督和评价经理班子的工作,其次是与之相应的任免经理班子的工作,再次是进行指导和咨询。"[12]其中,非执行董事或外部董事对执行董事和 CEO 起着重要的监督作用。而依据我国《公司法》,我国公司的治理结构模式采用的是股东会、董事会与监事会这种三架马车制,其中,股东会是公司的最高权力机关;董事会对股东会负责,经理对董事会负责;监事会主要检查公司的财务情况、监督董事与经理的行为;(2)在美国公司治理结构中,CEO 取代了我国公司中的经理,CEO 的权利与义务明显多于我国公司经理的权利与义务。由于 CEO 不仅承担了经理的职责,而且还承担了董事会与董事长的部分职责,因而其主要职能是直接参加董事会决策和监督实施董事会通过的各项决策;(3)美国公司治理结构中,由于董事会与董事长的一些决策权与检查权让渡给了 CEO,因而其董事会是小董事会的概念。而我国公司治理结构中,董事会则拥有相当大的决策权与检查权,故我国董事会是大董事会的概念。

(四) 我国公司设置 CEO 的法律障碍

尽管我国《公司法》中没有明文规定 CEO,但目前一些本土公司却已设置了

---

[11] 李茂年:"美国公司改革法案述评",《全球竞争经济体制下的公司法改革论文集》,社会科学文献出版社 2002 年版,第 8 页。
[12] 何维达主编:《公司治理结构的理论与案例》,经济科学出版社 1999 年第 1 版,第 59 页。

CEO 职位,对这一现象应如何看待呢？一些社会人士将公司的总经理视为 CEO,而一些 CEO 自己也弄不清自己与总经理有何区别。甚至有学者认为,"为进一步完善我国的公司治理结构,应将总经理的职位译为 CEO",[13]对此笔者不能苟同。之所以不能简单地将总经理的职位译为 CEO,是因为前文中已分析了：CEO 尽管在地位上类似于我国的公司经理,但其还享有一些本属于董事会与董事长的职权。

在我国,商事主体采用法定主义原则。公司是最重要的商事主体,因而公司的组织机构只能依《公司法》的规定,设立"股东会——董事会（经理）——监事会"的模式。此外,《公司法》第 46 条、第 112 条规定了公司董事会的职权,第 114 条规定了公司董事长的职权,这些规定都属于强行性规范。《公司法》第 50 条、第 119 条尽管规定了公司经理享有"公司章程和董事会授予的其他职权",但公司章程和董事会却不可能突破第 46 条、第 112 条和第 114 条这些强行性规范的规定,即不能授予经理以原董事会的一些决策权（如制订公司的年度经营计划与财务预算方案等）和原董事长的一些职权（如检查董事会决议的实施情况等）。而"制订公司的年度经营计划与财务预算方案、检查董事会决议的实施情况等"恰恰是 CEO 的职权。由此可见,"取消经理并改设 CEO 与现行的《公司法》有冲突（换言之,目前本土公司设置 CEO 存在法律障碍）"[14]。

三、强化 CEO 法律责任之对策研究

随着全球经济的一体化,一方面,我国本土设置 CEO 存在上述法律障碍,而 CEO 这一制度在我国又逐步普及。2000 年海尔集团的张瑞敏率先成为中国的第一位 CEO。自此,拉开了 CEO 这一制度引入中国的序幕。此后,春兰集团的陶建幸在产权改组之际改称 CEO；倪润峰也于 2001 年出任长虹集团的 CEO。另一方面,美国——作为经理式资本主义发源地,尚且在一系列财务丑闻爆发之后,通过 SOX 法案,将惯于隐身在公司身后的 CEO 们直接面对严苛的刑事责任,走在了公司法改革的前列。正如前文所述,CEO 的出现是公司治理结构变革的产物,其为

---

[13] 倪建林：《公司治理结构：法律与实践》,法律出版社 2001 年版,第 127 页。
[14] 朱双庆："论公司 CEO 的法律地位",《法学》2002 年第 12 期,第 66 页。

公司法的改革提供了有益的实践经验。面对 CEO 的广泛出现以及公司治理结构的时代变迁,借鉴美国公司法改革的经验,适时地修改我国《公司法》,诚为顺应时代之举。

(一) 明确 CEO 的法律地位——我国《公司法》修改建议之一

1. 改革经理制度

首先是改革高级职员的称谓问题。在我国公司实践中,负责公司日常管理的一把手称谓较多,以总经理、CEO、总裁或其他职务名称出现,这些复杂的称谓常常造成法律适用上的种种困难。《美国示范公司法》在修订后,取消了对高级职员头衔的强制性要求,主要是"考虑到一些公司希望自己的高级职员头衔与众不同,而且似乎没有充分理由要求这类公司在这方面必须符合法定的模式。"因此我国在修订《公司法》时,可以对经理制度表现出一定的灵活性,即在《公司法》中可以规定,公司高级职员的名称由公司章程决定,可根据公司的规模、管理方式予以具体确定。同时建议在大企业集团及上市公司,采用 CEO 模式。此种体制下,CEO 不仅享有经理的权利,还享有董事会和董事长的部分权利,其享有比经理更重要的法律地位,同时 CEO 要对董事会直接负责并受到监事会的监督,以防止出现"内部人控制"问题;而在中、小型公司,则设立传统的经理制度,以适应这两类公司发展的需要。因此,在修改我国《公司法》时,可以在公司组织机构中的"董事会、经理"部分增设 CEO 的有关规定,以确立"股东会——董事会(CEO)——监事会"与"股东会——董事会(经理)——监事会"两种公司治理模式,使得实践中 CEO 的设立有法可依,从而使法律更好地为社会实践服务。

其次是关于 CEO 或经理的职权问题。我国经理制度的一大特点是公司法中明文规定了经理的职权。经理是由董事会聘任和解聘,那么经理的职权由公司董事会或者公司章程予以确定则理所当然。如果公司法强制性地规定经理的职权,则不但会抹杀公司的创造性,而且公司也难以适应市场环境变化的要求。CEO 的出现和迅速发展正说明:经理是公司治理结构中最活跃的因素,经理的职权应随着公司实践的发展变化而随时作出调整。在此方面,有必要借鉴美国《商业圆桌会议公司治理声明》:"有效的公司治理决非放之四海而皆准,公司治理的多样性是我们期望的,也是可取的。另外公司的作法也应不断完善以适应不断发展的形势。"结合我国国有企业中出资者普遍不到位,董事长、董事会与经理的职权难以划清的实际情况,有必要在公司法的修改中,将经理的职权由强行性规定改为任意性规定,即除非公司章程或者董事会的决议另有规定,CEO 或者经理行使下列职权……。这样既照顾了国有企业的特殊需要,又使得董事会或者公司章程可以根据发展的需要对 CEO 或经理的职权作出相应的修改。随着 CEO 的出现,经理的职权已经变动很大,我国《公司法》可以借鉴美国等国家公司治理的实践经验,将一部分公司的日常决策权交给 CEO。

再次是关于 CEO 或经理的代表权问题。目前我国《公司法》没有解决经理的代表权问题,这一问题在 CEO 体制下显得尤为突出。CEO 不仅承担着公司的日常经营管理工作,还肩负着一部分日常决策的任务。随着 CEO 权力的膨胀,如果没有对外代表公司的权力,显然与 CEO 的地位不相称。另外,如果没有给予经理代表公司的权力,那么 CEO 或经理难以承担决策和日常管理的职能,也无法保证交易的安全和交易的快捷。因此,明确授予 CEO 或经理代表公司的权力,不但可以提高公司的运营效率,也有利于鼓励董事长和 CEO 或经理的分别设立,更有利于保护交易的相对方。关于 CEO 或经理的权利限制问题,则可以借鉴"对于第三人,经理在其职务范围内代表公司,但公司对经理权的限制不得对抗善意的第三人"的制度设计。

2. 改善董事会制度

目前,"在世界各国的公司法改革中,董事会被作为核心内容"[15]。随着董事会地位的提升,由股东会中心主义向董事会中心主义转移是公司治理结构发展的必然趋势。《中国公司治理结构原则(草案)》也遵从国际通行的做法,将董事会置于公司治理的核心位置:"公司治理应当以健全的董事会制度为前提。公司治理的核心是董事会。"但在我国现行的公司治理结构中,董事会制度主要还存在下列问题:(1)董事会权限不清。一些董事长对自己在公司中的定位把握不准。"要么把一切都推给经理,自己做会议召集人,要么全权行使董事会的职权,以老板和一

---

[15] 李维安主编:《中国公司治理原则与国际比较》,财政经济出版社 2001 年版,第 7 页。

把手自居；"[16](2)董事会对经理班子缺乏有效的监督。在我国许多公司中，董事会与经理班子相互交叉任职的情况十分普遍。据调查，"在530家上市公司中，47.7％公司中董事长和总经理兼任。"[17]这就变成了自己"聘任"自己当经理，自己"监督"自己，自己又"评价"自己的局面。监督显然缺乏力度；(3)董事会大部分由内部董事构成，董事独立性不强。据调查，"在530家上市公司中，……22.1％的公司董事会成员全部为内部董事，50％以上为内部董事的占78.2％。由此可见，公司董事会很大部分为内部董事"[18]。

随着CEO的出现，我国公司法在改革董事会制度时应着重考虑如下问题：

首先，应明确董事会的权限，加强对CEO或经理的监督职能。由于CEO承担了一部分原来由董事会和董事长承担的职权，因此，在修改《公司法》时，应将《公司法》中的第46条、第112条之第3,4款中的"决定公司的经营计划、制订公司的年度财务预算方案"去掉，将此两款合并为一款，即"决定公司的投资方案和决算方案"；将《公司法》中的第114条第2款去掉。这样就将"决定公司的经营计划、制订公司的年度财务预算方案和检查董事会决议的实施情况"的职权从董事会和董事长的职权中剥离出去，而使得公司章程或董事会可以在设置CEO的情形下，将这部分权力授予CEO。鉴于各国公司治理原则均把评估CEO作为董事会的一项重要职责，随着CEO职权的扩大，有必要加强对其监督的力度。建议在修改公司法时，应明确规定董事会享有监督董事和CEO或经理的职权；并明确规定，当董事会会议评估CEO工作绩效时，此时CEO即使是董事，该CEO也不能参加董事会会议。

其次，CEO与董事长应该分设。在CEO体制下，董事长作为董事会的组织者，承担着领导董事会履行董事会重大决策和监督CEO及管理层的职责。若由董事长兼任CEO，则董事会对CEO和管理层的监督职能无疑会大大削弱。而且由于我国尚未建立起完善的独立董事制度，董事会的独立性较差，二者兼任显然弊大于利。建议在修改《公司法》时，规定上市公司的董事长不得兼任CEO或经理。这是因为上市公司中，股权分散，股东难以对董事会和经理层进行有效的监督，因而

---

[16] 范福春："上市公司法人治理结构的现状与规范化"，《中央财政金融学院学报》1996年第5期。
[17] 何玻："上市公司治理结构的实证分析"，《经济研究》1998年第5期。
[18] 何维达主编：《公司治理结构的理论与案例》，经济科学出版社1999年第1版，第38页。

确保董事会独立履行其职责在上市公司中至关重要;另外,"在有限责任公司和一般的股份有限公司中,由于公司的规模较小,股东较少,股东大会的作用较容易发挥,法律可以不做强制性的规定"[19]。

再次,应该优化董事会的结构。鉴于董事会在公司中的重要作用,可以"根据美国80年代董事会制的经验,内、外部董事的构成比例为4∶10"[20]。其中内部董事主要由董事长、CEO或总经理等组成;外部董事主要由国有资产代表、法人持股机构代表及有关专家学者等担任。设立独立的外部董事,有利于改善董事会的结构,强化董事会的监督机制,在一定程度上也限制了董事与经理班子的交叉任职。通过对董事会结构的优化,可以有效地保证董事会对CEO或经理的监督职能。

(二) 强化CEO的法律责任——我国《公司法》修改建议之二

由于我国《公司法》没有对CEO作出明文规定,随着CEO引发的问题数量日渐增多,CEO的责任承担问题不得不引起法律界人士的深入思考。既然作为经理式资本主义发源地的美国尚且在一系列财务丑闻爆发后,对隐身在这些丑闻之后的CEO制定了严苛的法律责任,那么,作为正在推行CEO制度的我国,借鉴美国公司法改革的一些举措则是十分必要的。在此,不得不涉及法律移植问题。所谓法律移植,是指一国法律对他国法律经验的采用。也就是说,法律移植的对象是一种经验或观念。法律移植,与生物移植一样,要求供体(即原生环境)与受体(即接受环境)之间具有质的相似性。这种相似性,"只是对于一具体法律所依赖的外在环境之间的质的相似性,而不是指在自然环境和社会环境的每一个方面都存在相似性。也就是说,是具体条件、具体场合下的相似性,而非抽象的相似"[21]。尽管我国与美国在公司治理结构上存在着一些差异,但是,在鼓励经营者努力工作的期权制度未能达到减少"代理人"代理成本而由公司高管层引发了一系列危机这一点上,两国具有一定的相似性。因而在移植美国公司法关于CEO责任的规定上,我国既有借鉴的必要,又有移植成功的可能。

---

[19] 谢增毅:"CEO在公司治理结构中的地位及我国《公司法》的修改",社会科学文献出版社2002年版,第8页。
[20] 何维达主编:《公司治理结构的理论与案例》,经济科学出版社1999年第1版,第96页。
[21] 陈传法:"法律移植简论——从发展的观点看",《法的移植与法的本土化》,法律出版社2001年版,第13页。

我国《公司法》第 147 条关于董事、经理申报所持有公司股份的义务和在任职期间不得转让公司股份的限制性规定,具有一定的合理性,因为它对公司的董事和经理班子具有一定的制约作用。《公司法》尽管在第 212 条中涉及了公司提供虚假的或隐瞒重要事实的财务会计报告时对高管人员的法律责任问题,但仅处以 1 万元至 10 万元的罚款,且追究刑事责任的规定也不明确。建议在修改《公司法》时增设一条,即规定:上市公司的 CEO 应以个人认证的形式保证公司财务报表不存在重大失实和误导投资者的内容。如果 CEO"知晓"报告不符合这些要求,仍然作出书面保证,则可以处以高达 100 万元的罚金和上至 10 年的监禁;如果 CEO 明知报告不符合这些要求,却"故意"提供不当的书面保证,则可以处以高达 300 万元的罚金和上至 20 年的监禁。

四、结语

经理制度的出现,是现代工商企业为了适应 19 世纪下半叶美国技术革命的迅猛发展和消费需求的不断增长,而在管理机构方面出现的一种反映。这一制度的出现,使得这种管理上"有形的手"逐渐取代了市场力量之"无形的手"。在现代企业中,所有者与经理人形成"委托—代理关系",经理作为所有者的"代理人",不可避免地会出现所谓的"代理人的道德风险问题",因而"委托人"设计了一种激励机制以便约束经理人。

随着公司治理结构的发展,首席执行官 CEO 应运而生。由于各国公司法对 CEO 较少有明文规定,通过将 CEO 与我国的经理和董事长进行比较,不难看出,CEO 不仅享有经理的职权,而且还享有董事会和董事长的部分权利,其拥有比传统经理更高的法律地位。当经理式资本主义的发源地——美国,在期权制度约束高管人员乏力而导致一系列财务丑闻爆发后,将隐身的 CEO 直接置于严厉的法律责任之下时,我国也暴露了不少由于 CEO 引发的问题。因而,积极借鉴美国公司法的经验,修改我国《公司法》已是形势所迫。

在修改《公司法》时,笔者建议,通过改革经理制度与改善董事会制度以明确 CEO 的法律地位;同时有必要借鉴美国公司法改革的做法,对违反法律规定的 CEO 制定明确的刑事责任,以强化 CEO 的法律责任。

专题五　公司减资制度初探[*]

李　智

（上海大学，上海 200436）

目　次

一、"减资"减什么？——外延及内涵
二、减资制度涉及利益冲突之考量——对股东、债权人的保护
三、减资制度的实证考察——比较研究
四、减资制度有必要存在吗？——实质与合理性分析
五、我国减资制度的检讨——立法现状与对策

摘　要：我国公司法的修订，迫切需要探讨减资制度的发展路径。"减资"之外延，在三种资本制度下，概念各异；就其内涵，减资分为实质性减资与形式性减资：前者导致净资产从公司流出；后者则仅仅是资本额减少，不发生净资产的流动。在减资过程中，尤其需要考量公司股东与债权人的利益。

关键词：公司法；减资制度；合理性分析

中图分类号：DF411.91　　**文献标识码**：A　　**文章编号**：1000-0208(2005)01-126-07

---

[*] 本文载于《政法论坛》2005 年第 1 期(法学类 CSSCI)。
作者简介：李智(1968—)，女，重庆人，上海大学知识产权学院副教授，中国政法大学博士研究生。
本文系作者参加赵旭东教授主持的上证联合研究计划第八期研究课题《公司资本制度改革研究》之后续成果之一。

公司的紧缩与扩张对应于两个无法回避的现实问题：减资与增资。增资（increase of capital），是指公司为扩大经营规模、拓展业务、提高公司的资信程度，依法增加注册资本金的行为[1]。减资（reduction of capital），是指公司由于资本过剩或亏损严重等原因，根据经营的实际需要，按照法定的条件和程序减少公司的资本总额。在我国公司法颁布已10年之久的今天，减资仍是一个冷门话题。迄今为止，学界和实务界对减资的讨论多从程序层面上进行。通过考察各国的相关立法例，本文试图描绘减资制度的现实图景，揭示其中的规律，从中透视特定时期中国公司法改革中减资制度的发展路径。

一、"减资"减什么？——外延及内涵

目前各国公司法中减资的概念存在着较大的差异。因此，解析减资的概念必须将其放在不同的资本制度下考量。

（一）减资的外延——三种资本制下的"减资"概念

1. 法定资本制下的"减资"概念。法定资本制（legal capital system），是指公司在设立时，必须在章程中对公司的资本总额作出明确的规定，并须由股东全部认足，否则公司不能成立。法定资本制为法国、德国公司法所创，并为许多大陆法系国家所仿效，成为一种较典型的公司资本制度[2]。法定资本制下，注册资本被称为法定资本，因而法定资本制下的减资概念，指公司减少注册资本。

2. 授权资本制下的"减资"概念。授权资本制（authorized capital system），是指在公司设立时，资本总额虽亦记载于章程，但并不要求发起人全部认足，只认定并缴付资本总额的一部分，公司即可成立；未认定部分，授权董事会根据需要，随时发行新股募集之[3]。授权资本制一般为英美法系国家的公司立法例所采纳。此种资本制下，公司的资本形态主要有四种：（1）授权资本；（2）发行资本；[4]（3）认

---

[1] 江平主编：《新编公司法教程》[M] 北京：法律出版社，1994年版，第145页。
[2] 石少侠主编：《公司法教程》[M]. 北京：中国政法大学出版社，2002年版，第72页。
[3] 石少侠主编：《公司法教程》[M]. 北京：中国政法大学出版社，2002年版，第72页。
[4] 发行资本，指公司已经招募并由股东认购的股本总额它是发起人或股东同意认购的股金总额，却并非股东实缴的资本。参见石少侠主编：《公司法教程》，中国政法大学出版社，2002年版，第73页。

缴资本；(4)实收资本。[5] 因此，授权资本制下减资的概念，可以是指减少公司的授权资本、发行资本、催缴资本或实收资本。但是，减少发行资本，在英美是最为普遍的情形。

3. 折中资本制下的"减资"概念。折中资本制（compromise capital system），是公司章程必须记载公司发行股份的总数，公司设立时，不要求股东认足章程确定的全部股份，只要求认足公司第一次发行的股份，并缴纳股款，公司即可成立[6]。折中资本制是集合以上两种制度的特点，属于从严格法定资本制向灵活授权资本制的过渡区间。它大致有两种做法：其一，对公司资本的含义加以特别限定。如日本1950年修正商法后，另行规定："公司的资本，除本法有特别规定外，是指已发行面额股份的股款总数及已发行无面额股份的发行价格的总额。"这一规定实质上是将公司资本限定为发行资本，而非注册资本。其二，对授权发行的资本加以特别的限定。如卢森堡公司法规定，在公司设立时，全部资本必须予以发行。但是，在公司成立后增加资本时，允许存在已经授权而尚未发行的资本[7]。由此看来，折中资本制下，如果减资，则减少的应该是已经授权而尚未发行的资本。[8] 本文主要以股份有限公司注册资本或发行资本的减少作为探讨的重点。

(二) 减资的内涵——实质减资与形式减资的区分

一般而言，公司减资的方式有两种：一是减少股份金额，即不改变股份总数，只减少每股的金额。这又分为发还股东已缴的股款，免除股东应交的股款两种。二是减少股份数额，即每股金额并不减少，而只减少股份总数。具体又分为消除股份和合并股份两种。[9] 减资，依公司净资产流出与否，可以分为实质性减资和形式性减资。前者指减少资本的同时，将一定金额返还给股东，从而也减少净财产。

---

[5] 认缴资本，指股东已经认购但尚未实际缴纳的资本。实收资本，指公司实际收到的资本。
[6] 毛亚敏：《公司法比较研究》，中国法制出版社，2001年版，第212—213页。
[7] 石少侠："公司资本制度研究"[J]，吉林大学社会科学学报1993年第2期。
[8] 参见毛亚敏：《公司法比较研究》，中国法制出版社2001年版，第213页："公司法对公司第一次发行股份的最低额一般加以限制。对于未认足的部分，授权董事会在公司成立后随时募集如日本《商法》第166条规定，股份有限公司设立之际发行的股份总数，不少于公司章程确定的拟发行股份总数的1/4。其余股份的发行没有具体时间限制"因此，在实行折中资本制的情形下，若要减资，不可能减第一次发行的部分，而只能是减少已经授权但尚未发行的资本。
[9] 消除股份指取消一部分或特定的股份；合并股份是士别等两股或两股以上的股份合并为一股。

而后者指只减少资本额,不将净财产向外流出[10]。这两种减资,不仅目的不同,而且其内涵也不相同。

其一,减资目的不同。实质性减资可因以下目的而发生:(1)公司营运规模发生变化;(2)公司面临合并;(3)公司解散。[11] 形式性减资,其目的在于"虽然有资本的缺损,但在一定时间内没有恢复可能性的公司,若放任,不仅很难进行赢余分派而且公司信用度也会降低,为了资本接近于净资产而进行"[12]。

其二,减资的内涵不同。前者,减资之际,净资产从公司流出,必然导致净资产的减损,相应之连锁反应则是公司信用或偿债能力的减弱;后者,减资之际,仅仅是资本额减少,而不发生净资产的流动[13]。显然,实质性减资实际上使公司的股东优先于债权人获得保护。形式性减资,"不产生资金的流动,而旨在一种资产与资本真实的回归。这一减资模式,往往是亏损企业的行为,旨在使公司章定资本与净资产水准接近"[14]。

二、减资制度涉及利益冲突之考量——对股东、债权人的保护

如上所示,减资,一方面是一些公司因经营规模的变化、合并或清算而为之,另一方面是亏损公司迫不得已而为之。因而在减资过程中,尤其需要考量公司股东与债权人的利益。

(一)股东的保护问题

公司减资,往往直接引发公司股东之间的利益冲突,在公司不依据股东持股比例减资尤其是在消除股份的情况下,更是如此。公司的股东主要分为优先股股东与普通股股东,而普通股股东又可以分为控股股东和非控股股东。公司是否减资以及公司如何减资,对不同类别股东的利益影响是不同的。在两种形式的减资中,

---

[10] [韩]李哲松:《韩国公司法》[M],吴日焕译,北京:中国政法大学出版社2000年版,第586页。
[11] 当公司营运规模发生变化,而目前的资本相对过剩,因而将资本返还给股东;当公司面临合并,考虑到消灭公司的则产巨大,而其股东们将在存续公司中持有的股份过多时,为减少该股东们的股份而减少消灭公司的资本;当公司解散时,为简便其清算程序而减少资本。
[12] [韩]李哲松:《韩国公司法》[M],吴日焕译,北京:中国政法大学出版社2000年版,第586页。
[13] 何美欢:《公众公司及其股权证券》(中册)[M],北京:北京大学出版社1999年版,第113页。
[14] 傅穹:《重思公司资本制原理——以公司资本形成与维持规则为中心》,中国政法大学2003年6月博士学位论文,第25页。

多偏向于控股股东的利益而作出,少数股东的利益会受到不同程度的侵害。"股份数的减少或者股金的返还在股东之间不平等地形成时,当然要伴随少额股东的经济损失,有时可以被逐出少额股东的方法来恶用。这一点,尤其是在以股份并合的方法减少时,更为明显。"[15]

各国公司法实践中,法院在审查减资是否对各类股份的股东公平合理时,援用"权利一致原则",但事实上,对于减资公正性的审理是非常棘手的问题,法官的自由裁量权不可避免地具有较大的随意性。有学者在研习了英国大量判例之后感叹:"可以说,根据法院所确立的公正标准,少数股东所受的保护是不确定的。"[16]

(二) 债权人的保护问题

公司减资同时对债权人的利益影响甚巨。公司的实质减资,导致公司净资产从公司流出,公司的信用或者说公司的偿债能力面临降低的危险。因为在实质性减资的情形下,事实上是将股东的出资予以退还,从而使公司的责任财产减少,这就"等于股东优先于债权人回收所投入的资本"[17];而公司的形式减资,也会减少应保留于公司的财产数额,"因此从消极的意义上说,同样也导致责任财产的减少"[18],这些均可能直接影响到公司债权人的债权实现。对于债权人利益应如何救济,以下将结合一些国家或地区的相关规定,简要加以剖析。

1. 减资的效力。关于减资的效力,一些国家或地区均对保护债权人作了明确的规定。例如,加拿大商事公司法第38条规定:"如果有合理的理由相信,(1)公司不能或在资本减少后不能支付;(2)公司资产可实现的价值将因此而低于债务总合,那么公司不得减资。"我国台湾地区则规定,公司如不为通知及公告,或对于在指定期限内提出异议的债权人不为清偿或不提供相应的担保者,其减资的效力不受影响,但公司不得以其减资对抗债权人,债权人仍能在公司原有资本范围内向公司主张债权。显然,这是将保护债权人程序的履行,视为对抗要件,而非减资的生效要件。

---

[15] [韩]李哲松:《韩国公司法》[M],吴日焕译,北京:中国政法大学出版社2000年版,第586—587页。
[16] 何美欢:《公众公司及其股权证券》(中册)[M],北京:北京大学出版社1999年版,第658页。
[17] [韩]李哲松:《韩国公司法》[M],吴日焕译,北京:中国政法大学出版社2000年版,第586页。
[18] [韩]李哲松:《韩国公司法》[M],吴日焕译,北京:中国政法大学出版社2000年版,第586页。

2. 债权人的减资停止请求权。所谓减资停止请求权,是指公司违反相关法律规定,不履行债权人保护程序,致使债权人有蒙受损失之虞时,债权人享有请求公司停止减资的权利。这是一种事前防御的措施,通常发生在减资尚未开始或尚未结束的阶段。而债权人行使这种请求权的方法分两种:一是诉讼外方式,二是诉讼方式。债权人首先采用诉讼外方式,即口头或书面请求公司停止不适当的减资活动。如果公司对此置若罔闻,则债权人只好采用第二种方式——诉讼方式。

3. 债权人的减资无效诉权。所谓减资无效诉权,是指债权人由于特定事由而享有的请求法院判决公司减资行为无效的权利。这是一种事后救济措施,发生在减资行为完成并且生效之后。在法院判决之前,减资有效;在法院判决确定减资无效时,减资无效。因而,减资无效诉权"就其性质而言,当解为形成权"。[19] 为了维护资本交易的安全性,一些国家规定减资无效诉权应在一定的时间内行使,同时,为避免债权人滥用此种诉权、危及公司运营及交易安全,法律还规定原告债权人应提供相应的担保。[20]

4. 对债权人保障程序之质疑。面对精巧细致的法律规范,人们常常会以为债权人的利益得到了法律充分的保护,但事实上,"法规对债权人的保护是有限的。法规只规范正式的股本缩减,而不涉及公司资产的缩减"[21]。部分原因在于,"只要账面平衡,公司就可以向股东分配公司资产,即使大大超出缩减股本的面值"[22]。而且法律规范的真正目的在于"保证损益表平衡的变化不损害债权人的利益,即已支付资本在损益表的责任一边必须与资本另一边相平衡"[23]。

三、减资制度的实证考察——比较研究

减资涉及股东之间的冲突和股东与债权人之间的冲突,多数国家的公司立法主要针对这些利益冲突设计减资规则。

---

[19] 如日本商法第380条规定,债权人的除斥期间为6个月,自减少资本的变更登记之日起算,逾期不行使,债权人将丧失其权利。
[20] 参见日本商法第106条、109条:规定了原告债权人的担保提供义务。如果原告败诉,在其有恶意或者重大过失的情况下,对公司应承担连带损害赔偿责任。
[21] 冯果:《现代公司资本制度比较研究》[M],武汉:武汉大学出版社2000年版,第652页。
[22] Re Westburn Sugar Refineries Ltd (1951) AC625.
[23] Re Anglo-French Exploration Company, p. 853.

（一）美国立法例

美国修订的示范公司法中（简称 RMBCA）减资规则，主要规定在 6.40（分配）中。[24] 公司的分配包括多种形式，可以是宣告红利或支付红利、购买、回收或是用其他方法取得公司股票；用对股东负债的形式来分配；或者是其他方法。显然，公司的减资也属于公司的分配。RMBCA 对待所有的分配采用了统一的规则：董事会在公司章程和法律规定的限制下，可以决定向股东作出分配。因此，公司的分配实际上成为董事会的商业判断问题。股东之间的利益冲突是否得以充分的平衡或者个别股东的利益是否受了不公正的侵害，可以通过评断董事会的决议是否符合商业判断的法则，得出结论。股东也可以据此向法院提起诉讼，从而获得事后的救济。

对于公司的减资涉及债权人的保护问题，RMBCA 主要采取"偿债能力准则"模式和"资产负债模式"。该法 6.40（C）规定了公司分配必须满足以下的前提条件：(1)通常的营业状态下，公司仍然可以清偿到期债务；或者(2)公司的总资产应当不少于总负债与优先股股本的总额。这些偿债能力的标准，体现了立法者对于公司债权人利益的关心，而且，这样的保护，直接而又合理。

（二）德国立法例

联邦德国股份公司法的减资规则规定于第 6 部分第 3 章中，该章将减资规则分为 4 节[25]。该法规定，正式的削减资本，必须由股东作出决议，而且应当由代表至少 3/4 的基本资本的多数决定。在涉及多种股票的情形下，股东大会决议必须在各种股票股东的同意后才有效。这实际上赋予了类别股份的否决权，这就充分保护了类别股东的利益，一定程度上平衡了类别股东之间的利益冲突。

在债权人的保护方面，该法规定，董事会或监事主席应当将削减资本的决议在商业登记簿上登记注册。在发布公告后 6 个月内，债权人可以申报债权，如果债权不能实现，则应当向债权人提供保证金。对于股东的因为削减资本的支付款，必须于公告期满后，即发布公告后的 6 个月后，才能现实地支付。由此可以看出，该法

---

[24] See, Revised Model Business Corporation Act. 6.40 Distributions to Shareholders.
[25] 卞耀武：《当代外国公司法》[M]，北京：法律出版社 1995 年版，第 202 页。

给予债权人极为周到和全面的保护。

(三) 韩国立法例

韩国公司法认为,资本减少,只有股东大会作出决议才可以进行[26]。进行资本减少的决议时应当规定减少的方法,在采用票面价的减少方法时,应当要求变更公司章程。

关于债权人保护,韩国公司法采取了较为周全的债权人保护程序。主要分为:公告与催告以及债权人的异议。即,公司自资本减少之决议起两周内,向公司债权人公告。债权人如有异议,应当在一个月内提出。对于公司已知的债权人,应当进行催告。[27] 公司债权人如果提出异议,应有公司债权人集会的决议,在此期间,法院根据利害关系人之请求,可以延长异议期间。对于提出异议的债权人,公司应清偿债务或提供相当的担保,或以此为目的将相当的财产信托给信托公司。同时,规定在资本减少的程序或内容上有瑕疵时,即资本减少的方法或其他程序违反股份平等的原则时,违反其他法令、章程或显著不公正时,股东、董事、监事、清算人、破产财产管理人或者不承认资本减少的债权人均可以提起。

(四) 英国立法例

英国制定法要求公司通过任何缩减资本的决议,都应当提交法院,法院对其公正性进行审查时坚持两个标准:1. 股东是否受到了公正对待;2. 缩减的原因是否已经恰当地通知了股东,即股东是否在了解的情况下作出了选择。正如哈曼法官认为,法院"确认缩减的权力只有在符合以下的条件的情况下才可行使:(1)缩减提案,对所有处于平等地位的股东影响相似,或那些受不同对待的人同意受此待遇;和(2)缩减的原因(……)已适当地通知股东,以便他们能在了解情况下作出选择,而且该原因已被提交法院的证据证实"[28]。法院在审理减资是否公平对待各类股东时,通常采用"权利一致原则"(shareholder should be treated in accordance with their class right),即:在优先股与普通股共存的情况下,如果优先股的优先权

---

[26] [韩]李哲松:《韩国公司法》[M],吴日焕译,北京:中国政法大学出版社2000年版,第588页。
[27] 参见韩国商法典第439条第2,3款,第232条第1.3款,第445条。
[28] 何美欢:《公众公司及其股权证券》(中册)[M],北京:北京大学出版社1999年版,第651—652页。

仅适用于股利分配,而不涉及剩余财产分派,那么公司缩减资本,不论优先股还是普通股,均应依照股份的价值按比例承担,反之,如果优先股的优先权适用于剩余财产分派,那么普通股股东应首先承担损失[29]。

就债权人的保障机制而言,如果减资导致资本从公司流向股东,则必须向公司债权人通知减资情况,或取得债权人之同意,或向债权人清偿债务。

(五) 减资制度的一般规律

通过以上的考察,可以将减资制度的一般规律作如下总结:

1. 大陆法系国家的减资决定,一般由公司的股东会作出决定,而英美法系国家,减资一般由公司的董事会作出决定。

2. 减资一般分为实质减资与形式减资,对于这两种减资,往往采取不同的减资程序。

3. 就股东的利益冲突而言,减资的规则设计一般是先保护优先股股东的利益,对于普通股的股东利益,一般是给予公平的对待。

4. 就债权人的利益保护而言,采取了各种不同的保护标准,例如,公司应当具备清偿能力或者对债权人实施保证或清偿。

四、减资制度有必要存在吗？——实质与合理性分析

在比较研究了各国减资制度之后,不禁要问,减资的实质是什么？其合理性何在?

(一) 减资的实质

在资本市场上,我们常常会看到公司回购、公司回赎以及公司分派,而这三者将产生相同的经济效果——赢余的返还。这也昭示了减资的实质,英国学者 Eilis Ferran 教授认为,减资是公司将其赢余返还给股东的方式之一。[30]

(二) 减资的合理性分析

减资虽然可能危及社会交易安全,但减资制度存在以下的合理性。一方面,公

---

[29] [英]R. E. G. 佩林斯、A. 杰布里斯:《英国公司法》[M],《公司法》翻译小组译,上海:上海翻译出版公司1984年版,第139—140页。

[30] See, Eilis Ferran, Company Law and Corporate Finance, Oxford University Press. 1999. pp. 355 - 372.

司运营过程中可能存在预定资本过多情形,从而造成资本过剩[31]。闲置过多的资本于公司显然有悖效率原则,因此,如果允许减资,投资者就有机会将有限的资源转入产生更多利润的领域,从而能够避免资源的浪费。当资本返还后,对于小规模的企业而言,可能产生较小的利润总量,但由于资本的减少,使得公司在未来可减少股利的分配,而且,股本的减少也有利于提高公司的财务形象。这正是实质减资的合理性所在。

另一方面,公司的营业可能出现严重亏损,致使公司的资本额与其实有资产差额悬殊。允许公司减资,使得公司的资本额尽量与实有资产名实相符,此时有利于真实昭示公司的信用状况,反而有利于交易的安全。实际上,这也正是形式减资的合理性所在。"形式减资是回应这样一种商业现实:公司的资产已经不再真实地反映公司账簿上的登记的股本。在这种情形,公司想注销部分股本,而不返还股东。如果公司在这种情形不减少资本,则公司在重新试图分配股利前,必须弥补亏损。"[32]

五、我国减资制度的检讨——立法现状与对策

在探讨了公司减资的外延和内涵及减资涉及的利益冲突,比较了各国关于减资的相关立法例,分析了减资的实质和合理性之后,本文的目光聚焦于中国股份有限公司减资的立法现状及对策。

(一) 立法现状之检讨

我国公司的减资规则主要规定在公司法中的第186条中。对于该减资规则可以作以下分解:(1)公司减资必须编制资产负债表和财产清单;(2)公司减资决议属于一般决议,应当经股东大会出席会议股东的所持表决权的通过;(3)公司自作出减少注册资本决议之日起10日内通知债权人,并于30日内在报纸上至少公告3次;(4)债权人自接到通知书之日起30日内,未接到通知书的自第一次公告之日起90日内,有权要求公司清偿债务或提供担保;(5)公司减少资本后的注册资本不得

---

[31] 石少侠主编:《公司法教程》[M],北京:中国政法大学出版社2002年版,第84页。
[32] 傅穹:《重思公司资本制原理以公司资本形成与维持规则为中心》,中国政法大学2003年6月博士学位论文,第23页。

低于法定的最低限额。对于外资公司原则上在合营期内不得减少其注册资本,但是,因投资总额和生产经营规模发生变化,确须减少的,须经审批机关批准。[33]

我国的减资规则设计的特点是简单明确。对于债权人的保护,从规则的表述上可以说十分周全。但是,这样的规则存在以下几方面的问题:

1. 规则单一,对于多种多样的商业现实没有区分对待。从比较法可以看出,许多国家的减资规则,实际上针对不同的商业实际采取不同的规则。如德国股份公司法将减资分为正式与简单的减资等,对于这些不同的分类适用不同的规则,可在一定程度上避免过高的减资成本。

2. 公司减资中的股东利益的保护未受重视。尽管我国公司法要求减资由股东会作出决议,但这样的决议属于一般决议。同时,减资中对于如何贯彻平等对待股东的原则,未设明文,这就难免造成少数派股东以及无表决权的优先股东可能受到不公正的侵害的危险。

3. 关于公司减资中出现的程序瑕疵的救济缺乏规定。我国减资规则对于债权人保护的程序规则,应当说十分简洁。但是如果公司怠于履行保护债权人的程序或对于指定期限内提出异议的债权人不为担保或清偿,则减资的效力如何没有规定。如果出现了程序瑕疵,债权人如何进行救济,法律也没有明文规定。

4. 关于公司高管人员在职权范围内造成公司减资导致公司和债权人损失的责任未做具体规定。

5. 关于提供担保。对未到期债务提供担保,涉及如何判断担保是否充分,这对于公司和债权人而言是一个非常重要的问题。如果标准设定过低,可能会导致债权人的权利全部或部分不能实现,损害债权人的利益;反之,标准设定过高,则会不合理地增大公司提供担保的成本,致使公司根本无法提供合格的担保,迫使公司只得提前清偿债务,这样可能不仅仅使公司丧失期限利益,还可能打乱公司整体经营计划。在公司和债权人对担保是否充分产生争执的情况下,由谁来裁决?

(二) 对策建议

对于我国的减资规则,笔者有以下的立法建议:

---

[33] 参见《中华人民共和国外资企业法实施细则》(2001年4月12日实施)第21条。

1. 将实质性减资与形式性减资区别对待。实质性减资,造成公司的净资产从公司流向股东,公司债权人的债权有不能实现之虞,应当严格减资的债权人保护程序。但对于形式减资,可参照德国股份公司法规定,实行简化的减资程序,从而提高减资效率。

2. 加强减资中股东利益冲突的平衡。公司减资属于重大事项,应当由股东会特别决议作出。同时,如果公司股东中存在优先股股东,进行减资决议时,应当赋予优先股股东以适当的表决权,以免该类股东利益受到伤害。同时,公司减资应当维护股东的比例性利益,减资应当以股东的持股比例为之,避免股东利益受到不公正侵害。

3. 规定债权人的减资停止请求权以及减资无效诉权的救济措施。即公司违反法律规定,不履行债权人保护程序,以至可能危害债权人利益时,债权人可请求公司停止减资活动;或者债权人基于特定事由可以请求法院判决公司减资行为无效。

4. 规定在因公司违法减资造成公司及债权人损失时,有故意或重大过失的董事和经理应当对此承担责任。

5. 规定公司减资时提供担保的适当标准。这不仅有利于债权人的权利得以实现,更使公司能够提供合格的担保,不至于使公司丧失期限利益,有利于公司的整体经营计划。

对于我国减资规则的补充设计:

1. 减资的决定由股东大会作出,属于股东大会的特别决议,应当由出席股东大会代表股权2/3的股东同意后才能作出。赋予优先股股东对减资的表决权,减资决定应当经过代表股权2/3优先股股东的多数通过。

2. 减资的程序或内容有瑕疵时,可以确定减资停止请求权和减资无效请求权。减资停止请求权发生在减资尚未开始或完成阶段,具有事前防御功能。减资无效诉权发生在减资完成之后,属于事后救济。减资无效诉权具有除斥期间,可定为6个月,自减资变更登记之日起开始计算。

3. 设立司法审查机制。公司应向法院申请同意减资的裁定,经法院审查同意后,公司凭法院的同意减资裁定方可到公司登记机关办理变更登记手续。法院应审查公司减资在程序上是否已经公司股东会(大会)特别决议通过。如果是形式减资,则不必审查对公司债权人的保护措施。如果是实质减资,则应进一步审查公司债权人的利益是否得到了充分的保护。这包括审查:公司减资是否已得到公司所有债权人的书面同意;对不同意的债权人是否已提供了充分的担保(如提供资产抵押或质押、由实力机构提供保证、设立信托帐户等);公司财务报表确定减资是否会影响公司的偿债能力和持续运营;是否存在禁止该公司减资的规定,若有,则减资是否得到了该相关领导部门的同意,等等。

Study on the System of Corporate Capital Reduction
LI Zhi

(*Shanghai University*, *Shanghai* 200436)

Abstract: It is necessary to discuss the way to develop the system of capital reduction as China will amend the company law. As to its connotation, capital reduction is divided into substantial capital reduction and formal capital reduction: the former leads to net assets flowing out of company; the latter only reduces capital number, but does not involve the flow of net assets. In the process of capital reduction, the benefit of shareholders and that of creditors during this period should be considered.

Key Words: Campany Law; System of Capital Reduction; Analysis of Reasonableness

专题六 股票折价发行禁止之反思[*]

李 智

(上海大学知识产权学院,上海 200436)

目 次

一、折价发行之禁止——传统理念
二、折价发行之允许——比较研究
三、禁止折价发行反思之一——法学维度
四、禁止折价发行反思之二——经济学维度
五、我国股票发行制度之检讨与改革

摘 要:股票折价发行的禁止性规定实为一冷门话题。要突破"冷门",有必要总结各国允许折价发行的一般规律,质疑票面价值功能,探讨禁止折价发行之弊端,剖析折价发行之正当性,并运用价格理论指出政府有必要调整其完全禁止折价发行之发行政策。《中华人民共和国公司法》应修正一律禁止折价发行的规则模式,给予跌破面值且急需资金的亏损企业以筹集资金的机会,可采用两种对策;其一,终极性地取消面值股份。其二,设定严格的折价发行的批准程序。

关键词:公司法;股票;折价发行

---

[*] 本文载于《法商研究》2005 年第 2 期(法学类 CSSCI)。

股份公司的股票通常以三种价格发行,即平价发行、溢价发行与折价发行。股票的折价发行虽然被包括我国在内的许多国家所严格禁止,但是,也另有一些国家和地区允许或者有条件地允许折价发行股票。《中华人民共和国公司法》(以下简称《公司法》)颁行已十年有余,但如何看待股票的折价发行问题,则实为一个冷门话题。

迄今为止,学界与实务界很少讨论股票的折价发行问题,其根本原因是人们受传统理念的左右,认为禁止股票的折价发行是资本维持原则的必然要求,如果允许股票折价发行会损害债权人和公司的利益。笔者不仅关注"资本维持原则是否一定不允许股票折价发行?如果股票折价发行,是否一定会损害公司和债权人的利益"等法学问题,而且还将目光移向"禁止股票折价发行是否具有合理性"等深层次问题,并着力运用价格理论等经济学分析工具来分析股票折价发行存在的合理性。通过考察世界其他国家和地区关于股票折价发行的相应规定,笔者试图描述这些国家相关制度的背景,并从中透视出我国公司法关于股票发行制度改革的路径。

一、折价发行之禁止——传统理念

我们先从传统理念出发。所谓折价发行,是指以低于股票面额的价格进行的发行。《公司法》第131条第1款规定:"股票发行价格可以按票面金额,也可以超过票面金额,但不得低于票面金额。"发行价格不得低于股票面值,也就是说,公司无折价发行的行为能力。

对于股票的折价发行,大陆法系国家的立法普遍予以禁止。例如,《日本商事公司法》第202条第2款规定:"额面股的发行价格,不得低于其券面额。"折价股的发行,除在荷兰、列支敦士登等极有限地区得到许可外,在其他大陆法系国家则均遭禁止。"[1]

为什么大陆法系国家普遍禁止股票的折价发行呢?我国学者大多认为,股票发行价格是股票发行人要求投资者认购其所发行的每一股票所应支付的价额。股票发行价格从量的角度确定了发行人与投资者之间的筹资投资关系以及新老股东

---

[1] 冯果:《现代资本制度比较研究》,武汉大学出版社2000年版,第34页。

之间(如发行新股时)的股东权益平衡关系。股票上所记载的票面金额具有以下意义：(1)发行股票筹资时，相当于票面金额的资金列入公司的注册资本；(2)股票金额总值即为公司的注册资本总额；(3)在公司注册资本额确定的前提下，通过票面金额可以确定每一股份在公司总资本中所占的比例；(4)在面额发行股票时，票面金额即为发行价格。根据资本维持原则，股份有限公司在存续期间，必须维持与其资本总额相当的财产。如果允许公司折价发行股票，那么公司实收股本总额就会低于其注册资本，这会导致公司注册资本不实，也违反了资本维持原则。可见，《公司法》关于禁止折价发行的规定，其目的是为了贯彻资本维持原则。[2] "而所谓资本维持原则，系指公司应当维持与公司资本总额相应的财产，其目的在于维持公司清偿债务的能力、保护债权人的利益"[3]。近年来，也有学者认为："股份折价发行会造成公司资本虚假，直接损害公司及债权人的利益"[4]。另外，日本学者认为："如果允许折扣发行(未满票面额发行叫做折扣发行)将会破坏资本充实原则。"[5]

公司资本维持原则是否一定要求股票以等于或者大于票面金额发行？如果允许公司折价发行股票，是否真的会损害公司、股东及债权人的利益？这将在后面的分析中逐一"证伪"。

二、折价发行之允许——比较研究

下面我们将通过考察、比较允许折价发行的国家和地区的相关立法例来总结折价发行的一般规律。

(一) 我国台湾地区与香港特别行政区的立法例

我国台湾地区所谓的"公司法"原本严格禁止股票的折价发行，并表达于第140条中。近年来，为了回应资本市场回落的现实需要，其所谓的"公司法"也进行了修改。在2001年所谓的"修正案"中，第140条设定了一个但书条款："但公开发行股票之公司，证券管理机构另有规定者，不在此限"。

---

[2] 参见陈甦："公司法对股票发行价格的规定"，《法学研究》1994年第4期。
[3] 江平主编：《新编公司法教材》，中国法制出版社1994年版，第73页。
[4] 毛亚敏：《公司法比较研究》，中国法制出版社2001年版，第231页。
[5] [日]末永敏和：《现代日本公司法》，金洪玉译，人民法院出版社2000年版，第62页。

"《香港公司条例》第48B条、第50条规定,原则上公司不能以低于股票面额的价格发行股份,但公司在符合下列条件时,可以以低于股票面额的价格发行公司原已发行的某一类别的股份:(1)公司营业已超过1年;(2)折价发行股份得到公司成员大会决议的授权;(3)折价发行股份的折扣率已得到成员大会的同意;(4)折扣发行的建议得到法院的批准;(5)折扣发行必须在得到法院批准之后1个月内或法院批准的更长时间内完成。"[6]

(二) 日本与韩国的立法例

2002年前,《日本商法典》第202条第2款规定:"额面股份的发行价格不低于票面额"。到2003年6月,第79号法令废除了额面股,额面股份的发行价格不得低于票面额的规定也随之删除。"这种做法,是日本公司股份自由化扩大和增加公司重组的结果。"[7]

有些国家虽然允许发行一定数量的折价股,但都规定了严格的限制条件。例如,《韩国商法典》虽然允许低于票面价格的股票发行,但在第417条规定了严格的程序性条件。其折价发行的要件为:(1)公司成立后经过2年:"即使以低于票面价格来发行,如下所述,应将不足额按移延资产来计入,并在一定期间内折旧。"(第455条第2款)"能否折旧,也只有在公司的营业在某种程度上已进入正常轨道之后才可以预测到,因此,将所需要的期间规定为2年。"(第417条第1款)(2)股东大会的特别决议:"股东大会上不仅要决定是否以低于票面价格来发行,也要决定最低发行价额。"(第417条第3款)(3)法院的认可:"低于票面价额发行,会妨害资本充实,它会给公司债权人的利害关系产生影响,因此,须经法院的认可。法院参照公司的现状与各项情况,可以变更最低发行价额并予以认可。在此情况下,为了调查公司的财产状况及其他必要的事项,法院可以选任检查人。"(第417条第3款)但是,"上市法人以低于票面价额发行时,无须经法院的认可。"(第191条第5.1款)其折价发行的时期为:"应自得到法院认可之日起1个月内发行。法院可以延长此期间并予以认可。"(第417条第4款)其折旧参照下列规定:"低于票面价额

---

[6] 毛亚敏:《公司法比较研究》,中国法制出版社2001年版,第231页。
[7] 王保树:"'资本维持原则'的发展趋势",《法商研究》2004年第1期。

的不足部分的总额,可以以移延资产来计入,发行后3年内应折旧等额以上。"(第455条)"为了今后发行新股时对请约者进行公示,应将未折旧额记载于股份请约书上。"(第420条)

(三) 美国的立法例

美国在早期,票面价值是股票发行的最低要求,这可以确保所有股东出资的一致性,并使得票面价值所累计的额度可以作为外部债权人的最低防护。"这一禁止折价发行的强制性规则所导致的困境,在1891年因美国最高法院对Handle v. Stuz一案的判决所缓解。"[8]该判决认为,当企业为维持营运而急需筹集资金时,即使企业以低于面值的价格发行股票,也不能视为发行不当或者因此而责令股东承担责任。

(四) 其他国家和地区的立法例

《列支敦士登公司法》第10节"股份有限公司的股份分派和转让"中的"折扣分派和溢价分派"条款规定:"公司可以(低于票面价值)分派股份,但其前提是股份必须采用记名形式并得到了注册员的认可。"[9]

《荷兰公司法》第10节"股份有限公司中股份的分派与转让"中关于"溢价或折扣分派"条款规定:"可以溢价分派股份。一般不允许折扣分派股份。如果股份是分派给银行或者其他金融机构之后再由银行转售给顾客,这时,可以允许有折扣。"[10]

《欧共体理事会关于协调成员国为保护欧共体条约第58条第2项所称公司的股东和其他利害关系人的利益而制定的、有关股份有限公司设立及其资本的维持和变更的保障措施,以使这些措施趋同的第2号公司法指令》第8条规定:"(1)股份的发行价格不得低于其票面价值。在无面值股份的情形下,股份的发行价格不得低于其记账价值。(2)但是,成员国可以许可股份承销公司在承销股份过程中以

---

[8] 参见傅穹:《重思公司资本制原理——以公司资本形成与维持规则为中心》,中国政法大学2003年6月博士学位论文,第61页。
[9] 转引自[英]梅因哈特:《欧洲十一国公司法》,李功国等编译,兰州大学出版社1988年版,第343页。
[10] 转引自[英]梅因哈特:《欧洲十一国公司法》,李功国等编译,兰州大学出版社1988年版,第441页。

低于股份总价款的价格取得股份。"[11]

《关于欧洲公司章程的理事会规则修改建议稿》第 3 章资本、股份和公司债券第 39 条规定:"(1)股份的发行价格不得低于票面金额。(2)但是,承诺承销股份的专业中间商在购买股份时,可以根据协议支付低于其认购股份总价款的价格。前提条件是,欧洲公司登记住所所在成员国对此种折价发行做了规定,而且属于法律授权的范围之内。"[12]

另外,还有些国家规定:"折价股的发售对象只限于原有股东、公司职工和公司关系人,而不得公开向社会发售。有些国家只允许将折价发行作为发行公司与承销商之间的定价方式,而不得作为向投资者发售的作价方式。"[13]

(五) 规律总结

1. 多数国家禁止股票的折价发行,尤其是大陆法系国家的立法普遍对折价发行予以禁止。

2. 近年来,许多国家为了回应商业现实的需要,逐渐允许折价发行,但严格限定了折价发行的条件。

3. 折价发行的条件主要有以下几方面:折价发行的决定一般应当由公司的股东会作出;折价发行应当在公司成立一定期限后才被允许,这个期限有 1 年或 2 年的不同规定;折价发行往往应得到法院的认可或批准。

在考察了世界各国关于股票折价发行的相关规定之后不难看出:一方面大陆法系国家普遍禁止股票折价发行;另一方面,近年来一些国家又开始有条件地允许股票折价发行。对此,在《公司法》修改之际,我国选择何种制度规定就显得尤为重要。下面,笔者分别从法学和经济学的角度来探讨允许股票折价发行的合理性。

---

[11] 转引自《欧欢盟公司法指令全译》,刘俊海译,法律出版社 2000 年版,第 20 页。但是我国学者陈甦认为这并不是折价发行,因为发行人与承销机构之间的关系是委托代理关系。而不是公司与股东间的组织关系公司以低于票而金额的价格将股票委托给承销机构发行,承销机构仍须以票值向社会公众发行,承销机构交付给发行人的资金总额与面值总额之间的差额属于承销费用。公司登记时,应以承销机构发行价格筹集到的资金作为实收资本进行登记,承销费用应在企业经营期内分期摊销。参见陈魁:"公司法对股票发行价格的规制",《法学研究》1994 年第 4 期。
[12] 转引自《欧盟公司法指令全译》,刘俊海译,法律出版社 2000 年版,第 305 页。
[13] 参见顾肖荣主编:《证券法教程》,法律出版社 1999 年 11 月第 2 版,第 46 页。

三、禁止折价发行反思之一——法学维度

法学维度的思考是从票面价值之功能及其质疑、禁止折价发行之弊端探讨以及折价发行正当性之分析这三个方面来展开的。

(一) 票面价值之功能及其质疑

依据票面上是否记载一定面额,股份分为面值股份与无面值股份。目前世界各国公司法在是否取消面值股份、是否采纳无面值股份这一问题上存在着较大的分歧,而这一分歧的根源在于对票面价值的功能认知不同。在《公司法》修改之际,笔者不禁要问：票面价值的初始功能是否尚存？

1. 票面价值之功能

在19世纪,英美法系国家对票面价值的功能达成如下共识：

票面价值的功能之一,是确保新公司股东之间的平等与公平。这一职能取决于以等于股票的票面价值的价格销售股票,既不多也不少。[14] 而每股价值之总和通常被视为公司确定对股东作出分配的授权中的一个关键组成部分,并且每股的价值不是由法律确定而是由每个公司予以确定的。[15] 如果股票以一个不合理的低价发行,主要涉及其他股东之利益可能被"稀释"的问题。[16] "任何低于面值价格的支付,均被视为对债权人、高级证券持有人、其他股东的欺诈,该股份被视为掺水股份,而股东则须承担补偿或赔偿责任。"[17]

票面价值的功能之二,是帮助债权人评估提供信用贷款的风险,或者防止债务人实行不公平的转让。因为公司的法定资本就是每股的票面价值乘以售出股份数,而这也就是股东的投资资本对新企业的长期投入。若公司破产,债权人的请求权可以从投资资本取得的公司资产中得到满足,而股东则通常一无所获。这样,如果其他情况全都相同,那么公司的法定资本数额越大,考虑为公司提供信用贷款的

---

[14] 参见[美]罗伯特·C.克拉克：《公司法则》,胡平等译,工商出版社1999年版,第587页。
[15] See Larry Cata Backer, Comparative Corporate Law United States, European Union, Chin and Japan Cases and Materials, Carolina Academic Press, 2002, p.794.
[16] See Revised Model Business Corporation Act, 6, 21Issuance of Shares, Official Comment.
[17] 参见傅穹：《重思公司资本制原理——以公司资本形成与维持规则为中心》,中国政法大学2003年6月博士学位论文,第97页。

债权人的风险就越小。潜在的债权人就可以法定资本作为相关因素,来决定是否提供信用贷款以及在何种条件下提供信用贷款。因此,法定资本额就设立了一种"最低担保"要求,以保护债权人,防止公司的债务人进行没有补偿的大量财产转让。[18] 早在 1892 年,英国大法官哈斯布瑞(Lord Halsbury)在一起案件中也有类似的认识。他认为,授权资本分为每一股份的票面价值,不允许以低于每股票面价值发行是必要的。原因在于:其一,公司的每一债权人均可以将资本的确定不变的数额视为自己的担保;其二,公司不允许就其真实的资本数额,误导潜在的股东和债权人。[19] 而美国学者也认为,通过阻止发行无对价或无充分对价的股票,其目的是为了保护股东和债权人,因此种发行的实际资本可能会少于由该公司发行和售出股票所代表的数量……(以保证所收到的资产)不容易被用于支付公司的债务,而能确保在这些资本中股东的权利。[20]

票面价值的功能之三,是规范公司股利或其他分配的财务底线。对于公司而言,股东与债权人之间是存在着利益冲突的。股东希望在不使公司财务陷入危机的前提下,分配给他们最大数量的公司资本。股东的目标是让公司维持足够的资本,以便将他们的持有产生的收入最大化。而事实上,公司在某种程度上就像一部大的产生收入的机器。债权人则希望支付他们贷款的利息,并在适当的时候归还他们的本金。对债权人而言,股东收入的最大化可能减少公司用于支付利息和本金的公司财产。一个公司保留的财产越多,则债权人享有的保护就越多。[21]

2. 票面价值功能之质疑

上述票面价值的三项初始功能,随着社会的进步,正遭遇种种质疑:

对票面价值功能之一的质疑,是票面价值仍能执行确保投资股东之间公平这一职能吗?答案是否定的。这是因为公司筹资效率化的发展,使得溢价发行成为融资方式的主渠道,而折价发行则为亏损企业融资的例外通道。这两种机制,均使

---

[18] 参见[美]罗伯特·C.克拉克:《公司法则》,胡平等译,工商出版社 1999 年版,第 588 页。
[19] See Eilis Ferran, Company Law and Corporate Finance, Oxford University Press, 1999, pp. 355 - 372.
[20] See Larry Cata Backer, Comparative Corporate Law United States, European Union, China and Japan Cases and Materials, Carolina Academic Press, 2002, p. 797.
[21] See Larry Cata Backer, Comparative Corporate Law United States, European Union, China and Japan Cases and Materials, Carolina Academic Press, 2002, p. 793.

票面价值未能达到其确保股东之间利益公平的初衷。在公司筹资的过程中,当一部分股东能以比其他股东更低的价格购买股票时,这就形成了对股东的歧视性对待,成为部分股东申请不公平损害救济的基础。这在美国《示范公司法》第6.21条关于"对价"部分得到明确的反映:平等对待股东问题涉及董事的诚实和公平判断,不能由确立股票最低价格的任意原则来化解。[22]

对票面价值功能之二的质疑,是票面价值能使债权人承担的风险合理化吗?答案也是否定的。随着现代信用调查和救济机制的完善,票面价值对债权人而言不再具有任何实质性的帮助(即使以前曾有过的话)。"随着州的公司法令降低或放弃新成立的公司的指定法定资本的最低额的要求,及债权人发展了一系列调查和测量信贷价值、监督和收回贷款的技巧,债务人的法定资本在大多数借贷情形下成为无关紧要的考虑因素。"[23]而且现代的信用调查方法,并不以资产负债表作为主要依据。相对而言,美国"蓝天法案"和1933年《证券法》对于低资本化运作提供了更为真实的保护。[24] 美国《示范公司法》的修订者则更是认识到:票面价值和声明资本规则,对于保护债权人和股东的作用是有限的。[25]

对票面价值功能之三的质疑,是票面价值能作为防范公司股利或其他分配的财务底线吗?令人遗憾的是,答案仍然是否定的。这可以从英、美两国公司法的演进中得到证明。在英国公司法的历史上,从未对封闭公司提出过最低资本额的要求。而美国公司法的实践,则是从最高资本额要求到最低资本额要求,再到几乎没有最低资本额要求的演进过程。从这两个主要资本主义国家公司法的发展不难看出,票面价值的功能正由强势逐渐变为弱势,而保护债权人利益的职能已逐步由法律的其他措施与制度来执行。毫无疑问,票面价值对债权人而言,只是一种虚幻的保障。

(二) 禁止折价发行之弊端探讨

股票发行为何不允许折价发行而采取溢价发行的方式呢?通常观点认为,股

---

[22] See Revised Model Business Corporation Act, 6.21 Issuance of Shares, Official Comment.
[23] 参见[美]罗伯特·C.克拉克:《公司法则》,胡平等译,工商出版社1999年版,第593页。
[24] See Prifti, Securities: Public and Private Offering1A: 09. Blue Sky Registration Requirements.
[25] 参见傅穹:《重思公司资本制原理)))以公司资本形成与维持规则为中心》,中国政法大学2003年6月博士学位论文,第97页。

份的溢价发行,一是可以提高股票发行的筹资效益,降低发行成本;二是可以减轻分红负担。反对者认为,这一观点显然过于表面化。原因主要在于:一是票面金额完全由发行人自主确定。当发行原始股时,在筹集的股份数和发行价格不变时,发行人可将票面金额定为低于发行价而作溢价发行,或者将票面金额等同于发行价格而作面额发行,两者的筹资效益与发行成本是一样的,只不过票面金额有高低不同而已。二是公司给股东的投资回报率应按发行价格来计算。因为股东实际上是按发行价格向公司投资而不是按股票面值来投资的。公司虽然按股分红,但由于不同公司的发行价格与股票面额是不一样的,因而分红额难以作为不同公司之间收益率的比较指数。三是溢价发行的目的因原始股发行或新股发行而有所不同。在发行原始股时溢价发行,其目的在于贯彻资本维持原则;在新股发行之际溢价发行,其目的在于维持新老股东间权益平衡。[26] 事实上,"溢价发行是与面值股份相关联的机制,如取消票面价值,溢价发行也就没有存在的商业正当性"[27]。

  禁止股票折价发行在开始适用时,不仅带来不便,而且还给诚实的投资者带来损失。"印度金矿有限公司诉罗伯"一案[28]便能很好地说明这一问题:印度金矿有限公司已批准股本为 125000 英镑,分为 125000 股,每股面值 1 英镑。后该公司因资金的需要另行增发优先股 120000 股,每股 1 英镑,其中 100000 股立即发行,以每股支付 1 先令,贷记支付 16 先令,即以每股 15 先令"折价"公开发行,理由是为了公司的最佳利益。此时,每股普通股的市价为 2 先令 6 便士。4 年之后,原告罗伯因购买了 10 股普通股而提出衍生诉讼,请求宣布该公司的优先股发行因超越公司之行为能力范围而无效。英国上诉法院不情愿地批准了这一请求,判决优先股持有人缴足未缴股款。由此看来,"虽然禁止股本折价发行的规定看来合理,其实毫无意义且有害……禁止折价发行的规则也就没有太大的意义了"[29]。

---

[26] 参见陈甦:《公司法对股票发行价格的规定》,《法学研究》1994 年第 4 期。
[27] 参见傅穹:《重思公司资本制原理——以公司资本形成与维持规则为中心》,中国政法大学 2003 年 6 月博士学位论文,第 60 页。
[28] See Oregum Gold Mining Company of India Limited v. Raper (1892) AC 125, p. 133, Halsbury Lord.
[29] 何美欢:《公众公司及其股权证券》(上册),北京大学出版社 1999 年版,第 50—52 页。

(三) 折价发行正当性之分析

如果采用折价发行,立法者不得不考虑解决随之而来的两个问题,即既有股东利益之稀释与小股东被迫"挤出"的利益救济。对此,美国仍采用一贯对策,即董事的受信人行为准则和责任威慑机制。但大陆法系国家则采用另外的方式进行回应:对前一个问题,通常是因公司的业绩不佳等,投资者对新股的需要减少时,若坚持票面价额,则认购数会少于发行股份数,因此会给资金筹措带来困难。故为了圆满解决筹措资金的问题,允许以低于票面价的发行价额来发行股份,但这需要采用严格的发行程序,如设置股东大会特别决议和法院认可之双重机制来解决。对后一个问题,即当折价发行股票时,小股东们为了避免程序上的麻烦,往往存在回避新股认购的倾向。这时,公司经营者和控股股东常常利用这一点,大量认购失权股以确保公司经营权的稳定,从一定意义上讲,这等于有计划地驱逐小股东。为了解决这一问题,有必要赋予小股东"新股发行留止请求权"。[30] 而所谓"新股发行留止请求权"的意义在于:当公司违反法令或者章程,或者以显著不公正的方法发行股份,因此有给股东带来不利益之虞时,该股东可以请求公司留止发行。[31] 当然,这是在授权资本制下面临的独特问题。而在法定资本制下,公司章程授权股东大会决定新股发行之事宜,并严格禁止折价发行新股,显然不存在控股股东通过认购大量失权股而驱逐小股东之可能,因而也就无创设"新股发行留止请求权"之必要。

美国最高法院对 Handley v. Stuz 一案判决的理由基于:当企业为了筹集资金,善意地以最佳折扣价发行其股票时,既可以实现企业筹资利益的最大化,又可以满足债权人获得股息之要求,因而法律没有干涉的必要。在 1912 年纽约州开创发行无面值股份运动之后,更是从根本上化解了禁止折价发行的强制性规则所导致的困境。因此,"折价股在英美诸国广为存在。特别是随着无额面股的增多,股票发行价格与面值之间的联系就更不紧密,从而可以使公司以极小的设定资本来创立公司"[32]。

允许承销商以低于面值的价格取得股份,是资本市场公认的例外规则。但这

---

[30] 如韩国、日本、德国的公司法均有相关规定。
[31] 参见《韩国商法》,吴日焕译,中国政法大学出版社 1999 年版,第 98 页。
[32] 冯果:《现代资本制度比较研究》,武汉大学出版社 2000 年版,第 34 页。

种做法并非是折价发行,因为"公司以低于票面价格将股票委托给承销机构发行,承销机构仍须以面值向社会公众发行,承销机构交付给发行人的资金总额与面值总额之间的差额属于承销费用"[33]。

四、禁止折价发行反思之二——经济学维度

在从法学维度反思了折价发行之禁止后,有必要从经济学维度进行换位思考。

(一) 影响发行价格的因素

股份公司在制定股票的发行价格时,通常要考虑以下因素:

1. 股票一级市场的供求情况。股票作为一种金融商品,代表的是一种对未来收益所享有的权利,其价格的形成要受证券市场上供求关系及相关替代商品供求状况的影响。如果股票在一级市场上供大于求,其发行价格就会较低;反之,其发行价格就会较高。

2. 发行公司的素质情况和赢利情况。这包括发行公司的社会信誉、资产情况、所处行业及发展前景,前3年的财务、营运情况及发行年度的财务营运情况,公司的赢利情况等。

3. 同类公司的股价情况。这包括同类公司的股票发行价格和上市后的价格水平。

4. 股票二级市场的基本情况。这包括股票二级市场的整体股价水平及其走势、平均市盈率和市净率的情况等。[34]

由于篇幅所限,以下将从市场供求情况入手,运用价格理论作为分析工具,探讨政府是否有必要干预股份发行价格,从而反思禁止折价发行是否具有合理性。

(二) 政府干预股份发行价格有必要吗?

一般而言,一级市场股票的发行价格直接受二级市场股票价格水平的影响。因而在制定股票的发行价格时,考虑二级市场价格水平在发行期内的变动情况是非常必要的。若股市处于"熊市",定价太高则无人问津,使股票销售发生困难,因

---

[33] 参见陈甦:"公司法对股票发行价格的规制",《法学研究》1994年第4期。
[34] 参见顾肖荣主编:《证券法教程》,法律出版社1999年11月第2版,第45页。

此,要定得低一些;若股市处于"牛市",价格太低会使发行公司受损,股票发行后易出现投机现象,因此,可以定得高一些。[35]

依据经济学价格理论,物品的价格调节着需求量与供应量。如果价格甚高,则供给量会大于需求量;反之,如果价格甚低,则供给量会小于需求量。只有在均衡状态(即两种相互对立的力量达到平衡的状态)时,有且只有一种价格可以使需求量与供给量相等,这一价格就是均衡价格(equilibrium price)。在均衡价格时,销售量与购买量达到了均衡数量(equilibrium quantity)[36]。市场这只"看不见的手",是驱使价格达到这种需求量与供给量相一致水平的自发力量。

同时,为了了解哪一种需求对价格的反应程度更大,价格理论设计了一种衡量需求量对价格反应程度的尺度,即需求弹性,又称为需求的价格弹性(price elasticity of demand)。它是需求量变动百分比除以价格变动百分比。[37] 通常需求弹性用绝对值来表示。

以下试用两个证券市场的简易模型(其前提是影响股票发行价格的其他因素不起作用或作用很小以致可以忽略不计),来分析价格对供求关系的影响。

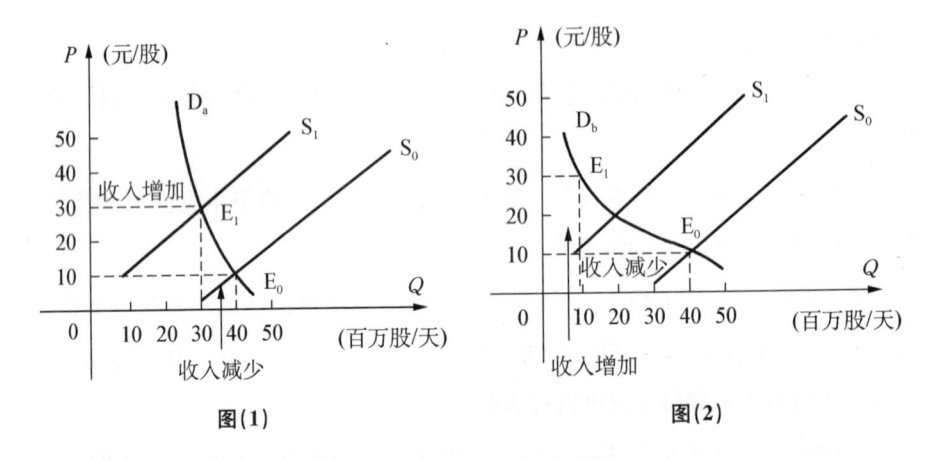

图(1)　　　　　　　　图(2)

图(1)为我国20世纪80年代至90年代中期证券市场需求简易模型,图(2)为我国近年来证券市场需求简易模型。在上图中,横轴Q代表需求量,纵轴P代表

---

[35] 参见钮华明、陈翔云:《证券公司业务发展与法律规范》,法律出版社2000年版,第176页。
[36] 参见梁小民编著:《微观经济学》,中国社会科学出版社1996年版,第85—87页。
[37] 参见梁小民编著:《微观经济学》,中国社会科学出版社1996年版,第100页。

价格,S_0代表原来的供给曲线,它与需求曲线D_a、D_b相交,价格为每股10元,销售量为每天4000万股。假如现在采取提高价格的措施,则需求曲线从S_0向左方移至S_1。在图(1)中,新的供给曲线S_1与需求曲线D_a相交时,价格为每股30元,每天销售量为3000万股。在图(2)中,由于需求曲线为D_b,所以,同样的供给曲线移动,价格上升为每股30元,销售量减至每天1000万股。由此可见,虽然图(1)与图(2)中价格的上升程度相等,但从销售量看图(1)明显小于图(2)。

在这两种不同的情况下,对股票发行人的收入有什么影响呢?销售股票的收入等于其价格乘以销售量。价格上升对收入有两种相反的影响。价格上升一方面会使每股的收入增加;另一方面,价格高也会使销售量减少,从而使收入减少。在图(1)中,前一种影响大于后一种影响,所以,收入增加;在图(2)中,后一种影响大于前一种影响,所以收入减少。

我们可以通过计算并比较这两种情况下的收益来说明这一点。

原来的收入为:10(元)×4000(万)=40000(万元)

价格上升之后,图(1)情况下的收入为:30(元)×3000(万)=90000(万元)

图(2)情况下的收入为:30(元)×1000(万)=30000(万元)

这两种情况的差别就在于需求量对价格变动的反应程度不同。从上图来看,图(1)中的需求曲线D_a比图(2)中的需求曲线D_b更陡峭。但我们不能简单地用斜率来比较需求曲线,而必须引入需求弹性的概念来对比这两图中需求量对价格变动反应程度的差异。

需求弹性=需求量变动百分比/价格变动百分比

需求量变动百分比=(新需求量-原需求量)/平均需求量×100%

价格变动百分比=(新价格-原价格)/平均价格×100%

在图(1)中:

需求量变动百分比(1)=(3000-4000)/3500×100%≈28.6%

价格变动百分比(1)=(30-10)/20×100%=100%

需求弹性(1)=28.6%/100%=0.286

在图(2)中:

需求量变动百分比(2)=(1000-4000)/2500×100%=120%

价格变动百分比(2) = (30 − 10)/20×100% = 100%

需求弹性(2) = 120%/100% = 1.2

通过以上计算可以看出,图(2)中的需求弹性大于图(1)中的需求弹性。而笔者引入这两个图的目的,是在假定 S_0 为市场自发的供给曲线、S_1 为人为的供给曲线的前提下,来分析政府管制发行价格对股票市场的影响。

假定 S_0 为市场自发的供给曲线,则 S_0 与 D_a 相交的点 E_0 为市场的均衡点。而随着人为地确定最低的发行价格(即不得低于股票票面金额),则供给曲线向左方移至 S_1,则 S_1 与 D_a 相交的点移至 E_1。

在图(1)中可以看到,在20世纪80至90年代中期,由于我国证券市场起步较晚、市场发育不成熟、投资渠道较少等原因,因而需求弹性很小。尽管人为确定的最低发行价格明显高于市场的均衡价格,但对股票销售量的影响较小。这种状况明显利于发行公司,特别是利于国有企业筹集资金,但却不利于投资者。

在图(2)中可以看到,近年来随着我国证券市场的不断完善和发展,投资渠道逐步多元化,因而需求弹性很大。如果人为确定的最低发行价格明显高于市场的均衡价格,则会导致股票销售量的锐减。这种状况明显有利于投资者,但却对发行公司不利。这也就是股市"边缘化"的真正原因。

通过以上分析不难看出,随着证券市场的发育成熟,盲目的投资者正逐步减少,而更多的投资者在经受了股市的"摸、爬、滚、打"洗礼之后,逐步成为"理性的经济人",从盲目的"跟进"逐步转向"追逐自身利益最大化"的冷静判断。在投资渠道多元化的今天,当价格这只"看不见的手"在调节市场供求方面正日益发挥着越来越重要的作用时,而政府这只"看得见的手"过分干预股票的发行价格已无太大的必要。

(三) 政府为何不允许折价发行股票?

为什么我国政府无一例外地禁止股份折价发行呢?这主要是基于以下两个经济学目标。

其一,假设"政府比老百姓聪明"。改革之初,我们的股民一般不太成熟,到股市投资容易上当受骗,于是政府代替股民选择优良的企业上市,想以此来保护股民的利益。但这实际上是典型的计划经济时代之思想,而且是基于"政府比股民聪明"这一假定而作出的选择。

事实证明,政府不一定比老百姓聪明。随着股市的不断完善,只要信息披充分,股民作为"理性的经济人",完全可以借助股价指数[38]这一工具,通过对过去的股价指数资料的分析,从中得出规律性的结论,也可以运用股价指数变动的规律性对未来的股价走势做出较为准确的预测,这在一定程度上会避免投资决策的盲目性。股民投资是股民自己的事,应该由他们自己来作出投资选择,政府也应放松管制,无代替股民选择优良企业上市之必要。这正如同子女长大成人后应该由子女自己选择配偶一样,父母再去干涉子女的婚姻,既可笑又无必要!

其二,为国企改制"圈钱"。我国作为一个发展中国家,资金短缺是一个长期存在的难题。而证券市场则具有明显的筹集资金、促进经济发展的功能。我国股票市场在短短10年时间里,在融资和促进国有企业改制两个方面对我国经济发展起到了巨大的推进作用。[39] 无疑,证券市场的出现改变了我国企业长期以来单一依靠财政拨款和银行贷款的融资模式,开辟了一条低成本筹集内外资的新渠道。尽管在早期的发行市场,由于投资者需求不旺,股票发行一般采用面值发行,有的股票由于推销困难而实际上采用了折价发行,但后来随着股市的发展,发行市场的投资者对新股需求迅速增加,股票发行几乎都采用溢价发行。[40] 而高溢价发行使得上市公司毫无风险地获得数倍的创业利得,套取所需资金。正是这种高额的创业利得诱使企业拼命发行新股和配股,加速股市扩容。[41]

事实上,一方面国企改制大部分早已基本完成,到现在已经不再要求政府通过股市来"圈钱"了。而通过股市来"圈钱"其实只是政府强加给股市的政策性目标,并不是股市的任务。另一方面,国企改制"圈钱"也正是股市上一股独大、公司治理结构不健全、中小股东利益受损害的根源所在。

此外,国企改制"圈钱"的另一个负面影响是导致大量的民营企业无法在股市

---

[38] 股价指数是运用统计学中的指数方法编制而成的一个综合反映股票市场中股份总体变动水平的经济指标。它能够准确、综合地反映股市价格变化及其发展趋势。
[39] 据统计,在我国股票市场上,到2004年底通过国内外股票市场(A、B、H股)共筹资达11641.02亿元,其中仅2002—2004年筹资就达3830.41亿元,http://WWW.csrc.gov.cn。
[40] 参见洪银兴主编:《资本市场:结构调整和资产重组》,中国人民大学出版社2002年版,第288页。
[41] 参见洪银兴主编:《资本市场:结构调整和资产重组》,中国人民大学出版社2002年版,第289页。

融资。"20世纪90年代初,我国处于计划体制向市场体制转轨的关键时期……在这个经济转轨的特定阶段,我国政府一直强调证券市场是一个融资市场,承担着国企改革脱困的重任。1993年颁布的《公司法》即承载了这一功能,其规定中的历史痕迹随处可见。如第152条规定,股份有限公司申请其股票上市必须满足下列条件:公司股本总额不少于人民币五千万元;开业时间在3年以上,最近3年连续赢利等。而由原国有企业依法改建而设立的,或者本法实施后新组建成立,其主要发起人为国有大中型企业的,可连续计算。通过这些上市门槛的规定,就基本上把非国有企业挡在了门外。因为受政治意识形态的影响,非国有企业在银行贷款等金融政策上得不到扶持,起步较晚,其发展规模和赢利纪录,在90年代初尚达不到上述要求。"[42]值得欣慰的是,去年深圳证券交易所开设了中小企业板。设立中小企业板的宗旨,是为主业突出、具有成长性和科技含量的中小企业提供直接融资平台。[43]随着中小企业板的启动和发展,民营企业在股市融资难的问题无疑会逐步得到缓解。当越来越多的民营企业和高新产业注入股市时,我国证券市场也完全可以培养出自己民族的"微软"。

通过以上分析不难看出,随着上述两个经济学目标的落空,政府也有必要调整其完全禁止股票折价发行之政策。而"用市场自身的规则代替强加给市场的规则;让交易当事人自己为自己作主,而不是由自负的立法者为他们作主;让交易当事人通过诉讼而得到救济,而不是出于防弊心态而不计成本地推行'规范化',这似乎应当是建立市场秩序的一些基本价值判断"[44]。

五、我国股票发行制度之检讨与改革

(一)禁止折价发行之基础——"资本信用"神话的破灭:定性问题

目前我国关于股票折价发行禁止之规定,追本求源,是由于公司法建立在"资本信用"的基础之上。到20世纪80年代,我国在经历了20多年的法律虚无岁月

---

[42] 罗培新:"公司法的合同路径与公司法规则的正当性",《法学研究》2004年第2期。
[43] 参见张旭东:"深交所就设立中小企业板块有关问题答记者问",http://news.xinhuanet.com/stock/2004-0502//content-1479712.htm。
[44] 方流芳:"实事求是、放松管制,发展我国股票市场",http://WWW.law-dimension.com/detail.asp?id=66。

之后,公司法学者们怀着对国外公司理论的崇拜,精心揣摩,盲目诠释了以"资本信用"为核心的神话。而一批学者的论断更是使得人们对资本信用的崇尚有增无减:"股份有限公司作为资合公司,其股东出资构成的公司资本是债权人利益的唯一担保,公司的责任能力和范围直接取决于公司资本的大小。"[45]"公司资本是公司赖以生存的血液,是公司运营的物质基础,是公司债务的总担保……为保护债权人的利益和交易的安全,就必须确定和维持一定数量的公司资本,并将其公之于众,以便使与公司发生经济往来的相对人,了解和掌握公司的资本状况,决定其交易的范围和条件。"[46]

事实上,公司资本只是公司成立时注册登记的一个抽象数额,并不是公司任何时候都实际拥有的资产。公司经营的时间越长,资产与资本之间的差额就会越大,甚至两者会完全脱节。当公司资产低于资本时,公司的偿债能力低于资本,如以资本来判断其信用,则必将误导债权人自始就冒资不抵债的风险;当公司资产大于资本时,公司的偿债能力高于资本,如以资本来判断其信用,则必然导致债权人对公司信用的低估,从而遏止了商业机会。显然,以资本作为信用标准无疑是对公司信用不同程度的歪曲。因而,在我国已存在了近 20 年的"资本信用"的神话,在面对无数企业破产之后,终于无情地拉下了它的帷幕。

(二) 我国发行制度的选择方向: 定位问题

比较世界各国公司法的发展轨迹不难发现,从资本信用到资产信用,是对公司信用科学分析的理性选择,而这也是《公司法》正在选择的发展路径。在从"资本信用到资产信用"的观念变迁中,与公司资本维持原则相关的一系列规则也在悄然变化:"人们发现,能给股东或债权人提供切实保障的,并非是资产负债表右侧静态的股本或股本溢价账户的数字,企业的偿债能力成为与公司交易方的最真实的关注……而票面价值所形成的,无非是公司的股本,连股本溢价均未能考虑在内,从原理上而言,是无法作为公司分配的有益标尺的……可见,以票面价值为分派的底

---

[45] 江平主编:《公司法教程》,法律出版社 1987 年版,第 151 页。
[46] 石少侠主编:《公司法教程》,中国政法大学出版社 1999 年版,第 86 页。

线,对债权人提供的不是保障,而是侵蚀。"[47]

《公司法》第 131 条第 1 款严格禁止股票的折价发行。这一强制性禁止规定是贯彻资本维持原则的要求,与其他大陆法系国家并无不同之处。然而,毫无例外地禁止股票折价发行,无疑堵死了跌破面值且急需筹措资金以度难关的业绩不佳企业的对外筹资渠道。对此,人们不得不产生这样的质疑:当非营利企业为继续经营而不得不对外筹资时,立法究竟是应该开启还是关闭融资的可行渠道?公司立法是否应该响应市场经济中商业的现实需求?在不损害任何外部利益群体利益之条件下,企业善意地对外公平筹集资金,法律强制性地进行禁止干预,其正当性何在?

有鉴于此,我国公司立法应修正目前严格地一律禁止折价发行的规则模式,给予跌破面值且急需资金的亏损企业以筹集资金与再生的机会。关于《公司法》的修正,可采用两种对策:其一,终极性地取消面值股份。这种方案尽管不一定是最现实的,但却是解决业绩不佳的亏损企业对外筹资的最佳学理方案。这也是借鉴美国、加拿大等国在修法时干脆取消额面股的做法。其二,设定严格的折价发行的批准程序。尽管在实践运作中,上市公司为了维持公司信用或者避免程序繁琐,几乎没有出现过低于面值发行的先例。

(三) 我国发行制度的规则设计:定量问题

借鉴韩国和我国香港地区的做法,在我国现阶段是很有现实意义的。我国可考虑制定如下折价发行的批准程序:(1)公司营业已超过 1 年;(2)折价发行股份得到股东大会特别决议之通过;(3)折价发行的折扣率已得到股东大会的同意;(4)折价发行的建议已得到法院的批准;(5)折价发行必须在得到法院批准之后 1 个月或法院批准的更长时间内完成。

---

[47] 参见傅穹:《重思公司资本制原理——以公司资本形成与维持规则为中心》,中国政法大学 2003 年 6 月博士学位论文,第 98—99 页。

专题七　论企业社会责任中的利益平衡

李　智

(上海大学法学院，上海 200444)

目　次

一、企业的社会责任就是捐赠吗？——企业社会责任的内涵解读

二、捐赠的标准是什么？——现行相关法规的缺失分析

三、捐赠的制度完善——企业社会责任中的利益平衡

摘　要：对于企业在赈灾中不捐或少捐款是不是不履行或不适当履行社会责任，本文认为，企业的社会责任包括法律责任、道德责任与慈善责任，而捐赠只是其中慈善责任的下位概念，显然企业的社会责任并不等同于捐赠；捐赠的标准有待现行《公司法》的相关法规进一步加以明确；应当从企业社会责任中的利益平衡角度寻求捐赠制度的完善路径。

关键词：企业社会责任；捐赠责任；利益平衡

近年来，随着自然灾害的频繁发生，企业在赈灾中是否捐款成为一个热点问题，人们往往认为，企业捐款就是履行了企业的社会责任，不捐或少捐则会被扣上不履行或不适当履行社会责任的帽子。那么，企业的社会责任是否等同于捐赠？何为捐赠的标准？如何完善这一制度？对此迫切需要加强研究深化认识。

---

* 本文载于《理论学刊》2011 年第 6 期。
　作者简介：李智(1968—)，女，重庆人，上海大学法学院教授，法学博士，主要研究领域为信托法、公司法。

一、企业的社会责任就是捐赠吗？——企业社会责任的内涵解读

企业的社会责任(CSR)是舶来品，对其通俗的理解是：企业对社会做合乎道德的行为，其要求企业或组织在赚取利润的同时，必须主动承担对环境、社会和利益相关者的责任。既然人们常常将捐赠与企业的社会责任相混淆，那么，探讨企业社会责任的内涵则很有必要。

(一) 西方学者对企业社会责任内涵的认识

西方学者阿奇·B.卡罗尔于1979年提出了"企业社会责任金字塔"(Pyramid of Corporate Social Responsibility)理论，在西方社会产生了重要影响。2004年翻译出版的卡罗尔《企业与社会——伦理与利益相关者管理》一书更是对其观点进行了全面阐述。卡罗尔将企业社会责任分为四个层次：第一层是企业的经济责任(Economic responsibilities)，是基本责任，位于金字塔的底层；第二层是企业的法律责任(legal responsibilities)；第三层是企业的伦理责任(ethical responsibilities)；第四层是企业的慈善责任(philanthropic responsibilities)。就企业考虑的重要性及先后次序而言，卡罗尔认为在金字塔结构中，经济责任占最大比例且是基础的，法律的、伦理的及慈善的责任是依次向上递减的(如图所示)：

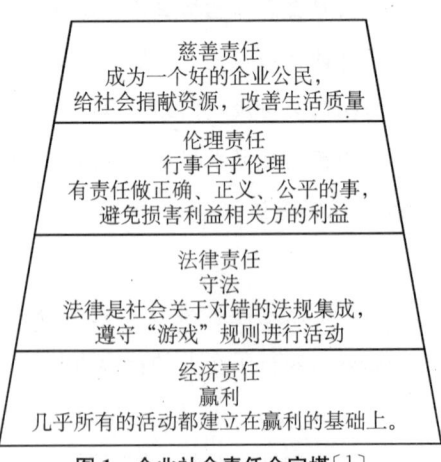

慈善责任
成为一个好的企业公民，
给社会捐献资源，改善生活质量

伦理责任
行事合乎伦理
有责任做正确、正义、公平的事，
避免损害利益相关方的利益

法律责任
守法
法律是社会关于对错的法规集成，
遵守"游戏"规则进行活动

经济责任
赢利
几乎所有的活动都建立在赢利的基础上。

图1　企业社会责任金字塔[1]

---

[1] 资料来源：阿奇·B.卡罗尔、安·B.巴克霍尔茨著：《企业与社会：伦理与利益相关方管理》(原书第五版)，黄煜平等译，机械工业出版社2004年版，第26页。

(二) 我国学者对企业社会责任内涵的理解

我国法学界对企业社会责任的讨论开展较晚,关于企业社会责任的内涵比较有代表性的看法有,刘俊海指出:"所谓公司社会责任,是指公司不能仅仅以最大限度为股东们营利或赚钱作为自己的惟一存在目的,而应当最大限度地增进股东利益之外的其他所有社会利益。"[2]卢代富把企业社会责任定义为企业在谋求股东利润最大化之外所负有的维护和增进社会利益的义务[3]。朱慈蕴认为,企业社会责任是指企业应对股东这一利益群体以外的、与公司发生关系的其他相关利益群体和政府代表的公共利益负有一定的责任,即维护公司债权人、雇员、供应商、用户、消费者、当地住民的利益及政府代表的税收利益、环保利益等。[4]。而张士元和刘丽则认为,企业社会责任是企业在谋求自身及股东最大经济利益的同时,从促进国民经济和社会发展的目标出发,为其他利益相关者履行某方面的社会义务[5]。

由上可以看出,我国学者对企业社会责任的内涵认识基本一致,认为企业社会责任主要包括对三方面的责任:一是对股东的责任;二是对债权人、雇员、供应商、用户、消费者等利益相关方的责任;三是对政府代表的税收、环保等公益事业的责任。可以说,企业社会责任的内容极其丰富,既有强制的法律责任,又有自觉的道义责任[6]。

(三) 对《公司法》第 5 条第 1 款的理解

我国新《公司法》第 5 条第 1 款首次以法规的形式明确提出了企业的社会责任这一理念,一方面规定了公司的法律责任,即"公司从事经营活动,必须遵守法律、行政法规";另一方面规定了公司的道德责任,即规定"遵守社会公德、商业道德,诚实守信,接受政府和社会公众的监督"。至于缺失的卡罗尔"金字塔"顶端的慈善责任,则以"承担社会责任"这一兜底条款来总括了。

由此可知,企业的社会责任包含了法律责任、道德责任与慈善责任,而捐赠只

---

[2] 刘俊海:《公司的社会责任》[M],北京:法律出版社 1999 年版,第 6—7 页。
[3] 参见卢代富:《企业社会责任的经济学与法学分析》[M],北京:法律出版社 2002 年版,第 96 页。
[4] 参见朱慈蕴:《公司法人人格否认法理研究》[M],北京:法律出版社,2000 年版,第 299 页。
[5] 张士元、刘丽:"论公司的社会责任"[J],《法商研究》2001 年第 6 期。
[6]《中国企业管理年鉴》[R],北京:企业管理出版社,1990 年版,第 778 页。

是其中慈善责任的下位概念。捐赠是企业的社会责任之一,而企业的社会责任显然并不等同于捐赠。

二、捐赠的标准是什么？——现行相关法规的缺失分析

企业捐赠是应该"攀比",还是应该量力而行？对于公司而言,所有资产属于股东,个别高层捐款过多,是否会侵犯全体股东的利益,是否会对公司自身的发展带来负面影响？捐赠到底应该以什么为标准？凡此种种都必须从现行相关法规入手来进行分析。

(一)《公司法》中企业对消费者、社区和环境、社会福利和公益事业的社会责任之条款梳理与评析

《公司法》在下列条款中间接规定了企业对消费者、社区和环境、社会福利和公益事业的社会责任：如第 5 条规定,公司从事经营活动,必须遵守法律、行政法规,遵守社会公德、商业道德、诚实守信,接受政府和社会公众的监督,承担社会责任；第 214 条规定,利用公司名义从事危害国家安全、社会公共利益的严重违法行为的,吊销营业执照。

由上可以看出,关于公司对消费者、社区和环境、社会福利和公益事业的社会责任,《公司法》只作出了原则性规定,缺乏现实的操作性。一方面,《公司法》中规定的公益事业社会责任缺乏相应的保障机制；另一方面,《公司法》中规定的公益事业社会责任还缺乏相应的惩罚机制。如果对违背企业社会责任的公司不从法律上进行惩罚,并让其在经济上承担较为严重的损失,那么仅仅依靠原则性的一些规定和社会舆论从人格、伦理上进行谴责,可以说大多数公司都难以主动去承担社会责任,这就形成了法律虽有规定却难以执行的局面。

(二)《公司法》中企业对股东、员工社会责任之条款梳理与评析

《公司法》在下列条款中规定了企业对股东、员工的社会责任：如第 18 条规定,公司研究决定改制以及经营方面的重大问题、制定重要的规章制度时,应当听取公司工会的意见,并通过职工代表大会或者其他形式听取职工的意见和建议；第 52 条规定,监事会应当包括股东代表和适当比例的公司职工代表,其中职工代表的比例不得低于三分之一,具体比例由公司章程规定；第 68 条第 1 款规定,董事会

成员中应当有公司职工代表;第71条规定,国有独资公司监事会应当包括股东代表和适当比例的公司职工代表,其中职工代表的比例不得低于三分之一;第109条第2款规定,董事会成员中可以有公司职工代表。董事会中的职工代表由公司职工通过职工代表大会、职工大会或者其他形式民主选举产生。

《公司法》进一步完善了职工董事会制度和职工监事会制度,但对职工董事会制度的规定都是原则性的,只对职工监事会制度作出了相对具体的规定,也都缺乏相应的惩罚保障机制,这使得企业对股东、员工承担社会责任的法律规定缺乏相应的可操作性。

(三)《公司法》中企业对债权人的社会责任之条款梳理与评析

《公司法》第1条规定,为了规范公司的组织和行为,保护公司、股东和债权人的合法权益,维护社会经济秩序,促进社会主义市场经济的发展,制定本法;第20条第1款规定,不得滥用公司法人独立地位和股东有限责任损害公司债权人的利益;第20条第3款规定,公司股东滥用公司法人独立地位和股东有限责任,逃避债务,严重损害公司债权人利益的,应当对公司债务承担连带责任;第205条规定,公司在合并、分立、减少注册资本或者进行清算时,不依照本法规定通知或者公告债权人的,由公司登记机关责令改正,对公司处以1万元以上10万元以下的罚款。

《公司法》第1条就企业对债权人的社会责任作出了原则性规定,但缺乏相应的惩罚保障机制;第20条第1款作出了"不得损害公司债权人的利益"的原则性规定,又通过第20条第3款"严重损害公司债权人利益的,应当对公司债务承担连带责任"作出相应的惩罚保障,但对于如何承担连带责任则缺乏具体规定;第205条对于怠于通知债权人的规定则相对比较具体。

三、捐赠的制度完善——企业社会责任中的利益平衡

既然现行相关法规中关于企业社会责任的规定有较多缺失,对于捐赠的规定则更是模糊,有鉴于此,建议在下次修改《公司法》时就如下几方面进行修订:

(一) 履行社会责任必须尊重营利本位

2005年修订的《公司法》第5条首次规定公司"必须"尽社会责任,这一规定仅适用于法定范围内的公司法律责任,而对超出法律之上的社会伦理责任,只能由公司自发承担[7]。但当公司自愿履行社会责任时,就不能只强调社会责任而无视公司的营利本性,"因为公司的营利目的与公司承担社会责任毕竟存在着利益上的冲突,绝大部分公司履行社会责任并不一定是自愿的"[8]。

(二) 贯彻利益相关者理论

在下次修订《公司法》时,建议从如下条款来具体贯彻利益相关者理论:其一,在立法目的上,应在第1条增加保护"利益相关者"的合法权益;其二,在公司的定义上,应在第2、3条中将保护"利益相关者"纳入其概念中;其三,在董事会法定职权上,应在第47条中将利益相关者纳入其法定职权的考虑中,即应规定"董事会对股东会和利益相关者负责"。

(三) 健全企业社会责任的惩罚制度

在下次修订《公司法》时,须在法律责任条款中增加对不履行或不适当履行社会责任的公司施加相应法律责任的内容。通过健全惩罚制度,使遵守者得到保护,违反者受到惩罚,当公司面对较高的"交易成本"时,由于增大了违反者的利益成本、道德成本甚至法律成本,使得公司只能理智地选择自觉承担社会责任。

另外,还须制订与企业社会责任配套的法规和政策。如国家应尽快制订《慈善捐赠法》,一方面可从法制上统一规范慈善捐赠的组织形式与具体的运作程序;另一方面可通过对慈善捐赠减免税收,对捐赠者实行税收照顾,从而鼓励企业积极投身慈善捐赠事业。最终有必要形成以《公司法》为核心,以《社会保障法》、《环境保护法》、《慈善捐赠法》等相关部门法为补充的法律体系,使这些法规构成企业慈善捐赠的刚性底线。

---

[7] 吴越:《企业社会责任专论》[M],北京:北京大学出版社2009年版,第173页。
[8] 周友苏、张红:"反思与超越:公司社会责任诠释"[J],《政法论坛》2009年第1期。

专题八　民间借贷风险的法律防范[*]

李　智[1]，程娟娟[2]

（1. 上海大学法学院，上海 200444，2. 宁波华众控股有限公司，浙江 315000）

目　次

一、民间借贷的内涵及其新特点

二、民间借贷的风险分析

三、民间借贷风险的法律规制

摘　要：一场没有硝烟的金融战争结束以后，世界经济处于一个低迷的时期，中国虽较之其他国家有所优势，但也始终未逃脱危机的枷锁。中小企业由于没有雄厚的财力作为支撑，金融危机的发生无疑给予他们致命一击，尤其在融资方面更是困难。为了解决困难，中小企业便把求生的目光投向了不受地区限制的民间借贷。近年来民间借贷规模扩大，形式多样，在金融机构之外，民间借贷发挥着不可替代的作用，很大程度上满足了人民群众临时性融资的需求，支持了中小企业的发展。但长久以来，中国并没有对民间借贷形成统一的、明确的管理规范，更没有对民间借贷给予法律上合理的定位，这导致了有关民间借贷的纠纷不断增加，金融风险也频繁发生。因此，建设相关民间借贷方面的法律制度势在必行。

---

[*] 本文载于《重庆大学学报》（社科版）2013 年第 1 期（高校综合类 CSSCI）。

作者简介：李智（1968—），女，上海大学法学院教授，民商法博士，主要从事信托法、公司法研究。

程娟娟（1988—），女，上海大学法学院民商法 2011 级硕士，现任宁波华众控股有限公司法务。

关键词：民间借贷；风险；法律规制

中图分类号：DF438.2　　　文献标志码：A　　　文章编号：10085831(2013)01-0032-06

金融危机后中国无论是大型企业还是小型企业都出现了严重的经营困难,尤以小企业为甚。其中以融资困难最为突出。经济危机使银行保持着高度的警惕性,为了防止不良资产的上升,银行乐意支持国有大型企业的发展,而中小企业很难在银行中筹集到资金。虽然政府为帮助缓解中小企业资金短缺频频出台相关的政策措施,但对于这些企业来说也都是杯水车薪,成效甚微。资金短缺仍是阻碍多数企业发展创新的难题。

为了解决融资困难,随着经济的日益发展,跨区域发展的民间借贷受到了中小企业融资垂青。由此民间借贷规模越来越大,它不仅挽救了多数企业的生命,而且为企业提供了发展创新的契机。但长久以来,中国并没有对民间借贷形成统一的、明确的管理规范,更没有对民间借贷给予法律上的合理定位,因而,难以避免出现了一些负面影响,比如温州中小企业老板"跑路"事件。鉴于此,中国必须加快建设民间借贷相关法律制度,积极地引导民间借贷健康发展,防范民间借贷引发的各种类型的风险。

一、民间借贷的内涵及其新特点

(一)民间借贷的内涵

民间借贷属于民间信用形式,国外学者大多是以相对于正规金融机构来界定民间借贷的内涵,他们以是否处于中央银行和金融监管的监管范围之内或者是以相关的资金融通活动有无经过正规金融体系为标准来定义民间借贷的内涵。非正规金融,指未经政府相关职能部门审查批准的,并且不受监督管理的、活跃于金融法规边缘的资金融通活动[1]。在国外,民间借贷的主要形式有货币借贷、民间互助会、信用合作社。在国内,学界相关研究多称之为"地下金融"、"体制外金融"、

---

[1]陈宋阳:《我国民间借贷法律监管研究》[D],西南政法大学2010年5月硕士学位论文,第12页。

"民间金融"、"非正式金融"等;国内学者多从企业的融资活动是否得到了相关法律法规的认可和正规金融机构的批准的角度来定义民间借贷。如张宁认为:"民间借贷即非正式金融是指未得到法律法规或者其他正式形式认可或直接认可的金融活动。"[2]

对于民间借贷,学界有以下三种不同的观点:第一种观点认为凡是从非正式的金融机构进行的融资行为都属于民间借贷;第二种观点认为民间借贷是民间信用,但并非民间信用的全部,民间信用还包括要会、标会、太会以及民间组织之间发行股票、债券甚至办理钱庄等;第三种观点从广义和狭义的角度区分民间借贷。广义上,民间借贷不仅包括企业之间的借贷,还包括私人之间、企业与私人之间的借贷行为;狭义上,民间借贷仅仅指民间的私人与私人之间的借贷活动[3]。笔者同意最后一种观点。笔者将民间借贷定义为,根据国内外学者的研究将民间借贷界定为不受金融监管机构监管,发生在企业之间、私人之间以及企业与私人之间,并且借款人到期偿还出借人本金与利息或者仅偿还本金的行为。笔者主要从广义上来研究民间借贷的相关风险问题。

(二)民间借贷的新特点

随着商品经济的发展和私有制的产生,社会贫富差距进一步增大,民间借贷应运而生。但经济条件的不同,使民间借贷产生的风险也各具特色。

1. 民间借贷较之以往规模有所扩大

现今民间借贷人规模有两方面的特点:一是单笔借款金额增大。在20世纪80、90年代,民间借贷以生活借贷为主,主要是为了缓解生活中遇到的一些困难,此时民间借贷的单笔资金量低,随着生产的发展,民间借贷朝着生产性借贷的方向发展,单笔资金量不断增高,单笔借贷规模也相应扩大。二是从总体上看,民间借贷资金总额增大。"据中央财经大学课题组估算,2003年全国民间借贷总规模可达7405亿~8164亿元。2005年中国人民银行调查结果显示,当年全国民间融资规模达9500亿元。中信证券研究报告认为,中国民间借贷市场总规模超过4万亿

---

[2] 张宁:"试论非正式金融"[J],《当代财经》2002年第11期,第34—38页。
[3] 参见王春宇:《民间借贷发展研究》,哈尔滨商业大学2010年5月博士学位论文,第2页。

元,约为银行表内贷款规模的10%—20%。[4]"如浏阳法院受理的民间借贷纠纷案诉讼标的扩大,2011年案件标的达1.1亿元,为2005年的12.1倍。一批债务人单个案额均逾3000万元[5]。

2. 民间借贷已呈现出跨区域发展的态势

传统型的民间借贷,其形式不过是亲友之间"一对一"形式的借贷,这种借贷方式主要是依靠亲友之间的相互信赖。在发达地区,民间借贷较之于欠发达地区更加繁荣。但是随着经济的发展,民间借贷突破了亲缘地缘关系限制,它不再拘泥于亲人之间的借入借出,而是通过他人介绍或者专门的中介组织牵线搭桥发生的跨行业跨区域的借贷关系,民间借贷也开始由经济发达地区向落后地区发展。

3. 参与民间借贷的主体范围增大

由于民间资本积累越来越多,有关专门从事借贷活动的放债人和中介组织如雨后春笋般相继涌现出来。有的为获得介绍费,为借贷双方创造借贷契机;有的则在向借贷方借取资金的同时又把借来的钱转贷于他人或者企事业单位以赚取利差。这样,担保公司、小额贷款公司、银行、地下钱庄、金融中介公司等各机构混合发展,呈现出"全民借贷"的发展形势。

4. 借贷资金的使用多样化

传统的民间借贷的资金人多数用于解决日常生活资金的周转需求。但从目前情况看,民间借贷资金更多的是解决企业自身出现的经营危机。民间借贷资金的用途范围扩大,从解决生活困难发展到解决企业发展的瓶颈。资本积累的规模越来越大,商业竞争也愈演愈烈。由于制造业所带来的利润越来越低,而民间借贷的高利率却能带来高额利润,于是一部分民间借贷资金便从实体经济领域转入投资领域。还有一部分民间借贷资金仅仅是用来单纯的"炒钱"[6]。

另外,经研究发现,民间借贷的公开化程度也在不断地提高。

---

[4] 参见董伟:"中国民间借贷总规模超4万亿潜在风险大",《中国青年报》2012年1月23日。
[5] 参见唐志强:"民间借贷如何走向阳光地带",《中国审计报》2012年4月3日。
[6] 参见赵洋:"民间借贷资金流向哪里",《金融时报》2011年10月29日。

二、民间借贷的风险分析

鉴于民间借贷对社会主义市场经济有着重大的影响,笔者认为,为了防范其对社会产生不利影响,有必要对民间借贷在交易活动中的风险予以分析,以便对民间借贷的行为进行合理的规制。

(一)民间借贷风险的种类

由于民间借贷规模的增长、范围的扩大、资金用途的多元化以及借贷主体的变化,民间借贷也出现了不同的风险类型。关于民间借贷的风险类型,笔者认为主要有以下几种。

1. 主体风险

第一,关于放债人。传统的民间借贷具有"草根性",是一种依赖于信用的带有亲缘地缘关系的借贷方式。这种借贷方式建立在借贷双方相互彼此了解的基础上,因此信息比较透明,且放债人对借款人所借款项的用途能够进行有效的监督,风险相对较小。但是随着经济的发展,民间借贷突破了亲缘地缘关系限制,演变为跨行业跨区域的借贷。作为贷方的一方越来越多地形成了一条贷方链条,从而使处于链条尾段的放债人与借款人无信息上的联系,对于借款人的资信能力、还款能力知之甚少,甚至是一无所知,从而使民间借贷跳出了既有的运行轨道,使放债人扩大了放债范围,这就凸显了信息的不对称问题,进而使放债风险上升。一些从正规金融渠道融不到资金的借债人,由于处于企业的初创时期或成长时期,其自有资金不足,其相关的项口前景难预测,风险也相应地难以把握,而放债人由于信息渠道狭窄得不到借债人充分的信息,甚至无法得到真实的信息,从而承担较大的风险[7]。

第二,关于借债人。由于信息不对称,也容易导致借债人过度地负债。民间借贷相对于从正规金融借贷其自由度较高,借贷所办理的手续简单,速度快,借债人能在较短的时间内拿到数额较大的资金,而且审批的程序较为宽松,因此往往存在

---

[7] 周红岩,曾立平,李文政:"民间借贷的风险隐患新特点与应对措施"[J],《经济与金融》2008年第1期,第50—52页。

一定的盲目性,导致一个借款人向多个贷款人负债。借款人过度负债,进而造成资不抵债,无法还清到期债款,使债权人面临风险[8]。另外,在现实中还会存在借债人利用他人的身份证或一者使用假身份证借款的情形或者借据落款由他人代签的借款情形。这都会给债权人造成难以弥补的损失。

2. 用途风险

由于没有相应的对借款用途的监管,部分借款人恶意借款[9]。中国相关法律与司法解释都认为,如果出借人明知借款人借款是为了从事有损社会公共利益的非法活动,那么他们之间的借贷关系不受法律保护。实践中,往往有借款人筹集资金是为了从事非法活动,特别是用于非法的黄赌毒的借款,由于放债人没有得到相应的信息,那么一旦借款人运用借来的款项用于非法活动,借贷人对于如何证明自己事先"不明知"的问题很难予以说明,如果证明不了,国家法律则对借贷关系不予以保护,那么借贷人就只能自己承担风险。

3. 借据风险

中国有着相互帮助的优良传统,身份制度在民间尤为盛行,民间借贷行为多产生在熟人范围之内。民间借贷活动建立在当事人双方充分了解的基础上,并且具有一定的人身化,维系双方合约关系的不是相互之间的法律观念,而是伦理、道德观念,所以双方之间很少要求有规范的契约合同。借贷双方唯一的借款凭证就是不具有规范性的借据,有的甚至连借据都没有,仅凭双方的口头约定,这样在产生纠纷时很难实现借贷行为的目的。另外随着借贷范围的扩大,企业之间为了规避法律也不采用正式的契约合同,借贷关系越来越复杂,数目越来越大,单纯的打借条不仅会阻碍正常的借贷行为的顺利实现,还会造成借据无法成为法院判案的证据而失去胜诉的可能性[10]。然而当债务人恶意借款、借款后失去了还贷能力或由于其他的原因逃避债务时,受害者将很难取证,从而使纠纷无法得到公正解决。

---

[8] 周红岩,曾立平,李文政:"民间借贷的风险隐患新特点与应对措施"[J],《经济与金融》2008年第1期,第67页。

[9] 恶意借款指借款人筹集资金所指向的对象为非法用途的借贷关系。

[10] 2001年4月,某村张某拿一张内容为"收到张某人民币5元整,年利率10%李某",落款时间为2000年5月6日的纸条起诉到法院,要求法院判定被告偿还借款5万元及利息5000元。最后法院判定,该纸条因相关要素不齐全,并不能断定为欠款凭证,原告败诉。

4. 担保风险

经济危机之下,银行信贷额度从紧,企业要想从银行获得贷款需满足较高的条件,因此大多数企业只能把目光投向民间借贷。而商业性担保公司为了求得企业的生存发展便转移业务,不得不采取以吸引普通民众为中小企业投资的办法来维系企业的生存。另外,由于民间借贷费率高额,在经济不景气的情况下,诸多民众为了赚取高昂利润,往往不顾其中的借贷风险而进行投资,与此同时一些担保机构更是鼓吹投资回报率,故意规避担保风险引诱投资者,使得许多普通群众盲目参与投资借贷活动,使其承担较高的风险[11]。

部分担保公司为了筹集资金以高息吸引投资者,若融资人到期无法偿还贷款,由于合同内容的不合法性,投资人就将承担不完全受法律保护的巨大风险。

5. 利率风险

现今,民间借贷之所以发展如此迅速,原因之一就是其高利率高回报率。投资者为了追求高回报,冒着巨大的风险投资民间借贷,以求"钱生钱"。近年,央行多次上调存款准备金率,银行信贷额度下降,使民间借贷看到了新的发展契机——"量价齐升"。就温州而言,2011 年温州借贷利率水平超过了历史最高数值,一般月息为 3 分到 6 分,有的甚至达到了 1 角至 1 角 5 分。而当前最高人民法院《关于人民法院审理民间借贷案件的若干意见》规定的利率是最高不得超过同期银行利率的 4 倍,超过的部分法律不予以保护。如此民间借贷一旦发生纠纷,这种高利息的民间借贷很难得到法律的完全保护,那么投资者就得承担巨大的风险。

(二) 民间借贷的风险成因

1. 企业自身的缺陷

一些中小企业,其管理水平落后,产品科技含量低,经营能力低下,盈利能力差,相对应的还款能力差。这些不符合国家当前产业政策的因素,制约着银行贷款的成功率和贷款规模。原本应该产业升级改造或者关闭的企业,因民间借贷,为其继续发展提供了难得的机会,这种发展弱化了企业自身经济结构和产品结构调整

---

[11] 藏博、何永新:"民间借贷融资担保风险之法律研究"[J],北京化工大学学报(社会科学版),2011 年第 2 期,第 21—25 页。

等调控动能,经济发展出现盲目性和非理性的倾向。民间借贷的高利率,使那些为了追求利益的投资者对中小企业的经营风险视而不见,盲目对中小企业进行放贷。借款人正是抓住出借人的逐利心里,而将经营风险转嫁于出借人身上,如果企业通过民间借贷所借的款项很难在到期时偿还给出借人,那么投资者就会承担巨大的风险。

2. 相关法律法规的不足

从中国现行立法看关于民间借贷的法律条文仅散见于《民法通则》等法律和司法解释之中[12],但是从目前的情况看,这些法律根本不能解决复杂的民间借贷问题。

第一,从私法的角度看,法律没有必要限制依据当事人双方意思自治而产生的民间借贷。但是,由于法律规范之间可能会存在这样那样的冲突,所以对于相同的行为可能依据不同的法律进行评价而得到不同的结果[13],以至于作为依据私法自治产生的民间借贷可能会受到法律的否定评价。

第二,从公法的角度看,民间借贷被认定为非法其标准是模糊不清的,很难从已有法律的层面上清楚地认定其为非法行为或者为合法行为。现行法律对于"什么是非法吸收公众存款","什么是合法的民间借贷",没有作出明确的界定[14]。正是因为法律对民间借贷态度的不明确性,导致在实践中很难正确把握到底何者为正当合法的民间借贷行为,民间借贷因此而存在法律制度方面的风险。

3. 金融监管不健全

国务院颁布的《非法金融机构和非法金融业务活动取缔办法》中规定民间借贷的监管主体是以中国人民银行为主,地方政府为辅。后来于2003年实施的银行业

---

[12]《关于如何确认公民与企业之间借贷行为效力问题的批复》,1999年1月26日最高人民法院甲判委员会第1041次会议通过,1999年2月9日最高人民法院公告公布,自1999年2月13日起施行。

[13]《宪法》认可运用自有资金放贷是市场主体的合法财产权利,同时民间借贷行为也符合《民法通则》、《合同法》的规定,但是按照《贷款通则》和《非法金融机构和非法金融业务取缔办法》就有可能被认定为非法金融业务活动而遭取缔。并且在实践中,不同的国家机关对于同一案件引用不同的规定,判断标准不一致,也有可能作出截然相反的处理。参见张立先:"我国民间借贷的法律风险及防范路径研究",《金融发展研究》2009年第1期。

[14] 庄文敏:《我国民间借贷的监管制度建构》[D],西南财经大学2006年6月硕士论文,第20页。

监督管理法》又规定由银监会负责履行对民间借贷的监督管理职责[15]。这就导致了央行与银监会在对民间金融组织进行监管的过程中产生冲突,监管主体职责范围不明晰,进而出现各个监管主体在履行职责中互相推诿抑或是争相监管的局面。

另外,中国金融监管制度起步晚,而民间借贷处于正规的金融机构之外,相关金融监管机构凭借现有的监管手段,难以获得有关民间借贷真实有效的信息。为了维护国家正常的金融秩序,相关金融监管部门只能以事后加强管理的方法来达到监管目的[16]。政府对民间借贷的严格管制使得民间借贷不仅得不到健康的发展,而且还受到极大的抑制,名不正言不顺,进而可能滋生民间借贷畸形。

三、民间借贷风险的法律规制

民间借贷是一把双刃剑,其存在有一定的合理性,因此在对待民间借贷的问题上,不能一味地持反对态度抑制其发展,应该进行合理的引导,采取有效措施,促使其规范化发展。鉴于此,笔者提出以下建议。

(一)修改、制定相关的法律法规

由于上述民间借贷产生的风险,因此修改、制定相关的法律,加强民间借贷的制度性建设,对于民间借贷具有重要的意义。

1. 准确合理地界定中国的民间借贷

合理地界定民间借贷对其规范化发展意义重大。因此,如何给民间借贷一个科学合理的定位成为当前亟待解决的问题。首先,中国应当吸取国外先进的立法经验,制定规范民间借贷的基本法律,使民间借贷走出"灰暗地带",如制定《放贷人条例》,规定作为放贷人应当具备的条件[17]。以《放贷人条例》来保护资金所有者放贷的权利,尊重投资者对其财富使用的权利,确保民间借贷的合法地位,发挥民间借贷促进国家经济发展特别是促进中小企业发展创新的作用。

其次,修改《刑法》条文中有关金融犯罪的条款,正确区分合法的民间借贷与非

---

[15] 参见《银行业监督管理法》第44条规定。
[16] 崔百胜:"霍学喜简论民间信贷成因及其治理对策——从金融监管者角度分析"[J],《西北农林科技大学学报》(社会科学版),2002年第4期,第29—31页。
[17] 张立先:"我国民间借贷的法律风险及防范路径研究"[J],《金融发展研究》2009年第1期,第44—47页。

法吸收公众存款的不同之处。中国《刑法》对于非法吸收公众存款罪并未规定其具体的构成要件,并且对于非法吸收公众存款的概念也未作明确的界定,因此在实践中,往往将民间借贷以非法吸收公众存款罪予以认定,这将抑制其发展甚至会使民间借贷畸形发展,使法律欠缺了其应有的可预测性。完善《刑法》关于非法吸收公众存款罪的条款势在必行。另外《刑法》第179条规定的擅自发行股票、公司债券罪与《证券法》也不一致。《刑法》规定未经主管部门批准,擅自发行股票、公司债券,数额较大的行为构成犯罪。而《证券法》规定公开发行的证券经过有关部门核准即可而并非批准。因此,要区分不同的情形对擅自发行股票、公司债券的行为进行规范,对于公开发行的,规定其必须经国家有关主管部门核准;对非公开发行的行为,由于不涉及不特定人的公共利益,不应当一概地采用刑事责任进行规制,这也与2005年修订的《证券法》第10条[18]规定相协调。

最后,法律也应当明确民间借贷与非法集资罪的区别。明确民间借贷与非法集资的判断标准,正当地区分民间借贷与非法集资行为对于减少犯罪,保护社会主义市场经济,规范社会主义管理秩序具有重要的意义。

2. 确立借贷双方的资格

相关的法律和司法解释如《合同法》已经明确认可私人之间、企业或其他组织和私人之间的借贷,但是法律仍然禁止企业间的借贷行为。在法律上,企业具有独立的人格,尊重其自由运用财产的权利和尊重自然人自由运用其财产的权利具有同样重要的意义。因此,笔者认为,应当在《贷款人条例》上赋予企业间自由融资通融的权利。为了防范企业之间借贷带来的风险,可以要求企业之间的借贷以信托的方式进行,并可授权国务院制定相关的行政法规[19]。

3. 实行市场化利率

近年来,民间借贷利率居高不下。尽管如此,笔者认为民间借贷合法与否也不

---

[18]《证券法》第10条规定:公开发行证券,必须符合法律、行政法规规定的条件,并依法报经国务院证券监督管理机构或者国务院授权的部门核准;未经依法核准,任何单位和个人不得公开发行证券。有下列情形之一的,为公开发行:(1)向不特定对象发行证券的;(2)向特定对象发行证券累计超过200人的;(3)法律、行政法规规定的其他发行行为。非公开发行证券,不得采用广告、公开劝诱和变相公开方式。

[19] 滕昭君:"民间金融法律制度研究——由湘西非法集资过程中法制缺位引发的思考"[D],中央民族大学2011年6月博士学位论文,第122页。

应当以利率的高或者低作为判断标准,而应当在民间借贷中贯彻当事人的意思自治原则即民间借贷利率以当事人的自主约定为主。笔者认为,民间借贷是适应市场经济发展而产生的,所以应尽快创造条件取消对民间借贷利率的上限控制,实现利率市场化。但所谓的利率市场化也不是说民间借贷的利率没有限制的高,国家对利率放开管制后,会呈现不同的地区有不同的利率标准,并且利率标准随着经济的发展上下波动,因此不会出现太大的反差。但是民间高利借贷首先是一种金融服务,有可能带来一些负面社会后果,所以应当在实行市场化利率的同时,加快制定一系列的社会政策机制和法律机制作为市场化利率的配套措施。

4. 规范借款合同及民间担保

通过《合同法》第210条规定可知,民间借贷合同属于实践性合同,书面形式并非其唯一的表现形式,因此一旦借贷双方发生纠纷,不但双方举证困难,而且法院也将无法查明事实,从而不利于保护借贷双方的利益,无法实现借贷所要达到的目的。为了防止纠纷的发生,保护当事人的合法权益,应当用法律对当事人的意思自治作出合理的干涉,规定借贷双方须签订书面协议,以便发生纠纷时有据可查。

对于民间借贷的担保,在吸收借鉴外国经验的基础上,结合中国现阶段的国情,制定专门的规范民间融资的担保法规,规范担保行为,完善中小企业融资性担保的法律体系,规范民间借贷的担保业务,降低担保风险。

(二) 完善法律监管

民间借贷的有序健康发展离不开国家相关部门的监督。为保证民间借贷活动的稳健进行,需要对其资金运转进行必要的监管。监管主体上,应由中国人民银行和银监会共同行使对民间借贷的监督权。监管手段上,改进和完善监管手段,健全内部审计监督机制,聘任具备相关金融知识的专家,设立危机评估机构,配合监管主体,监测民间借贷引发的各种风险,并以此来研究应对风险的各项措施。建立市场化的民间借贷机构的退出机制,制定退出标准,完善退出审批程序,进而加强民间金融机构的内部治理,以此使普通的借款人也能够了解民间金融机构存在的风险。

Legal Protection for the Private Debit and Credit Risks

LI Zhi, CHENG Juanjuan

(School of Law, Shanghai University Shanghai 200444, China)

Abstract: After the financial war without smoke ended, the world economy is in a period of downturn. China has advantages compared with other countries, but it also did not escape the shackles of crisis. Because there are no deep pockets as support for SMES, the financial crisis is undoubtedly to give them fatal injure, especially in re-sped of financing. In order to solve the difficulties, eyes for survival of small and medium-sized enterprises are thrown at the private lending which is not limited by regions. In recent years, as the private loans are broaden in scales and in varied forms, the private lending plays an irreplaceable role beyond the financial institutions, at the same time, it meets the needs of the masses of temporary financing and supports the development of the SMES. But because of not forming an unified and clear regulations, especially not giving a reasonable position to private lending in China, disputes about private lending increased and financial risks are also frequent. So it is necessary to construct the legal system on private lending.

Key words: Private lending; Risk; Legal structure

第二编 房地产投资信托(REITs)基础法律制度研究

专题九　房地产投资信托(REITs)法律制度之基本理论

专题十　房地产投资信托(REITs)之功能演绎与成因探析
　　　——以美国REITs立法为背景

专题十一　房地产投资信托运作中的几个相关问题

专题十二　房地产投资信托制度(REITs)风险之法律规制与运营控制

专题十三　中国房地产投资信托风险规避

专题九 房地产投资信托(REITs)法律制度之基本理论[*]

李 智

(上海大学法学院,上海 200444)

目 次

一、房地产投资信托(REITs)的界定
二、房地产投资信托(REITs)中的信托法律关系
三、房地产投资信托(REITs)与其他房地产金融工具的比较
　　——制度优势
四、房地产投资信托(REITs)的历史演进与发展

摘　要：房地产投资信托(REITs)本质上是一种投资基金。它于1960年在美国通过法律得以确立。房地产投资信托,就其实质而言,是房地产投资权益的证券化,是房地产证券化中的一种形式。依据资金投向的不同,REITs分为权益型、抵押型与混合型三类。依据组织形式,房地产投资信托可以分为公司型与契约型。与房地产直接投资、一般公司股票和债券这些金融工具相比较,房地产投资信托为其组织者和投资者提供了超越其他房地产投资工具的显著优势。

关键词：房地产投资信托(REITs);内涵;法律关系;制度差异;发展轨迹

---

[*] 本文载于《河北法学》2007年第9期(法学类 CSSCI)。
作者简介：李智(1968—),女,重庆人,上海大学法学院副教授,法学博士,硕士生导师,研究方向：信托法、公司法。

本文试图提供一个分析房地产投资信托(REITs)法律制度的前提性理论,即试图回答:其一,与 REITs 相关的概念,指向哪些术语并各自蕴涵着何种功能?其二,信托法理念的融入,在公司型和契约型这两类 REITs 组织形式中究竟包涵着什么样的法律关系?其三,在新经济时代,与房地产直接投资、一般公司股票、债券相比较,REITs 到底储藏着何种制度优势?其四,从上世纪至今,美、亚洲各国与中国各自演绎着什么样的 REITs 发展之旅,何者引领世界潮流?

本文建立在这样一个关于信托的认知前提下,即英国著名法律史学家梅特兰(F. A. Maitland)的经典名言:"如果有人要问,英国人在法学领域取得的最伟大、最独特的成就是什么,那就是历经数百年发展起来的信托理念,我相信再没有比这更好的答案了。这不是因为信托体现了基本的道德原则,而是因为它的灵活性,它是一种具有极大弹性和普遍性的制度。"[1] 而 REITs 作为一种新型的商事信托形式,是金融信托业与房地产业相互融合的产物。本文试图从界定 REITs 的内涵入手,在引入信托法理的基础上解析 REITs 的法律关系,进而分析 REITs 与其他金融工具的差异,并追索几个主要国家的 REITs 发展轨迹,完成对 REITs 制度的理论解读,为中国房地产投资信托(C-REITs)法律制度之建构作理论的铺陈。

一、房地产投资信托(REITs)的界定

关于房地产投资信托(REITs)的概念,迄今尚无界定。人们常常把它与其他一些概念相混淆,甚至替换使用。本部分从剖析其内涵入手,分析其法律特征,并与房地产信托、房地产证券化这两个最接近的概念作比较,从而明晰房地产投资信托的概念。

当然,本部分对概念的界定也印证了我国学者的断言:"概念的真实性存在于具体的'语境'之中,关于概念的任何定义都是有争辩余地的,而不是真理。"[2] 在此,本部分无意从具体的"语境"中来分析,姑且从内涵入手来剖析其法律特征。

---

[1] 何宝玉:《英国信托法原理与判例》[M],北京:法律出版社,2001年版,第1页。
[2] 方流芳:"中国法学教育观察"[A],载于贺卫方主编:《中国法律教育之路》[C],中国政法大学出版社1997年版,第41页。

(一) 内涵与法律特征

1. 内涵

Real Estate Investment Trust,简称 REITs,源起美国,在其发源地国称不动产投资信托[3],是指一种采取公司、信托或者协会的组织形式。它集合多个投资者的资金,收购并持有收益类房地产(例如公寓、购物中心、写字楼和仓储中心等)或者为房地产进行融资,并享受税收优惠的投资机构[4]。然在我国多将其称为房地产投资信托[5]。为方便研究及适应中国国情,本文也采用房地产投资信托这一称谓[6],作为 REITs 的中文对应词。

2. 法律特征

REITs 从广义上讲是一种投资制度,是一种交易安排;从狭义上讲是一种组织形式。作为一种信托形式,REITs 当然具有信托的一般特征,即所有权与利益相分离、信托财产独立性、有限责任和信托管理的连续性。而作为一种新型的信托形式,REITs 还具有以下法律特征:

(1) 它本质上是一种投资基金

REITs 的投资模式主要是对现存房地产的获取与经营。这一点与共同基金[7]的特征相类似。

(2) 它具有导正不动产市场之机能

为预防不动产短线交易的投机行为,美国相关法规对 REITs 的投资期限、投资组合、收益来源与分配等事项都进行了严格限制,使得资金的投入能促进不动产的有效利用。一方面,通过 REITs 的方式可对大型公共建设计划融资,有利于推动公共建设事业的发展;另一方面,经由 REITs 在集中市场上挂牌上市,可让有效

---

[3] See US 1960 Internal Revenue Code(I. R. C), Sec. 856(a): the term "real estate investment trust" means a corporation, trust, or association.
[4] 宋林峰:"美国房地产投资信托(REITs)调研报告"[J],北京国际信托投资有限公司《信托研究》2004 年第 3 期。
[5] 只有个别学者忠实于发源地国的称谓,例见杜筠翊、胡轩之:"不动产投资信托研究",《政治与法律》2000 年第 3 期。
[6] 关于 REITs 的称谓,台湾地区仍称"不动产投资信托",香港称"房地产投资信托基金"。
[7] 所谓共同基金,指集合一部分委托人的资金,并代表他们的利益进行有预设目的的投资。资料来源:http://www.google.com,2005/4/17。

率的证券市场监督无效率的公共部门,最终能使整个不动产市场的机能得到充分有效的发挥。

(3) 它具有优惠的税收待遇

REITs 在税法上是一个独立的经济实体,依据美国《1960 年国内税法典》的相关规定,若 REITs 将每年赢利的大部分以现金红利的方式回报投资者,则无需缴纳公司所得税,这样就避免了对 REITs 和股东的双重征税[8]。

(4) 它的参与主体多元化

与其他类型的投资工具相比,REITs 涉及的参与主体较多,除了投资者、信托和托管金融机构、房地产经营机构和银行等主体外,还涉及证券中介机构、投资银行、房地产中介机构与政府监管机构等主体,多元化的参与主体,使得 REITs 成为一种复杂的系统工程。

(5) 它的品种既可以是股票,又可以是信托受益凭证

与房地产公司的股票所不同的是,REITs 的股票或凭证是以房地产实物为支持的,而房地产公司的股票则与其他公司的股票一样,是以公司资产为支持的。

(6) 它具有较高的透明度

作为公众公司,REITs 有义务定期向外公布其财务报表,由于其财务运作受到公众的监督,故具有较高的透明度。

(二) 种类

迄今为止,美国的 REITs 市场几乎占据了全球市场的绝大部分,而其他国家和地区的 REITs 市场多于 2000 年之后发展起来,鉴于此,本文主要考察美国 REITs 的种类,在此,着重分析依据资金投向的不同而作的分类[9],即:权益型、抵押型和混合型。

1. 权益型

权益型投资信托(Equity REIT,简称权益型 REIT)是指投资组合中对具有收

---

[8] 陈柳钦:"美国房地产投资信托基金(REITs)的发展及对我国的启示"[J/OL]. http://www.Xslx.com,2004/09/12。
[9] 另依据 REITs 的资金总量可否追加,将其分为开放型和封闭型,这将在本文后面讨论;依据 REITs 是否有确定期限,将其分为定期型和无期限型;依据 REITs 投资标的确定与否,将其分为特定型与非特定型。后两种分类因与本文联系不大,故不作讨论。

益性的房地产的直接投资超过75%,其投资标的物的所有权属于整个信托基金。该类REIT主要收入来源为房地产出售的资本利得和房地产出租的租金收入。该类REIT影响收益之因素主要为房地产的景气与否,故投资风险较高。

2. 抵押型

抵押型投资信托(Mortgage REIT,简称抵押型REIT)是指投资组合中对房地产开发公司的放款、房地产抵押贷款债权或抵押贷款债权证券合计超过75%,而非直接投资于房地产本身。该类REIT主要收入来源为贷款利息,其价格的变动与利率有密切的关联,故投资风险较低。

3. 混合型

混合型投资信托(Hybrid REIT,简称混合型REIT)是指投资标的包含房地产本身与房地产抵押贷款,为权益型与抵押型之混合。该类REIT影响收益之因素既有房地产市场,又有利率,故投资风险居中。

2001年三类REITs以权益型REIT所占的比例最高(96.1%)、抵押型REIT所占的比例最低(1.6%)、混合型REIT所占的比例居中(2.3%)[10]。这表明,权益型REIT已成为房地产经营公司的主导形式。

(三) 与相关概念的辨析

要想界定房地产投资信托(REITs),辨析其与相关概念"房地产信托"、"房地产证券化"的异同与关系是尤为必要的。

1. 与房地产信托

REITs与房地产信托的共同点在于两者都可以通过信托方式为房地产开发筹集资金。在REITs中,由房地产投资信托基金公司通过发行受益凭证的方式向社会融资;而在房地产信托中,则既可以向社会投资者融资,又可以向银行融资。

尽管两者有以上相似之处,但两者在以下几方面有着明显的区别:

其一,两者的委托人不同。REITs的委托人是基金管理公司,是法人机构;而房地产信托的委托人则是土地或房屋的所有人,它可以是法人,也可以是个人。

其二,两者的受托人不同。REITs的受托人是接受委托人的资金进行房地产

---

[10] 数据来源:NAREIT 2001年3月。

投资的房地产开发公司和保管机构(通常为商业银行);而房地产信托的受托人则是具有房地产信托经营资格的信托机构。

其三,两者的受益人不同。REITs的受益人是代表公众投资者利益的投资公司或公众投资者本身;而房地产信托的受益人则既可能是房地产的所有者,又可能是认购受益权证或信托证券的投资者。

其四,两者的信托财产不同。REITs的信托财产是通过发行受益凭证而向社会公众募集的资金;而房地产信托的信托财产则是土地或房屋等房地产,这是两者最显著的区别[11]。

由此可见,REITs是一种独立的投资信托方式,它不是房地产信托中的一种。而国内所说的房地产信托在一定意义上,更接近于台湾地区所称的"不动产资产信托"[12]。

2. 与房地产证券化

房地产证券化是指将流动性较低的、非证券形态的房地产投资转化为资本市场上的证券资产的交易过程,它仅与具体的房地产项目相联系,而不涉及企业的股份制经营,因而房地产证券化只包含房地产抵押贷款证券化与房地产投资权益证券化。房地产抵押贷款证券化是指金融机构对房产或地产等抵押贷款进行组合包装,将一些具有共性的抵押贷款以发行债券的方式出售给投资者。房地产投资权益证券化是指受托机构依法向不特定人募集发行或向特定人私募交付房地产信托受益证券,以获取资金投资于房地产项目,而受益人享有信托收益。房地产投资权益证券化包含两种形式,即房地产投资基金和房地产投资信托。

由上看来,房地产投资信托,就其实质而言,是房地产投资权益的证券化。与房地产证券化的其他表现形式相比,房地产投资信托的特点是引入了信托制度。可见,房地产投资信托是房地产证券化中的一种形式。而这一点,更可以从台湾地

---

[11] 于研,郑英豪:《信托投资》[M],上海译文出版社2003年版,第96页。
[12] 依据台湾〈不动产证券化条例〉第4条,不动产资产信托是指"委托人转移其不动产或不动产相关权利予受托机构,并由受托机构向不特定人募集发行或向特定人私募交付不动产信托受益证券,以表彰受益人对该信托之不动产、不动产相关权利或其所剩利益及其它受益之权利而成立之信托"。

区《不动产证券化条例》第4条中关于"证券化"的定义中加以佐证[13]。

二、房地产投资信托(REITs)中的信托法律关系

根据美国《信托法重述》第2条,信托是指"基于当事人的意思而产生的关于财产权的信任关系。受托人必须为他人的利益而处理财产,并遵从衡平法上的义务"。信托的本质是替他人理财,在法律上,信托是作为一种财产管理制度而存在的。

信托法理念的融入,作为一种新型的商事信托形式,房地产投资信托中究竟包涵着什么样的信托法律关系,本节将通过剖析房地产投资信托的两类组织形式:即公司型与契约型,来解读房地产投资信托中的具体法律关系的构成。

(一) 公司型

所谓公司型REITs是由一批具有共同投资理念的投资者依法组成投资于特定对象的、以营利为目的股份制投资公司,该类公司通过发行股票的方式募集资金,是具有独立法人资格的经济实体。

公司型REITs的运作模式为:发起人向社会发行股票,公众投资者购买这种股票,通过这种方式将资金投入,以设立专营投资的股份有限公司;在该公司成立后与存续期内,将投资者投入的资金集中形成一种法律上称为"共同基金"的投资基金;由该公司负责将"共同基金"投资于各类有价证券,并将投资所得的收益以股息或红利的形式按投资比例在投资者之间进行分配。

在公司型REITs中,投资者购买公司股票而成为公司股东,并由股东选举董事会来负责公司的运营,在投资者与公司型REITs之间形成股东与公司的关系,二者之间的权利义务依据公司法而设定,故二者之间不存在信托法律关系。当公司型REITs成立之后,往往委托专业管理公司或独立投资顾问管理资产,同时还委

---

[13] 该条例第4条:"二、证券化:指受托机构依本条例之规定成立不动产投资信托或不动产资产信托,向不特定人募集发行或向特定人私募交付受益证券,以获取资金之行为。"但银监会非银行金融机构监管部蔡概还先生则认为,房地产证券化是房地产投资信托中的一种方式,房地产投资信托还包括其他运作方式。故此,定义的争论有待进一步商榷。

托保管机构(trustee)保管资产,在公司与保管机构之间则形成信托法律关系,这也是公司型 REITs 法律关系中仅有的一个信托法律关系:即公司作为委托人与保管机构签定信托协议后,将公司财产转让给保管机构,由保管机构作为名义上的财产所有人,同时保管机构作为受托人负责保管公司的财产、执行并监督管理公司的指令。

在公司型 REITs 中,主要当事人为:

1. 投资者

投资者因购买公司股份而成为公司股东,享受股东应有的一切权利,并承担相应的义务。

2. 发起人

发起人出资,并依据公司法设立公司型 REITs。发起人通常由信托投资公司基金管理公司或者投资银行充任。发起人向主管部门申请投资信托计划的审批并负责向社会公众募集资金,同时承担公司成立不能的责任。

3. 董事会

董事会是公司型 REITs 的常设管理机构,负责公司的管理工作,如制定公司的投资策略和具体的投资目标,选聘管理人员等。

4. 管理顾问公司或独立投资顾问

管理顾问公司或独立投资顾问受公司董事会的聘请,负责管理资产并运用资产进行投资,按约定比例获取管理费用。

5. 保管机构

公司应将其资产存放在独立的保管机构处,以满足 REITs 作为信托形式的法律要求。保管机构作为资产的名义持有人,即受托人,负责资产的保管、过户与收益的收取。

(二) **契约型**

所谓契约型[14]自《1986 年税制改革法》允许 REITs 自己管理物业以来,由于公司型的 REITs 更能吸引对房地产感兴趣的投资者,契约型 REITs 已很少存在,

---

[14] 自《1986 年税制改革法》允许 REITs 自己管理物业以来,由于公司型的 REITs 更能吸引对房地产感兴趣的投资者,契约型 REITs 已很少存在,故本文后面的讨论以公司型 REITs 为主。

故本文后面的讨论以公司型 REITs 为主。REITs 是指投资者与投资公司或基金管理公司签定以证券投资为标的的信托契约,后者又与基金托管人订立信托契约而组建的投资信托基金。

在契约型 REITs 中,投资者是委托人,投资公司或基金管理公司是受托人。受托人按信托契约将受益权均等地进行分割而发行受益证券,投资者(委托人)由于得到受益证券,所以同时又是受益人。根据信托契约,投资公司或基金管理公司一方面负责基金的经营管理,另一方面又委托基金托管人负责基金的保管、管理人指令的执行以及基金项下资金往来的办理。在国外,根据具体的经营方式,契约型 REITs 通常又细分为两种类型:

1. 单位型

单位型契约型 REITs 是指以一特定的资金总额为限度募集资金而组成一单独的基金,募集额满即不再募集。它的特点有三:其一,它有一个募集资金的固定期限,到期即停止;其二,它不得追加投资;其三,在信托契约期限未满前,不得解约也不得退回本金。目前,香港的单位信托基金就属于此种类型。

2. 基金型

基金型契约型 REITs 是指期限和规模都不固定的基金。它的特点也有三:其一,它没有固定的期限;其二,它既可以有资本规模的总额限制,也可以没有这种限制;其三,投资者对基金的买卖比较灵活。日本的追加型投资信托或开放型投资信托即属此类。

与公司型 REITs 不同的是,在契约型 REITs 的法律关系网中存在着两个信托法律关系:一是投资者与投资公司或基金管理公司之间通过契约型投资信托的方式设立的信托法律关系。在这个信托法律关系中,投资者是委托人,投资公司或基金管理公司则是受托人,受托人按信托契约将受益权进行均等的分割而发行受益凭证,投资者(委托人)因得到了受益凭证而同时又居于受益人的地位;二是投资公司或基金管理公司一方面负责将信托资产进行投资,另一方面将信托资产转让给保管机构,让保管机构成为名义上的财产所有人,处于受托人的地位,同时将投资公司或基金管理公司设定为受益人,这一信托法律关系与公司型房地产投资信托中的相同。在这两个信托法律关系中,投资者在第一个信托法律关系中既是委托人又是受益人,在第二个信托法律关系中则成为最终的受益人;投资公司或基金管理公司在第一个信托法律关系中充当受托人,在第二个信托法律关系中则充当委托人和受益人的角色;保管机构在第二个信托法律关系中充任最终的受托人。

三、房地产投资信托(REITs)与其他房地产金融工具的比较
——制度优势

一种制度能在发源地国迅速发展,只是说明这种制度在发源地国有生命力;这种制度若还能被其他一些国家或地区复制或移植,就是说明它不仅有独特的功能,且还能有一定的可复制性;这种制度若被更多的国家渴求[15],则不得不说明这种制度蕴涵着独特的制度优势。

房地产投资信托(REITs)正是这样一种制度。而要探索房地产投资信托的制度优势,则有必要将它与房地产直接投资、一般公司股票和债券这些主要的金融工具一一相比较。

(一) 与房地产直接投资

所谓房地产直接投资是指将资金直接投资于一定的房地产物业,委托专业人士或自行经营的一种投资方式。一般而言,业绩好的直接投资之收益常常高于REITs的平均水平,但由于直接投资面临很大的风险,因而并非所有的直接投资者都能获得较好的投资回报。

REITs与房地产直接投资相比较,两者具有如下差异:

1. 流动性

房地产直接投资由于直接投资于房地产物业,若想变现往往只能出售物业,但出售物业的难度较大且交易成本很高,因此流动性差;而就REITs而言,投资者可以通过金融市场自由买卖,故具有高度的流动性。

2. 投资风险

房地产直接投资由于直接投资于房地产物业,受房地产市场变化的影响很大,

---

[15] 我国也在渴求进入引进房地产投资信托制度的国家之列,银监会2004年10月18日发布《信托投资公司房地产信托业务管理暂行办法(征求意见稿)》且正在加紧该管理暂行办法的制定工作,即是很好的例证。

因此投资风险大；而REITs却能通过其多样化的投资组合和"导管"的功能，有效地抵御市场的变化和通货膨胀，投资风险较小。

3. 收益的稳定性

房地产直接投资由于受房地产总体市场的影响较大，收益起伏很大，有可能获取较高的收益，也有可能血本无归，总体而言，收益的稳定性不高；而REITs则受房地产总体市场的影响较小，波动性较小，从而收益的稳定性较高。

4. 物业与资产类型

房地产直接投资由于受投资资本规模的限制，其物业通常集中在一个或几个地区，集中于一种或几种类型上，而且资产类型单一；而REITs由于投资规模较大，其物业所处的地区比较广泛，物业的类型多样化，且资产类型多样化。

5. 管理方式

就房地产直接投资而言，投资者必须自己介入房地产的具体业务，这需要花费大量的时间和精力。投资者若聘请他人管理，这极易产生代理人的道德风险，并容易导致管理层与股东之间的利益冲突，且由于缺乏专业人员的介入，投资者难以获取便捷的融资渠道；而REITs一方面因由房地产专业人士管理，管理层在REITs中又占有相当大的股份，这样管理层与股东之间的利益冲突就能比较有效地防止；另一方面，投资者能够借助管理层的能力获得良好的融资渠道。

(二) 与一般公司股票

股票是公司签发的证明股东权利的要式证券。[16] 依据股东享有权利的不同，公司股票可分为优先股与普通股两类。

1. 与优先股

优先股是指公司在募集资金时，给予投资者某些优先权的股票。就优先股而言，一方面它具有优先性，其优先性表现在以下方面：其一，它有固定的股息，不随公司业绩的好坏而产生波动，优先股股东可先于普通股股东获取股息。其二，当公司破产进行破产清算时，优先股股东享有先于普通股股东的剩余财产请求权；另一方面，优先股股东一般不参加公司的红利分配，也没有表决权，且不能参与公司的经营管理。

---

[16] 陈洁、张红："房地产投资信托的投资特性"[J]，《中国房地产金融》2002年第11期。

与普通股相比,优先股虽然收益和参与决策权受限,但投资风险较小,其风险小于普通股票,却大于债券,是一种介于普通股票和债券之间的投资工具。

尽管有时优先股的收益率比较可观,但总体而言,由于优先股的收益率是事先确定的,其资金的增值潜力很小。而且优先股的发行受到的限制较多,一些国家公司法规定,只在公司增募新股或者清理债务等特殊情形下才允许发行优先股。而美国有关REITs的法律则规定,"所有的房地产投资信托都没有优先权,只能是清一色的普通股"[17]。

2. 与普通股

普通股是指在公司的经营管理与盈余分配上享有普通权利的股份。普通股股东通常按持股比例享有如下权利:其一,公司决策参与权,包括股东会议出席权、表决权和委托投票权等[18];其二,股息分配权:普通股的股息依据公司盈利状况及其分配政策而定,在优先股股东取得固定的股息之后,普通股股东才有权享受股息分配权;其三,剩余财产分配权:当公司破产或清算后,按优先股股东在先、普通股股东在后的顺序分配剩余财产;其四,优先认股权:当公司因扩张需增发普通股股票时,为保持企业所有权的原有比例,现有普通股股东有权按其持股比例以低于市价的特定价格优先购买一定量的新发行股票。

而在美国,REITs是一种在金融市场流通的普通股,但它与一般公司普通股相比,在以下两方面有其特殊性:一方面,因REITs公司在经营层上不必纳税,能为投资者带来更大的投资收益,故它是美国具有避税功能的最重要的投资工具之一;另一方面,REITs公司"每年95%(2001年1月1日降至90%)以上的应税收入必须作为股利分配给股东"[19],这是法律的强制性要求,REITs公司无权制订自己的分红政策。这使得REITs公司无法像别的公司那样以本公司上年度的赢利为资本积累去扩张发展,而必须开辟新的资本渠道以筹集所需资本。

(三) 与债券

债券是指政府、企业等机构为直接向社会募集资金而向投资者发行的、允诺按

---

[17] 同上。
[18] 江平主编、方流芳副主编:《新编公司法教程》,法律出版社1994年第1版,第200页。
[19] See US Internal Revenue Code (I. R. C.), Sec. 857 (a)(1).

一定利率支付利息且按一定条件偿还本金的债权债务凭证。在这种债权债务关系中,债券持有人(投资者)即债权人,债券发行人即债务人。

作为房地产投资工具,REITs与债券在投资特性上有如下差异:

1. 投资安全性

在投资的安全性上,债券与REITs相比显示了两方面的优势:其一,除非发行债券的机构或企业破产,债权到期时必须偿还本金,债券投资者至少能收回其资本金,而REITs的投资者则得不到这种基本的保障;其二,当出现破产清算时,债券投资者也将优于REITs投资者而受偿,而REITs作为普通股,其受偿顺序列在最后,故投资的安全性较差。

2. 收益水平

在利率和市场行情没有重大变化的情形下,债券的收益就是息票利率指向的收益值,其收益基本与预期值相同,但缺乏增长潜力;而REITs尽管基本收益率没有债券的息票利率高,但其总的收益是分红外加资本增长所带来的收益,因此,REITs的总收益水平远高于普通债券的收益水平。

3. 受通货膨胀影响的程度

相对于REITs,债券是对利率极其敏感的投资工具,它本身不能对通货膨胀作出任何的补救。具体而言:当通货膨胀率上升时,债券价值会下降很多,而且离到期时间越长,其价值就跌得越多,即使投资者在债券到期时能收回原来的投资成本,但此时的货币值因贬值早已无法跟购买时相比了。与此相应的是,REITs名下的物业会随通货膨胀率的上升而增值,租金水平自然上升,使REITs经营收入随之增长。这说明,REITs比债券的抵御通货膨胀能力更强,并且其价值随时间的推移而增长;当通货膨胀率降低时,利率随之下降,则企业的融资成本也下降。"已经发行了高于当时市场利率债券的某些企业,会选择提前回购债券,于是,投资者就被剥夺了未来获取高收益的权利。"[20]

由上可知,债券尽管在投资安全性上有一定优势,但债券投资者却必须承担因通货膨胀升降带来的收益不稳定的风险。相比之下,REITs由于其收入来源的多

---

[20] 陈洁、张红:"房地产投资信托的投资特性"[J],《中国房地产金融》2002年第11期。

样化,完全能够很好地抵御通货膨胀率变动产生的风险。

(四) 独特制度优势分析

事实上,房地产投资信托为其组织者和投资者提供了超越其他房地产投资工具的显著优势,这些优势主要有以下几方面:

1. 投资主体的大众化

房地产是资金密集型行业,其特点是投资规模大且投资周期长,这使得一般的小投资者根本不敢问津。相比而言,REITs则使大额的房地产投资变成了小额的证券投资,这使得几乎所有的投资者都被给予了投资房地产的机会,而这一机会"在历史上曾经主要为富人、有产者所占有"[21]。

2. 投资风险的分散化

REITs是以受益凭证或股票的方式募集公众资金,通过专业化的经营管理,从事多样化的投资,除可通过不同的不动产种类、区位、经营方式等投资组合来降低风险外,亦可以在法令规定范围内从事公债、股票等有价证券投资以分散投资风险[22]。另一方面,组织者可减轻他出资财产的风险程度。因为通过REITs,组织者能成为一个拥有各种房地产类型的实体(即REITs)的股东,而REITs将其资产扩张并多样化,从而可以避免由于投资集中于某些地区物业所产生的风险。这样,组织者也获取了减轻其个人责任的机会,即让REITs去承担本应属于组织者的困扰其财产的责任[23]。

3. 较高的流动性和变现性

房地产由于其本身的固定性使得它的流动性较差,投资者直接投资于房地产,如果想要变现,一般通过出售的方式,且往往在价格上不得不打折扣;当投资者未必需要那么多的现金时,房地产出手的难度就更大了。而投资于REITs,因"REITs是以证券化方式来表彰不动产之价值,证券在发行后可以在次级市场上加以交易,投资者可以随时在集中市场上或店头市场上买卖证券,有助于资金的流

---

[21] Chadwick M. Cornell, Comment: REITs and UPREITs: Pushing The Corporate Law Envelope, 145 U. Pa. L. Rev., 1574.
[22] 杜筠翔、胡轩之:"不动产投资信托研究"[J],《政治与法律》2000年第3期。
[23] See Robert J. Crnkovich, UPREITs: The Use of Partnerships in Structuring and Operating Real Estate Investment Trusts, in REITs 1993: What You Need to Know Now 63, 65 (1993) (discussing sponsors-ability to avoid personal liability for outstanding real estate debts).

通,一定程度上消除了传统不动产不易脱手的顾虑"[24]。

4. 诱人的投资回报

REITs由于能提供相对不变的回报率,可以抵御来自股票市场易变的风险,从而投资者和组织者都可获取可观的投资回报。由于美国《1960年国内税法典》要求REITs将90%以上的收入用于分红,使得REITs的股东能获取有保证的股息,即使在REITs股票价格下跌的情况下也是如此。而定期的股息收益,且股息率相对优厚,正是REITs最吸引之处,这可由以下事实得以验证:美国1993年12月至2003年1月期间REITs的平均年度股息率达6.96%,较十年期美国政府债券(5.86%)为佳[25]。而且REITs曾在市场低迷时比股票表现更好,是故REITs现在已是吸引人的"赌注"[26]。

5. 高度的灵活性

REITs有两方面的灵活性:一是投资者持股的灵活性。通常合股公司或企业要求股东的最低投资额为15,000美元,而对REITs而言,每股只需10—25美元,且没有投资数量的限制,投资者既可只买一股,也可买数股;二是REITs本身的灵活性。REITs既可作为融资渠道,也可以作为一种证券工具,即把一些机构或面临困境的物业销售商持有的分散房产包装上市,甚至可以将整个纳税的集团公司收归REITs进行操作。

6. 与其他金融资产的相关度较低

美国资产管理的权威机构Ibbotson Associates最近在它的一份研究报告中指出,通过对所有已发行的REITs历史业绩进行分析发现,REITs的回报率与其他资产的收益率的相关性在过去的30年一直呈下降趋势。由于REITs的这一特点,使得它在近十几年的美国证券市场上迅速扩张。在美国,目前大约2/3的REITs是在这一时期发展起来的。[27]

---

[24] 杜筠翱、胡轩之:"不动产投资信托研究"[J],《政治与法律》2000年第3期。
[25] 陈柳钦:"美国房地产投资信托基金(REITs)的发展及对我国的启示"[J/OL],http://www.Xslx.com,访问日期:2004/09/12。
[26] Chadwick M. "Cornell, Comment: REITs and UPREITs: Pushing The Corporate Law Envelope",145 U. Pa. L. Rev., 1575.
[27] 陈志鹏:"发展房地产投资信托为房地产公司融资另辟蹊径"[J],《金融教学与研究》2003年第4期。

四、房地产投资信托(REITs)的历史演进与发展

近年来,房地产投资信托(REITs)在海外证券市场迅猛发展,它不仅为投资者提供了高收益、低风险和流动性强的投资产品,而且为房地产业的发展提供了银行外的重要融资渠道。在界定了REITs的内涵与法律特征,剖析了其中的信托法律关系并比较了它与其他房地产金融工具的制度优势之后,我们的目光有必要转向它的历史演进与现状,去追寻它的制度发展之旅。本部分将从以面到点的逻辑方式,在简介REITs在全球的发展现状、分析美国REITs的起源与发展、概括亚洲几个国家和地区REITs的发展之后,将目光转回中国REITs的移植历程,并在比较研究的基础上,对REITs的发展现状作出综合性评价。

(一) REITs在全球的发展现状

自1960年在美国确立以来,REITs经过四十多年的发展,已在美国、日本、新加坡、香港、澳大利亚等国家或地区的交易所上市,并同普通股票一样交易。近年来,亚洲、欧洲、南美洲的一些国家纷纷针对REITs制定专门的立法,以引进并发展REITs。截至2003年年底,已有18个国家和地区制定了REITs的法规(如表1),预计近期会有更多的国家参与这个行列。

表1 REITs在全球的发展(截至2003年11月)

地区	国家和地区
北、南美洲	美国(1960),加拿大(1994,2003),波多黎哥(1972,2002),巴西(1994,FTII)
亚洲、大洋洲	日本(2000,fRElIs),新加坡(1999,2000,S-REITs),香港(2003),马来西亚(1993,2002),台湾(2003),韩国(2001,K-REITs),土耳其(1998),澳大利亚(1936,2001,ALPT)
欧洲	比利时(1995 SICAFI:REITs类的公司),荷兰(REITs类),法国(2003,SIIC),德国(1957,2002,KAGG),西班牙(1994,REIF,REIC),卢圣堡(1988,2000,类似于REITs)

注:括号内为相关法律的立法年份,图表来源:NAREIT,2003年11月。[28]

---

[28] 转引自毛志荣:"房地产投资信托基金研究"[R],深证综研字第0089号,2004年1月16日。

(二) 美国 REITs 的发展历程与相关法律框架

1. 发展历程与立法考察

美国 REITs 其实是房地产投资中一个陈旧理念的复活,这个理念即 19 世纪中期的马萨诸塞信托。在历经了 100 年左右之后,终于在 1960 年正式以房地产投资信托(REITs)的名称得到确立。从创立之日起,REITs 行业就经历了几起几落,这其中,经济环境的变化和随之产生的立法变化是最主要的因素。今天,尽管美国 REITs 的环境比 1960 年设立之初的效率高了许多,但必须通过——探究《1960 年国内税法典》、《1976 年税制改革法》、《1986 年税制改革法》与《REIT 现代化法案》这些主要的 REITs 相关立法,从其立法的历史轨迹中去吸取经验和教训,以希对中国式 REITs 的立法活动提供最原始的素材。

美国 REITs 的发展历程经历了以下五个阶段:起步阶段(1960 年—1973 年)、衰退阶段(1974 年—1975 年)、调整阶段(1976 年—1985 年)、回升阶段(1986 年—1990 年)和现代 REITs 时代(1991 年至今)。

(1) 第一阶段——起步阶段(1960 年—1973 年)

1960 年美国国会颁布《1960 年国内税法典》(Internal Revenue Code of 1960, I. R. C.),正式允许设立 REITs。[29] 最初美国法律只允许设立权益型 REITs,不允许 REITs 自己管理和经营房地产,其他一些组织形式(如有限责任合伙企业)比 REITs 更有税收优惠,故到 1967 年为止只有 38 家权益型 REITs。1967 年美国法律开始允许设立抵押型 REITs,使得 1968 年—1973 年 REITs 资产增长近 20 倍,其中抵押型 REITs 的资产超过 50%[30],主要是土地开发与建设抵押贷款。

1) REITs 理念的历史痕迹

19 世纪中叶在马萨诸塞州波士顿设立的商业信托(Massachusetts business trust)是 REITs 基本理念的源头。当时由于产业革命创造的财富剧增,引发了对房地产投资需求的加大。而当时该州法律却规定:"除非房地产是其整体商业的

---

[29] Charles E. Wern III, "Comment: 'Sparing Cain: Executive Clemency In Capital Cases': The Stapled REIT On Ice: Congress'1998 Freeze Of The Grandfather Exception For Stapled REITs", 28 *Cap. U. L. Rev.*, 720(2000).

[30] 宋林峰:"美国房地产投资信托(REITs)调研报告"[J],《信托研究》2004 年 3 期。

一部分,否则,禁止公司拥有房地产。"[31]针对这一规定所设计的马萨诸塞商业信托是当时第一种被法律允许投资于房地产的实体,它承担有限责任,其股权可以转让并由专业人员负责管理。这种商业信托因为享有优惠的税收待遇,即信托公司本身可减免联邦税,同时投资者所得的租金收入分红又可减个人所得税,因而对投资者极具吸引力。

这种商业信托在波士顿成功之后,很快便在奥马哈、芝加哥、丹佛等地发展开来。尽管该信托设立的初衷"是打算为富有的投资者提供一条通过权益投资获取收益的渠道,但这种信托形式不久便面向一般投资者了"[32]。随着1935年美国最高法院取消了其优惠的税收条款之后,这类信托与一些类似的信托基金一样,大多转向其他投资工具。

1960年美国国会颁布了《国内税法典》,正式确认了REITs的法律地位。当1961年第一家REIT进入市场时,其内在蕴涵的理念事实上已有100年左右的历史了。

2)《1960年国内税法典》的立法考虑

美国国会1960年颁布《国内税法典》是基于两个相互关联的立法考虑:一是用互助基金作为类推物,国会希望为小投资者提供进入房地产投资市场风险较小的渠道;二是为了规避房地产投资中的商业风险,REITs被设立成一种"被动"的房地产投资工具。

对国会而言,REITs可以为小投资者提供这种渠道,是因为,像互助基金,REITs的投资方式可由集合安排所组成,由此可确保获得传统上仅为那些机构投资者和富有的投资者拥有的优势。这些优势包括通过多样化、职业管理和直接所有权来分散其风险[33]。事实上,《1960年国内税法典》为REITs增设了优惠的税收待遇,这主要是参照了《1940年投资公司法案》。《1960年国内税法典》作为第一

---

[31] [美]陈淑贤、约翰·埃里克森、王珂:《房地产投资信托-结构、绩效与投资机会》[M],北京:经济科学出版社2004年版,第13页。

[32] [美]陈淑贤、约翰·埃里克森、王珂:《房地产投资信托-结构、绩效与投资机会》[M],北京:经济科学出版社2004年版,第13页。

[33] Charles E. Wern III, "Comment: 'Sparing Cain: Executive Clemency In Capital Cases': The Stapled REIT On Ice: Congress. 1998 Freeze Of The Grandfather Exception For Stapled REITs", 28 *Cap. U. L. Rev.*, 720(2000).

部 REITs 的立法,它的通过使 20 世纪 60 年代及 70 年代早期最早一批 REITs 得以增多[34]。

第二个创设 REITs 的基本考虑是要求 REITs 作为一种被动的投资工具。国会强调,该法案限制收入的这种"传递"是出于税收的考虑,它要求 REITs 的收入是来自房地产投资的被动收入,而不是主动参与房地产商业运作的收入。此外,任何从事主动的商业运作的 REIT 都应该继续缴纳公司税,其征收方式与从事类似运作的同类企业相同。因而,国会要求 REITs 服从严格的组织和运作原则以保证 REITs 是一种被动实体:一方面要求一个 REIT 不是由组建该 REIT 的股东(其组建目的仅仅是为了逃避双重征税)积极地管理;另一方面阻止积极的房地产运营公司充分利用这些特殊的税收动机,从而保护小投资者不受积极商业活动风险之影响[35]。

3) REITs 的组织本质揭示

REITs 是一种吸引人的投资工具,是因为它提供给投资者两个世界的精华。一方面,它像合伙组织,REITs 被允许提供"导管"的税收待遇,即它避免了双重征税,因为一个 REIT 被允许扣减已支付的股息,就其已分配给股东的收入不征收联邦税。另一方面,它像公司,REITs 提供给其投资者有限的责任和流动性[36]。

换言之,一个 REIT 不必就其收入或资本利得支付联邦税,能够选择将其收入传递给其股东。"但一个 REIT 必须就其未分配收入纳税,因此也许一个 REIT 可被视为一个能通过扣除其已付的股息而减少其纳税的公司。"[37]另一方面,REIT 投资者也可以享受有限责任和股票转让(即流动性)的有利条件,这是公司结构所能提供的优势,却不发生双重的税收。

---

[34] Jack H. McCall, "A Primer on Real Estate Trusts: The Legal Basics of REITs", *The Tennessee Journal of Business Law*, 3 (Spring 2001).

[35] Charles E. Wern III, "Comment: 'Sparing Cain: Executive Clemency In Capital Cases': The Stapled REIT On Ice: Congress. 1998 Freeze Of The Grandfather Exception For Stapled REITs", 28 *Cap. U. L. Rev.*, 721, (2000).

[36] Charles E. Wern III, "Comment: 'Sparing Cain: Executive Clemency In Capital Cases': The Stapled REIT On Ice: Congress. 1998 Freeze Of The Grandfather Exception For Stapled REITs", 28 *Cap. U. L. Rev.*, 744(2000).

[37] Richard M. Lipton, *UPREITs: Fad or Fixture*, at 400 (July 1993).

因此，REITs本质上是公司与合伙组织之混合物，它融合了公司的有限责任和流动性优势与合伙组织的"传递"功能[38]。

(2) 第二阶段——衰退阶段(1974年—1975年)

1974年—1975年美国经济出现了衰退，随着利率的上升，REITs的融资成本和不良抵押贷款比率也随之上升，负债率突破了70%。据统计，REITs的资产水平急剧下降，从1974年的200亿美元下降至1975年的120亿美元[39]。

(3) 第三阶段——调整阶段(1976年—1985年)

1976年美国国会通过了《1976年税制改革法案》(Tax Reform Act of 1976，TRA 76)，对适用于REITs的纳税条款进行了一系列的重大调整。

1)《1976年税制改革法》的出台背景

在1960年之后的最初几年，REITs收到了相当可观的回报，但很快就暴露了不少问题：高比例的财务杠杆、低效益的投资决择、银行与REITs及其顾问之间的内在利益冲突，加上对REITs资产买卖的限制，在一定程度上制约了REITs分散其投资组合的能力等，这是REITs成长中的痛苦期。

2)《1976年税制改革法》的主要内容

对此，美国国会通过了TRA76，进行了重大调整：一是将派息比例从90%提高到95%，提供了REITs在处理损益时的部分灵活性；二是对于收益不满足75%和95%总收入测试要求之情形，去掉了相应的处罚条款；三是授予REITs为了转售目的而持有物业的权利[40]。

3)《1976年税制改革法》的影响

TRA76对影响REITs的纳税条款所做的修改，在有效地减少其与整个证券市场相关联的风险的同时，提高了REITs的经营绩效[41]。此外，REITs行业也意识到了其存在的过度放贷及过度使用财务杠杆所产生的种种问题。这样，整个

---

[38] Chadwick M. Cornell, Comment: REITs and UPREITs: Pushing The Corporate Law Envelope, 145 U. Pa. L. Rev., 1570.
[39] 宋林峰："美国房地产投资信托(REITs)调研报告"[J]，《信托研究》2004年第3期。
[40] 宋林峰："美国房地产投资信托(REITs)调研报告"[J]，《信托研究》2004年第3期。
[41] [美]陈淑贤、约翰·埃里克森、王珂：《房地产投资信托——结构、绩效与投资机会》[M]，北京：经济科学出版社2004年版，第23页。

REITs行业开始复苏。

(4) 第四阶段——回升阶段(1986年—1990年)

1986年通过的《1986年税收改革法案》(Tax Reform Act of 1986/TRA 86),使REITs实体更接近于制定管理决策的经营层次,从而大大提高了REITs的经营决策效率。

1)《1986年税制改革法》的制定背景

继TRA76出台之后,由于存在的问题太多,复苏过程进展得非常缓慢。这主要基于以下三方面原因:

其一,早期REITs的相关法律禁止REITs管理或运作其财产。当时法律要求由第三方担任管理者,早期REITs希望通过第三方管理者经营其财产以实现资本化,由于管理者与REITs存在较大的利益冲突,因而这种努力的效果不太理想[42]。

其二,其他房地产投资工具具有较强的竞争力。I.R.C.在当时提供给房地产有限合伙公司(Real estate limited partnerships, RELPs)和业主有限合伙公司[43](MLPs)更多的税收优惠。RELPs之所以吸引投资者,不仅因为它们可以通过承担较高的财务杠杆,为投资者提供较高的避税收益;还因为它们可以通过将亏损让渡给投资者,为投资者创造更多的税收减免。而MLPs则既可以提供与REITs相似的投资理念和流动性,又可以向投资者提供与传统有限合伙制公司类似的税收优惠。这在很大程度上降低了REITs对投资者的吸引力。

其三,20世纪70年代以"通货膨胀"和停滞不前的利率为标志的经济衰退期。这一时期REITs获得稳定资金流的能力明显降低,许多REITs负债率过高(达70%或以上),使得它们难以经受住这一时期的经济风暴,导致REITs在该时期及其后的一段时期内吸引力下降。

---

[42] Jack H. McCall, "A Primer on Real Estate Trusts: The Legal Basics of REITs", *The Tennessee Journal of Business Law*, 3 (Spring 2001).

[43] 所谓"业主有限合伙公司",是一种介于公司制企业和合伙企业之间的"人资两合"的组织形式,由一名总合伙人和数名有限合伙人组成,总合伙人在MLP中承担无限责任,而有限合伙人仅以其出资额为限承担有限责任。参见(美国)陈淑贤、约翰·埃里克森、王珂等著:《房地产投资信托——结构、绩效与投资机会》,刘洪玉、黄英等译,经济科学出版社,2004年第1版,第25页。

2)《1986年税制改革法》的主要内容

1986年TRA86的出台,从以下几方面提高了REITs受投资者推崇的程度:

第一,修改了独立承包商规则(Independent-contractor rule),增加了REITs管理上的灵活性。允许REITs在不使用独立承包商的情况下,为承租人提供某些"常规服务";[44]

第二,允许REITs可以通过内部而不是外部专家来做较大的投资决策,从而允许REITs进行积极的内部管理;

第三,有效削减了大多数RELPs和MLPs所享受的税收优惠:如取消了合伙公司用被动损益去抵消其在主动或被动收入中获得收益的资格;

第四,允许那些本来不符合房地产纳税优惠条件的物业,经过REITs对其一年投资后,享受税收优惠[45]。

3)《1986年税制改革法》的影响

TRA86的出台,一方面以往为提供常规服务而必须支付给独立承包商的费用,变成由REITs自身获取,还放松了1960年《国内税法典》所提出的一些刚性的税收测试要求,使得"REITs不仅能够拥有而且能够管理并运作绝大多数产生收益的物业"[46],从而赋予了REITs较大的物业经营控制权,这是在REITs历史上第一次允许REITs管理自己的物业;另一方面,采用内部管理,可以缓解REITs与其股东之间的内部利益冲突,促使REITs实体逐步迈向管理决策的经营层次,提高了REITs行业的经营决策效率。

(5)第五阶段——现代REITs时代(1991年至今)

1991年美林公司(Merrill Lynch)公开首发IPO,标志着"现代REITs时代"的到来。

《1997年纳税者减免法》(Taxpayer Relief Act of 1997,REITSA)和1999年颁布并于2001年生效的《REIT现代化法案》(REIT Modernization Act,RMA),这两

---

[44] 所谓"常规服务"是指当时当地对对房地产所提供的日常服务。
[45] [美]陈淑贤、约翰·埃里克森、王珂:《房地产投资信托——结构、绩效与投资机会》[M],北京:经济科学出版社2004年版,第25—26页。
[46] Jack H. McCall, "A Primer on Real Estate Trusts: The Legal Basics of REITs", *The Tennessee Journal of Business Law*, 3 (Spring, 2001).

个法案的变革,都是从 1976 年的 TRA 修正案开始的改革过程之延续,使得美国房地产投资信托基金得以充分发展。据 NAREIT 数据统计,"截至 2004 年 1 月 31 日,美国 REITs 行业的总市值已经达到 2390 亿美元,其中权益型 REITs 的市值为 2189 亿美元,占总市值的 91.63%。全美 REITs 拥有的商业类房地产超过 4000 亿美元……136 只 REITs 在纽约证券交易所上市交易,其总市值为 2310 亿美元。"[47]

(1)《REIT 现代化法案》出台前 REITs 相关法律存在的问题

其一,有关收入分配的规定

1960 年至 1976 年期间,REITs 的收入分配测试比例一直为 90%。1976 年美国国会为了使 REITs 能更好地适应经济衰退时期的市场环境,通过《1976 年税制改革法》,将该收入分配比例提高至 95%。20 多年后,随着美国经济的恢复和发展,过多地将收入分配出去、过少的留成比例已不适应 REITs 快速发展的要求。

其二,有关应税 REIT 子公司的规定

《1986 年税制改革法》有关应税 REIT 子公司(Taxable REIT Subsidiary, TRS)的相关规定中,主要有以下条款不适应发展的需要:第一,一个 TRS 不能向其所属 REIT 的租户提供非"常规服务";第二,一个 REIT 只能通过 TRS 向第三方提供房地产有关的服务;第三,一个 REIT 只能通过 TRS 拥有它自身不能直接拥有的财产;第四,一个 TRS 是一个完全的应税公司,而其所属 REIT 直接或间接拥有 TRS 的价值最多可达 99%;第五,一个旅馆业 REIT 不能将一家旅馆租赁给其拥有 10% 或以上股份的 TRS。因为依据 TRA86 的规定,一个 REIT 或 TRS 若进行相反的行为,则会产生"坏收入"(bad income,即不符合 REIT 收入测试的收入)。

一个 TRS 不能向其所属 REIT 的租户提供非"常规服务",这意味着 TRS 只能向其所属 REIT 的租户提供"常规服务"。而当一些服务"常规化"之后才提供此类服务,将会在吸引和留住优质服务方面失去较强的竞争力。一个 REIT 只能通过 TRS 向第三方提供房地产有关服务且只能通过 TRS 拥有它自身不能直接拥有的财产,而依据 TRA86 的规定,REIT 持有单个发行人的证券不得超过总资产价值

---

[47] 宋林峰:"美国房地产投资信托(REITs)调研报告"[J],《信托研究》年 2004 第 3 期。

的5%,持有单个发行人的证券不得超过发行在外证券总投票权的10%,这导致"REIT不能控股TRS,REIT的股东不能确定TRS的经营活动是否符合其利益"[48]。限制REIT直接或间接拥有TRS的持股比例最多可达99%,这也不利于REIT充分发挥其作为金融投资工具的独特优势。而一个旅馆业REIT不能将一家旅馆租赁给其拥有10%或以上股份的TRS,即它只能将旅馆租赁给其拥有不到10%股份的TRS,这使得REIT难以有效地控制服务质量。

(2)《REIT现代化法案》的主要内容

1999年底,美国国会通过了《REIT现代化法案》(RMA),该法案于2001年1月1日起生效。现存应税子公司在2004年1月1日前转化为TRS可以享受免税待遇[49]。该法案主要在以下几方面作了重大调整。

其一,有关收入分配的规定

RMA将REITs的分配比例重新降低至90%。

其二,有关应税REIT子公司的规定

RMA就有关应税REIT子公司的规定作了如下重大修改:第一,允许TRS向其所属REIT的租户提供"常规服务"与"非常规服务"[50];第二,TRS可以从事其他活动,但不能经营或管理旅馆和卫生医疗(health care)等特许权业务;第三,取消了REIT对TRS的持股比例限制:允许REIT持有100%的TRS股份;第四,一个旅馆业REIT可以将旅馆租赁给一个TRS,只要该旅馆90%的租赁面积由第三方个人而不是其他TRSs管理;第五,TRS应税子公司的原则:一个应税子公司和其所属REIT可以就该子公司是否作为TRS作出选择。但REIT持有TRS和其他应税子公司的证券不得超过REIT总资产的25%。

(3)《REIT现代化法案》的影响

尽管REITs仍必须就未分配的收入缴纳公司所得税,但关于收入分配的调整,使REITs可以自由支配的税后利润从5%增加到10%,更多的留成比例有利

---

[48] 宋林峰:"美国房地产投资信托(REITs)调研报告"[J],《信托研究》年2004第3期。
[49] Jack H. McCall, "A Primer on Real Estate Trusts: The Legal Basics of REITs", *The Tennessee Journal of Business Law*, 8(Spring 2001).
[50] 所谓"非常规服务",是指对房地产的偶尔的、零星的配套服务。

于 REITs 增大其自身发展的内在资金来源。

有关应税 REIT 子公司的规定中,"允许 TRS 向其所属 REIT 的租户提供'常规服务'与'非常规服务'","TRS 可以经营或管理除旅馆和卫生医疗之外的房地产设施","允许 REIT 持有 100% 的 TRS 股份",这些规定使 REIT 能够向其租户提供有竞争力的服务,有助于让租户对 REIT 产生忠诚度,提高 REIT 的运营效率,并有利于提高其服务的竞争力。"允许一个旅馆业 REIT 可以将旅馆租赁给一个 TRS,只要该旅馆 90% 的租赁面积由第三方个人而不是其他 TRSs 管理",让旅馆业 REITs 和其股东从那些 REITs 的旅馆中分享到更大的收入比例。此外,该法案还给予了一个应税子公司和其所属 REIT 可就该子公司是否作为 TRS 作出的选择权。

简言之,《REIT 现代化法案》是自 1986 年以来联邦政府对 REITs 制度进行的最大也是最深刻的一次修改,这将推动 REITs 成为更灵活地满足客户需要的、更具吸引力的投资机构。

2. 相关法律框架

美国对 REITs 的立法非常完善,REITs 不但受有关信托和投资公司的法律约束,而且因美国对证券的定义相当广泛,REITs 还受到证券法以及 SEC 的约束。目前可适用于 REITs 的法律主要有:1933 年证券法(Securities Act of 1933)、1934 年证券交易法(Securities Exchange Act of 1934)、1934 公用事业控股公司法(Public Utility Holding Company Act of 1935)、1939 年信托条款法、1940 年投资公司法(Investment Company Act of 1940)、1941 年投资顾问法、1960 年房地产投资信托法案(Real Estate Investment Trust of 1960)、1960 年国内税法典(Internal Revenue Code,IRC)、1970 年证券投资者保护法、1999 年房地产投资信托现代化法案(REIT Modernization Act of 1999)和 2003 年房地产投资信托促进法案(REIT Improvement Act of 2003)等等。

(三) 亚洲 REITs 的发展历程

自 2000 年起,REITs 在亚洲发展迅猛,总体而言,亚洲各国和地区都在很大程度上借鉴了美国 REITs 的发展经验。但相对于欧洲、南北美洲及大洋洲来说,亚洲 REITs 的发展之旅更值得我国参考。本文在亚洲国家和地区主要选取日本、新加坡和香港作为比较点,以考察 REITs 在亚洲的发展演变。

1. 日本 J-REITs 的发展

日本房地产投资信托(Japanese REITs,J-REITs)发端于 1984 年,其第一笔 REITs 计划由住友信托承办。20 世纪 90 年代初,随着日本泡沫经济的破灭,抵押房地产的大量贬值致使金融机构纷纷破产。由此,金融机构和房地产公司连手推出房地产证券化的有关产品,以加强房地产业的流动性。同时,政府于 2000 年 11 月修改了《投资信托法》,准许投资信托资金进入房地产业。2001 年 3 月东京证券交易所(TSE)建立了 REITs 上市系统,同年 11 月 2 家 REITs 在东京证券交易所首次上市。到 2003 年底,已有 6 家 REITs(J-REITs)在东京证券交易所上市[51]。

2. 新加坡 S-REITs 的发展

新加坡财政当局在 1999 年 5 月颁布了《财产基金要则》(Guidelines for Property Funds in Singapore),以管理房地产投资信托之运行。2001 年通过的《证券和期货法则》(Securities and Futures Act 2001)对上市 REITs 进行相关的规范。2002 年 11 月,第一个 REITs 嘉茂信托 CapitaMall Trusts(CMT)设立成功。截至 2003 年年底,已有 2 个 REITs (S-REITs)在新加坡交易所上市。

3. 香港 HK-REITs 的发展

香港证监会 2003 年 7 月 30 日颁布了《房地产投资信托基金守则》,对 REITs 的设立条件、组织结构、利润分配、投资范围、从业人员资格等方面作出了明确的规定。虽然该守则不设有现金的限制,即 REITs 基金可获准投资酒店及游乐场,但它规定基金只可投资于香港物业。自香港证监会容许推出 REITs 一年多以来,由于投资限制比海外同类产品高,市场一直无人问津。为使市场人士享有更大弹性,证监会已检讨这项投资限制,并总结认为根据《单位信托及互惠基金守则》获认可的 REITs 基金,可以其总资产净值的 10% 作为整体上限,并于即日起生效[52]。

---

[51] 毛志荣:"房地产投资信托基金研究"[J],深证综研字第 0089 号,2004 年 1 月 16 日。
[52] 资料来源:"香港证监会拟放宽房地产基金限制",http://www.XINHUANET.com,2004/11/05。

(四) 中国 REITs(C-REITs)的移植历程与相关法律框架

1. 移植历程

中国房地产投资信托(Chinese-REITs，C-REITs)的移植经历了以下三个阶段：

(1) 萌芽阶段(1949年以前)

第一次世界大战后,中国各家商业银行相继成立。各银行均设有房地产业务机构或将房地产业务附设在信托部门,从事房地产信托业务[53]的经营活动。之后,随着抗日战争的爆发,中国工商业日渐萧条,房地产价格也一落千丈,从而使当时的房地产信托业走入低谷[54]。

(2) 房地产信托的发展阶段(1979年—2003年5月)

1979年十一届三中全会以后,中国的房地产信托也随着金融信托业的恢复而在全国发展起来。截至2003年5月份,市场共推出57个信托产品,其中房地产信托产品19个,筹集资金共27亿元[55]。

(3) 准REITs的出现及房地产信托的快速发展阶段(2003年6月至今)

2003年6月,中国人民银行发布了《关于进一步加强房地产信贷业务管理的通知》(又称"121号"文件),旨在通过货币政策,规范金融企业的房地产信贷业务,达到挤压房地产行业泡沫的目的。由于该文件的催化作用,也由于与其他融资工具相比所具有的制度优势,REITs无疑成了解决开发商资金不足和投资者获取高于银行利率的一种新的融资手段。在此情形下,首例准REITs[56]——法国欧尚天津资金信托于2003年12月10日由北京国投推出,房地产信托也得以快速发展。据统计,2003年第四季度,共有34家信托公司发行了87个集合信托品种,募集资

---

[53] 旧中国房地产信托业务的主要内容包括：第一,信托公司暂执产权便利买卖;第二,发行不动产债券;第三,发行不动产分有证。而发行不动产分有证是经营不动产的个人或团体,因建房筹款,委托信托公司发行不动产分有证。不动产分有证持有人系占有一部分房屋或土地所有权。投资于房地产者,由于其人数众多且分散,而房地产又不能分割,于是将房地产过户与信托公司,信托公司代表各产权人执掌产业。(参见张学编著：《房地产金融市场》,中国金融出版社,1993年第1版,第312页。)这与REITs相接近。

[54] 郑修建：《房地产金融》[M],北京：北京经济学院出版社1993年版,第122页。

[55] 此处的房地产信托产品系本文第一部分中的房地产信托类产品。参见《中国信托业季度报告》(2003年第四季度)。

[56] 所谓准REITs,是指仅部分实现了美国REITs效果的REITs。

金86.6亿元,其中房地产信托产品占37个,募集资金35亿元,占总资金的40.4%[57]。

2. 相关法律框架

中国目前只是一个初级的市场经济国家,发展REITs首先应从法律层面上加以分析,这是该制度能否被成功移植的关键。因此,有必要考察REITs在中国的相关法律框架。

目前中国与REITs相关的法律主要有:信托法、房地产法、证券法、公司法等方面。具体而言,包括:其一,信托法方面:《信托法》《信托投资公司管理办法》、《信托投资公司资金信托管理暂行办法》;其二,房地产法:《土地管理法》《土地管理法实施条例》、《城市房屋权属登记管理办法》、《城市房屋转让管理办法》等;其三,证券法:尽管现行《证券法》调整的证券只限于股票、债券和国务院依法认定的其他证券,且信托受益凭证已被明文禁止进入"证券"的范畴[58],但C-REITs的公募可以适用《证券法》,而私募则适用《信托投资公司资金信托管理暂行办法》;其四,公司法:《公司法》、《关于在上市公司建立独立董事制度的指导意见》等。至于REITs有关的税收法律制度,目前还处于空白阶段。

(五)关于REITs发展现状的综合评价

简要介绍了REITs在全球的发展现状、美国REITs的起源与发展、亚洲主要国家和地区REITs的发展历程及中国REITs的发展历程之后,有必要就美国、日本、新加坡、中国内地和香港地区REITs的发展水平与立法方式进行比较。

1. 发展水平比较

美国是世界上最早创设REITs制度的国家,经过几十年的发展,在美国已建立起一套相当成熟的REITs运作机制。毫无疑问,美国的REITs发展水平居世界

---

[57] 此处所称的房地产信托既包括本论文所称的房地产信托(即资产信托),又包括REITs。参见《中国信托业季度报告(2003年第四季度)》。这也说明中国目前对REITs的认识水平尚待进一步提高,也正因为这样,对中国目前准REITs的数量较难统计,故只能用大范围的统计数据。笔者曾为此到一些实务部门调研,当提出能否给出准REITs的数量时,他们告知这很难,原因在于判断标准难以确立。

[58] 其法律依据是《信托投资公司资金信托管理暂行办法》第4条(二):"信托投资公司不得发行债券,不得以发行委托投资凭证、代理投资凭证、受益凭证、有价证券代保管单和其他方式筹集资金,办理负债业务信托。"

领先地位,其 REITs 市场占据了全球市场的绝大部分。而亚洲的日本、新加坡与香港地区的 REITs,都是在经历了 1997 年亚洲金融危机之后,为实现房地产证券化以加强房地产业的流动性,纷纷在 2000 年以后发展起来,这些国家和地区的 REITs 与美国 REITs 相比,发展水平显然较低。而中国内地 REITs 的发展水平与这些国家和地区比较,无疑是最低的。自 2003 年 12 月 10 日首例准 REITs——法国欧尚天津资金信托推出以来,准 REITs 的数量也不多见。

2. 立法方式比较

在 REITs 立法方式上,美国采用分散立法的形式,由大量的法规从税收、结构、经营、财务等方面,全方位地对 REITs 进行法律上的约束与保护。其中主要是从税收角度出发,确立 REITs 符合税收优惠的条件,因而"美国模式基本上是在税收法律条款下的市场型模式"[59]。与美国相比,亚洲的日本、新加坡与香港地区则普遍采用专项立法的形式,即通过对信托、投资等相关法律的修改,对 REITs 的设立、结构、收入、分配及投资资产等事宜作出明确的规范。相对而言,中国立法机构正在借鉴亚洲这些国家或地区的经验,试图通过由银监会制定专门的规章,即《信托投资公司房地产信托业务管理暂行办法》,或制定信托法的一些配套法规,以及制定相应的税收政策等来促进 REITs 在中国的成功移植和发展。

The Basic Principle of the Legal System for REITs
LI Zhi

(*Law School*, *Shanghai University*, *Shanghai* 200444 *China*)

Abstract: REITs is a kind of investment fund in essence. It was created by law in the U.S.A. in 1960. In fact, it is the securitization of the real estate investment rights, and is one kind of the securitization of real estate. According to the direction of fund, REITs is divided into three kinds: equity one, mortgage one, and hybrid one. According to the form of organization, REITs is divided into company one and contract one. Compared

---

[59] 毛志荣:"房地产投资信托基金研究"[R],深证综研字第 0089 号,2004 年 1 月 16 日。

with real estate direct investment, company stocks and bonds, REITs can provide more advantages for their organizing personnel and investors than other real estate investment tools.

Key words: REITs; Intention; Legal relationship; The difference of system; The track of development

专题十 房地产投资信托(REITs)之功能演绎与成因探析
——以美国 REITs 立法为背景[*]

李 智

(上海大学法学院,上海 200444)

目 次

引言
一、REITs 立法目的之偏离
二、税法对 REITs 兴起的重要影响
三、结语

摘 要：美国 REITs 的功能已从其初始立法目标——"被动"商业实体——逐步偏移成为现在积极的商业实体。美国 REITs 的功能变化很大程度上受美国税法的影响。税法从四个方面对 REITs 的功能变化产生积极影响：一是允许 REITs 成为积极的商业实体；二是使 REITs 对外国投资者更具吸引力；三是使不动产的直接所有权更难取得；四是 REITs 自身也通过交易的创新积极配合税法的发展。

关键词：房地产投资信托；税法

---

[*] 本文载于《当代法学》2008 年第 2 期(法学类 CSSCI)。
作者简介：李智(1968—)，女，重庆人，上海大学法学院副教授。

引 言

房地产投资信托（Realestate investment trust REITs）自 1960 年在美国确立以来，经过四十多年的发展，已在美国、日本、新加坡、香港、澳大利亚等国家或地区的交易所上市，并同普通股票一样交易。近年来，亚洲、欧洲、南美洲的一些国家纷纷针对 REITs 制定专门的立法，以引进并发展 REITs。截止到 2003 年底，已有 18 个国家和地区制定了 REITs 的法规[1]，而近期也有更多的国家正努力加入，这其中也包括中国。

我国政府对 REITs 这一新型投资工具高度予以重视，这可由银监会于 2004 年 10 月 18 日颁布的《信托投资公司房地产信托业务管理暂行办法（征求意见稿）》，同时银监会正加紧于 2007 年年底推出《房地产投资信托试点管理办法（建议稿）》[2]等现象来佐证。这表明了我国政府对此问题的一种积极态度。

国内目前有关 REITs 的研究主要集中于经济学、工商管理、工程管理等学科，而法学领域对此则少有涉及，少有的论文也只是就 REITs 的发展沿革、种类、设立条件、运作流程、我国现行法律框架的不足及立法建议进行了初步探讨，尚未对 REITs 的立法目的、税法对其的重要影响等核心问题进行深入研究。本文的探讨正是针对美国 REITs 的立法目的、税法对其的重要影响这两个核心问题。

一、REITs 立法目的之偏离

首先，考察美国房地产投资信托（REITs）的功能变化，从中发现 REITs 已从其初始立法目标——"被动"商业实体，逐步偏移成为现在积极的商业实体。

（一）初始立法目标——"被动"商业实体

1. 1956 年创设 REITs 的 H. R. 4392 法案之否决

1956 年国会通过了 H. R. 4392 法案以创设 REITs，但艾森豪威尔总统否决了

---

[1] 这些国家或地区是美国、加拿大、波多黎各、巴西、日本、新加坡、香港、马来西亚、台湾、韩国、土尔其、澳大利亚、比利时、荷兰、法国、德国、西班牙、卢森堡。资料来源于 NAREIT，2003 年 11 月。
[2] 王其明、谢红玲、李乐、齐薇薇："外资接招新限外政策"[EB/OL]，http://www.cb.com.cn. 最后访问日期：2006 年 11 月 23 日。

这一法案,是因为担心一些本来是必须适用公司税制的商业实体会利用REITs的条款获取优惠。艾森豪威尔总统在否决H. R. 4392法案时表示:"该法案把房地产投资信托与规范投资公司作了相似的处理,而事实上这两者之间却存在着很大的差异。……房地产投资信托中的导管待遇则完全免除了应该对许多房地产运营收入所征收的公司收入税。这种新规定尽管目的是仅适用于少量的信托,它可能会适用于许多房地产公司,而这些公司从其最初组建和从事的业务来看,是应该充分征税的。"[3]这样,由于艾森豪威尔总统的坚决否决,REITs的创设被推迟至1960年。

2. 1960年《房地产投资信托法案》之立法目的

1960年第一部关于REITs的立法《房地产投资信托法案》(Real Estate Investment Trust Act of 1960)[4]得以通过,目的是为了向以聚集基金投资于房地产的小投资者提供一种税收优惠机会,这种机会与在证券市场通过规范投资公司(regulated investment companies, RICs)[5]注入聚集基金所获取的优惠相同。国会的宗旨在于,REITs能使小投资者获取:直接所有权的一些税收优惠、专业化的管理以及房地产投资的多样化组合等利益,同时又能规避对房地产进行积极投资的风险。

美国在一份关于放宽对REITs限制的提案声明(H. R. 2571)中,财政部税收立法顾问Dennis S. Ross指出:"尽管一些人对限制REITs活动的需要持质疑的态度,作为一种理想的税收政策,就REITs和其股东征收单一税比对公司和其股东征收双重税的体制更为合适。"[6]

上述提案声明表明,REITs像规范投资公司RICs和房地产抵押投资导管(ortgage investment conduits, REICs)[7]一样,不受公司税收体系的约束。换言之,REITs、RICs和REMICs一样,都具有被动实体的一个共同本质——这些实

---

[3] See Theodore S. Lynn And Micah Bloomfield, "Real Estate Investment Trusts", at 1-14.
[4] See Real Estate Investment Trust Act of1960, Pub. L. No. 86-779, §857,74 Stat. 998,1003.
[5] 适用于RICs的税法条款为I. R. C. 851-855。
[6] See David M. Einhorn, "Unintended Advantage: Equity Reits Vs. Taxable Real Estate Companies", 51 *Tax Law*, 206, note 16(1998).
[7] 适用于REMICs的税法条款为I. R. C. 860A-G。

体不受常规的公司税收体制的约束,即股东无需就公司收入缴纳"双重税"[8]。国会由此希望能吸引小投资者投资于房地产市场,同时又为房地产行业开辟新的融资渠道。

3. 为何投资者青睐REITs

在有多种被动、"传递"实体(例如RICs和REMICs)并存的情况之下,为什么当时有那么多的投资者以及合并和收购活动集中于REITs呢?这是由于RICs和REMICs仍然保持其作为被动实体的传统,当一个收购人去收购一家RIC或者一家REMIC之后,该收购人就会"拥有"这家实体的资产,但由于那些资产的被动本质,它们的增长潜力将难以改变。[9]

所以,收购RIC或者REMIC的意义不太大。

相反,税法的修改以及熟练地运用创新的交易,就为REITs带来了"商誉",同时也为积极的商业收入提供了税务屏障(shelter),[10]使得REITs更像积极的房地产商业实体。尽管表面仍是"被动"的,但"被动"实体外壳之下却能获取积极实体的收入,投资者既能获取税收优惠又能获得较之被动实体更多的收入,无怪乎REITs会受到投资者们的青睐。

(二)立法目标的偏移——积极的商业实体

为保护投资者免遭商业风险,阻止房地产运营公司充分利用REITs所享有的特殊税收刺激去从事积极的商业交易,国会规定REITs必须服从于严格的组织和运营规则。这些限制,能确保REITs成为被动实体,即主要从他人管理的地产之抵押收益和租金中获取收入。但是,如果一个REIT与作为通常的房地产公司直接竞争而从事房地产商业,却没有明显的税收政策可以提出:对该REITs不应以一个REIT来征税。[11]

下面探讨REITs如何从一种"被动"商业实体演变为一种积极的商业实体。

---

[8] See David M. Einhorn, "Unintended Advantage: Equity Reits Vs. Taxable Real Estate Companies", 51 *Tax Law*, 206(1998).

[9] See David M. Einhorn, "Unintended Advantage: Equity ReitsVs. Taxable Real Estate Companies", 51 *Tax Law*, 207(1998).

[10] 这将在本文第二部分中予以讨论。

[11] See David M. Einhorn, "Unintended Advantage: Equity ReitsVs. Taxable Real Estate Companies", 51 *Tax Law*, 206(1998).

1. 市场定价和商业竞争使投资者将 REITs 视为积极实体

市场为 REITs 股票的定价使得投资者将 REITs 视为是一种积极商业实体而不仅仅作为一种被动实体,因为市场对 REITs 股票的定价已不仅仅反映它的资产价值,而且认识到它未来商业前景的价值,即市场把 REITs 股票定价为投资于一种积极商业实体之股票。

这样,对于投资 REITs 的股东而言将涉及到一种特殊的商业风险,这种商业风险完全不同于投资普通公司股票所面临的风险,因为普通的公司股票的交易价格仅仅反映该公司资产的潜在价值,不反映它的商业前景之价值。而 REITs 股票的投资风险则不仅既反映其资产的潜在价值,又反映其商业前景之价值。这与 REITs"应为纯粹的被动实体以将小投资者从商业风险中予以隔离"的初始概念相冲突。

由于市场对 REITs 股票的定价是基于其收入和运营资金(funds from operations,FFO)[12],而不是其净资产价值,这类 REITs 现在和将来会受到压力,并要报告更高的收入和支付更多的股息。为了维持和增加市场对 REITs 的认可程度,REITs 不得不寻求提供给承租人和其他人更有利的服务,并在一个更为广泛的程度与应税公司竞争。虽然依据 I. R. C. 856(c)(2),856(d)(2)(C),来自提供给第三方服务的收入就 REITs 而言不是好收入;但依据 I. R. C. 856(d)(2)(C),来自提供给承租人的服务的收入在某种条件下,也可以是"有污点的"好收入并可以转化成好收入。为了增加 FFO,REITs 不得不与应税房地产公司进行竞争。这种压力将 REITs 置于与税收原则相冲突的境地,即该原则宗旨在于确保 REITs 是被动实体且不将小投资者暴露于商业风险之中[13]。

2. 债务资本的增加使 REITs 行动不得不积极

当 REITs 增加其债务资本时,REITs 的行动正越来越像积极的商业实体。在不断增长的案例中,REITs 的成功已提升了其投资等级信用评级。按照最近的一

---

[12] 运作基金(funds from operations,FFO),FFO 通常用来作为一个 REIT 收入和履行的度量标准。
[13] See David M. Einhorn, "Unintended Advantage: Equity Reits Vs. Taxable Real Estate Companies", 51 *Tax Law*, 209(1998).

份报告,50%以上的REITs截至1997年底已取得了投资等级评级。[14]

由于有了投资等级信用评级的支撑,一些REITs已经发行,且更多的REITs希望发行无担保的债券。在1997年7月15日,REITs就发行了37亿美元无担保债券,[15]其中一些债券所提供的利息为浮动利息。

无担保债券的发行增加了REITs的风险,因为无担保的借贷,会使REITs的不履行风险比失去一件抵押财产的风险更大,这与对特殊财产所作的抵押不同。如果无担保债券在一个房地产衰退循环中或者当资本不能获取时到期,则整个REIT可能会面临不能履行的风险。[16]

3. REITs发展需要资金也使其行动积极

为了产生增加的运营资金,以便一个REIT能够吸引成本更低的资本用于内部发展,成为去收购而不是被收购的REIT,"REITs就必须从事于商业和资本市场的活动,这使得它们更像商业实体而不像被动实体。这些活动为股东所创造的商业风险远远超过了1960年REIT法案所预期的那些商业风险"[17]。同时这些活动也产生了与REITs所应遵从的税收规则限制之间的冲突。税法对REITs是有限制的,而这些并购活动也与这些限制发生了冲突。市场需求与税收法律之间的冲突将继续鼓励REITs去采取行动,这可能会影响国会重新评价适用于REITs的税收原则,并将引发一些特殊的税收问题。

4. 公开交易的压力使REITs行动更积极

市场对于公开交易REITs的压力特别大,因为它们被人们视为有增长潜力。而且人们常常认为较大的REITs更好,理由是只有较大的REITs可以继续作为独立的实体而存在;而较小的REITs不如较大的REITs那样运作良好,因而可能被收购。"因为随着REITs股份在市场上的发展,运营效率较差的REITs在市场上

---

[14] See Goldman Sachs, "U. S. Research", *Equity REITs*, 5 (Jan. 6,1997).

[15] See Raymond C. Mikulich, "REITs Using Financing and Legal Techniques to Capitalize on the Exploding Market", 7, 20 (PL. Corp. *Law& Prac. Course Handbook Series* No. B4-7221, 1997).

[16] See David M. Einhorn, "Unintended Advantage: Equity Reits Vs. Taxable Real Estate Companies", 51 *Tax Law*, 209(1998).

[17] See David M. Einhorn, "Unintended Advantage: Equity Reits Vs. Taxable Real Estate Companies", 51 *Tax Law*, 210 (1998).

最终会被更有效的运营者所收购。"[18]许多人常常认为规模是重要的。

因此，较大的REITs更可能被分析家所推崇，从而大的市场利益集中到较大的REITs上，因为"较大的REITs能够吸引较大的机构投资者"[19]。而为了完成对股东的分配承诺，REITs只有更积极地与那些房地产公司竞争。

这样，内外因素的使然，REITs现在已直接与应税的商业实体竞争，并将其股东置于1960年法案所不希望他们承载的商业风险中去了。

二、税法对REITs兴起的重要影响

分析了美国房地产投资信托（REITs）功能的变化——立法目的之偏离之后，有必要发掘影响这种功能变化背后的因素，即美国税法。本文着重从以下四个方面来探讨美国税法对REITs兴起的重要影响。

（一）税法允许REITs成为积极的商业实体

正如上文所言，"目前投资利益集中于REITs的一个重要原因在于REITs成功地进化并超越了其最初立法时所预期的被动投资工具"[20]。REITs已不再是纯粹的19世纪60年代的被动投资工具。

1. 1986年TRA允许REITs直接向承租人提供某些服务

最初，一个REIT是不被允许去管理和运营其财产或者提供服务给其承租人，而只能通过独立的承包商来提供这种服务，但通过承包商之后该REIT就不能获取相应的收入。

由于《1986年税制改革法》（1986年TRA）的出台，隔离REITs与向承租人提供服务的商业之墙崩溃了。1986年TRA法案第一次允许REITs直接向承租人提供某些服务。[21] 1986年TRA法案出台之后，一个REIT不必通过一个独立承包商对其承租人提供某些服务。REITs现在可以直接向其承租人提供增加的服务

---

[18] See William S. Rothe,"Too Many Players", COMM. PROP. NEWS, 67 (Aug. 1997).
[19] David M. Einhorn,"Unintended Advantage：Equity Reits Vs. Taxable Real Estate Companies", 51 *Tax Law*, 210(1998).
[20] See David M. Einhorn," Unintended Advantage：Equity Reits Vs. Taxable Real Estate Companies", 51 *Tax Law*, 210 (1998).
[21] See DavidM. Einhorn," Unintended Advantage：Equity ReitsVs. Taxable Real Estate Companies", 51 *Tax Law*, 211(1998).

配置而不与税收原则相冲突。

1986年TRA法案为REITs向其承租人提供的服务类型定做了模型,该要求规定,此类服务是一类能被某些免税实体提供的、不导致不相关的商业应税收入的服务,且是房地产所在地区常规的服务。这种来自承租人的租金不会被认定为"坏"收入。[22]

1. 1986年TRA允许REITs尝试自我管理

在1986年TRA法案之前,由于REITs被禁止直接管理自有财产及直接向其承租人提供服务(即使是提供给承租人的常规服务也在禁止之列),REITs和其股东于是被剥夺了大量潜在的收入和赢利。此类服务的禁止和承租人租金的无力收集,伴随着一个REIT每年应将95%的应税收入予以分配的要求,不仅仅确保REITs是被动的,而且"让REITs处于不能与提供充分服务的应税房地产公司有效竞争的地步"。[23]

1986年TRA第一次允许REITs尝试进行自我管理,即允许REITs通过创设其应税子公司(Taxable REIT Subsidiary, TRS)向第三方提供房地产有关的服务,而REITs不能直接提供这些服务,因为这会产生"坏收入"。

1986年TRA同时规定,一个REIT采用TRS在一定程度上是受到限制的,因为它必须服从于REITs的资产多样化原则。依据资产多样化原则的要求,在应税年度的每一个季度末,一个REIT的资产价值中证券的比例不得超过25%(即"25%原则")。

然而,这种子公司是与被动收入和资产多样化原则的宗旨相矛盾的。尽管国会并不希望REITs从事积极的商业活动,即使该类商业是通过一个应税子公司来参与也如此,但事实上REITs正向积极实体的方向演化。

---

[22] 一般而言,依据I.R.C. 856(d)(1)(B),REITs可以向其承租人提供能够由一个免税实体提供的、不产生无关的商业应税收入的服务。因为一些来自不允许的服务所产生的收入会玷污来自一个承租人的所有收入,这会导致一个REIT的不合格。因而REITs通常在提供这些服务之前寻求私人许可证规定(private letter rulings)。See Steven F. Mount, "Real Estate Investment Trusts", 742 TAXMNGT. PORT. (BNA) A-24, n. 292 (1996)。

[23] See DavidM. Einhorn, Unintended Advantage: EquityReitsVs. Taxable RealEstate Companies, 51 Tax Law, 212 (1998).

2. 1986 年 TRA 之后 REITs 服务范围与资产范围得以扩大

在 1986 年 TRA 之后,REITs 能提供服务的范围通过"私人许可证"的规定而得以扩大。由于 REITs 在开始提供新服务给承租人以前常常寻求这种"私人许可证",这样 REITs 可以寻求其服务收入对 REITs 资格而言是"好"收入的保证,因为不合格的成本实在太高了。[24] 与此规定相联系的是,REITs 常常标明其附属的服务在该相关地理区域内是常规的。

另一方面,REITs 可以提供给它们的承租人的服务范围也因此扩大了,而且 REITs 正在逐步拥有自己的非传统房地产财产,例如高尔夫球场、停车场甚至监狱等。一篇最近的商业文章对此提出质疑,即"一个正在赌博的 REIT 是否是在娱乐行业的名单里?"[25]这说明 REITs 的服务范围正悄然扩展。

REITs 现在是大的商业,不再仅仅是让小投资者投资于被动房地产的传递工具。正如其他的成功商业一样,成功的 REITs 有善意将其价值与它的房地产资产的价值相分离;通过商业运作去帮助吸引投资者和收购者的利益,这是 REITs 的善意;而帮助将自身与其它被动投资实体如 RICs 和 REMICs 相区别,这也是 REITs 的善意。[26]

(二) 税法使 REITs 对外国投资者更具吸引力

如果外国投资者直接投资于美国房地产,则要受到《外国人投资房地产税收法案》(Foreign Investment in Real Property Tax Act FIRPTA)的约束,该法案规定对非居民处置美国房地产的资本利得予以征税。然而,通过购买 REIT 单位,外国人可以间接投资而不是直接投资于美国房地产。如果一个 REIT 中外国人持有的股份少于 50%,则外国投资者就可以处置其 REIT 单位而不发生 FIRPTA 所规定的税收。由此看来,外国投资者如果直接投资于美国房地产,会导致 FIRPTA 所规定的税收;但如果通过 REITs 间接投资于美国房地产,则不会产生

---

[24] See David M. Einhorn, "Unintended Advantage: Equity ReitsVs. Taxable RealEstate Companies", 51 *Tax Law*, 214(1998).

[25] See Erica Copulsky, "Is a Gaming REIT in the Cards for the Casino Industry?", *Investment DealersDig.*, 18(Mar. 31, 1997).

[26] See David M. Einhorn, "Unintended Advantage: Equity ReitsVs. Taxable Real Estate Companies", 51 *Tax Law*, 215(1998).

FIRPTA 所规定的税收。[27] 从这个意义上讲,税法增强了 REITs 对外国投资者的吸引力。

(三) 税法使不动产的直接所有权更难取得

这些年来,税法并不给任何一个行业提供一致的税收刺激水平,对房地产行业当然也不例外。房地产和税法已经形成了一个长期的、富于变化的关系。事实上,1986 年 TRA 法案的有利影响不限于允许 REITs 去管理它们自己的财产和向它们的承租人提供某些服务。"1986 年 TRA 法案实际上还从负面冲击了那些直接投资房地产的决策,因而也在一定意义上增加了 REITs 作为投资手段的吸引力。"[28]

1. 1986 年 TRA 前税法强烈鼓励向房地产投资

在美国 1986 年 TRA 法案出台之前,通过规定向投资于房地产的投资者提供非常有益的税收刺激,税法强烈地鼓励向房地产投资。这些税收刺激大幅度地降低了房地产的税后成本。特别是,规定了短于财产的经济寿命的折旧期、并以特殊的较低税率来征收资本利得税,甚至对投资于房地产的被动投资者而言,也允许他们充分地扣除他们的非现金损失,而不对他们过高征收入税。[29]

毫无疑问,1986 年 TRA 法案之前赋予在房地产行业上的税收刺激导致大量的金钱注入到房地产行业中去。而这种税收刺激的另一个结果,一个并未希望且可能也并未预期的结果,是事实上导致了一种税收屏障行业(tax shelter industry)的发展。这种税收屏障行业也刺激了在房地产所有权和房地产发展上的兴趣。在某些地区,其负面结果是出现过多建造的房屋。

2. 房地产税收刺激导致损失的扩大

对于许多高收入的纳税人而言,房地产税收屏障的诱惑大得难以抗拒。购买

---

[27] See Larry Witner, "REITS: The Revolution In Real Estate Financing", 22 *Real Est. L. J.*, 252 (1994).
[28] See David M. Einhorn, "Unintended Advantage: Equity Reits Vs. Taxable Real Estate Companies", 51 *Tax Law*, 217(1998).
[29] See David M. Einhorn, "Unintended Advantage: Equity Reits Vs. Taxable Real Estate Companies", 51 *Tax Law*, 217-218(1998).

财产的折旧扣减、高比例的无追索权的债务[30]以及所产生损失的利益扣减之总额常常是所投资数额的数倍。最绝妙的地方在于,让非现金损失从所挣收入中扣除,使得其从本来应该征收50%的税率,通过出售房地产则转化为资本利得28%的税率。

但随着在房地产上投资的增加,高收入纳税人声称税收屏障下的合伙人损失也增加了。财政部的一份研究表明：1983年10,589,338个合伙人损失了629亿美元,而投资于房地产的4,327,771个合伙人的损失将近一半(295亿美元)。[31]

3. 1986年TRA取消了对房地产行业的税收刺激

随着税收屏障下损失的扩大,高收入纳税人不支付他们相应税收的情形也增加了。国会明显地不再考虑原先提出房地产税收刺激时所希望达到的社会目标,而是对此反应强烈。国会于是在1986年TRA法案中删除了它以前给予房地产的绝大多数税收刺激,转而采取措施去阻止这种房地产税收屏障工业,以寻求更加中立地在税收上对待各种不同的经济活动。

特别重要的是,1986年TRA法案将房产的折旧寿命从19年提高到27.5年,并允许直线型的折旧,因此大大减少了折旧折扣。通过该法案,国会将资本利得税与收入同样按28%税率征收,从而消除了从单独的收入中扣除被动损失而形成新的或已经存在的房地产税收屏障之可能。

4. 1986年TRA相应减少REITs的竞争对手之优势

由于1986年TRA法案限制投资于房地产的合伙组织将其损失传递给合伙人的能力,相应地减少了REITs的竞争对手(即私人的和公开交易的合伙组织)之优势,也就帮助了REITs。由于REITs提供给投资者投资于房地产的机会,并避免了公司层级的税收负担,这样REITs的重要性和价值也相应地增强了。

在1986年TRA法案出台之后,公开交易的REITs获得了相对于房地产直接

---

[30] 所谓"无追索权的债务"有时又讥讽地称为"别人的钱"。See DavidM. Einhorn, Unintended Advantage: Equity Reits Vs. Taxable Real Estate Companies", 51 *Tax Law*, 218, note 75 (1998).

[31] See High Income Taxpayers and Related Partnership Tax Issues, Hearing Before the Subcomm, On Oversight of the Comm. On Ways and Means, 99th Cong. 30 (Sept. 20, 1985).

所有权而言的额外的税收好处。当国会不允许从房地产税收屏障和其他被动活动中扣除损失时,该损失否决原则并不适用于公开交易的REITs。相应地,公开交易的REITs却可以采用任何可留给房地产的税收刺激,且可以将资本分配的非应税收入而不是应税的股息分配给其股东。

(四) REITs交易的创新有利于获取税收优惠

REITs迅速和戏剧性发展的部分原因还在于创新的交易,这些创新交易已经取得了有利的税收结果:特别是,伞型结构UPREIT的采用和发展,以及潜在的频繁使用更新的DOWNREIT结构。

1. 伞型结构UPREIT的采用和发展

伞型结构UPREIT是在传统REIT结构基础上新发展的变形体。在组建UPREIT过程中,房地产所有者转让其所有权益给一个"运作合伙"以交换在运作合伙中的有限的合伙利益(通常称为"单位")。而UPREIT结构中的普通合伙人通常为一个新组建的REIT,该REIT将其在最初的公开要约中募集的现金出资给运作合伙,以交换一个普通合伙人的利益。其他有限合伙人为获取有限合伙利益,通常按"一单位换一股"来折算,由REIT来确定其股份的现金价值。

UPREIT受欢迎的主要原因在于它有能力将地产所有者出资给运作合伙的全部或者绝大部分利得税予以延后,而且运作合伙所作的收购一般也可以在税收递延的基础上作出。[32]

个人或合伙组织将房地产直接出资给一个传统REIT,则通常没有资格享受这种税收递延。这样由于UPREIT的出现,传统REITs在某种程度上处于竞争的劣势地位。

2. DOWNREIT结构之频繁使用

传统的REITs于是开始了痛苦思索,发现它们也能够与UPREIT竞争,其方法是:创设一个运作合伙去收购和持有资产,以便分开和隔离它的其他资产。通过不止一个运作合伙持有资产的REITs,以及既通过REIT层面又通过一个或更

---

[32] See David M. Einhorn, "Unintended Advantage: Equity Reits Vs. Taxable Real Estate Companies", 51 *Tax Law*, 216(1998).

多运作合伙持有资产的 REITs,这两种结构通常都称作为 Down REITs 下属结构。

在 Down REITs 中,其运作合伙的合伙利益("Down-Partnership"),像它的同类 UPREIT 中运作合伙的合伙利益("Umbrella Partnership")一样,其设计的目的是为其持有人提供利益,基本上与它们可以交换的 REIT 股份的所有权相同。像 UPREIT 中的合伙人一样,Down REITs 中的合伙人也能够用他们的合伙利益交换 REITs 股份,或者由 REITs 选择,交换现金。如果合伙没有基金用于分配,则欠合伙人的数额积累起来而过一段时间再分配利益。[33]

自第一次公开交易 UPREITs 以来,绝大部分的要约已经采用了这种结构,这一事实足以说明伞型结构 UPREITs 的重要性。[34] 而传统的 REITs 和 UPREITs 将寻求充分利用 Down REITs 的机会,这将是它们的最佳生存之路。

三、结语

美国 REITs 的功能变化:从其初始立法目标——"被动"商业实体,当时国会的宗旨在于,REITs 能使小投资者获取直接所有权的一些税收优惠、专业化的管理、房地产投资的多样化组合等利益,同时又能对房地产积极投资的风险加以规避;由于市场定价和商业竞争、债务资本的增加、REITs 发展需要资金以及公开交易的压力等使 REITs 行动更积极,从而逐步偏移成为现在积极的商业实体。

美国 REITs 的功能变化很大程度上受美国税法的影响。税法正面从允许 REITs 成为积极的商业实体并使 REITs 对外国投资者更具吸引力,同时反面使不动产的直接所有权更难取得,此外 REITs 自身也通过交易的创新积极配合税法的发展。

---

[33] 为了鼓励积累和为支付的分配,合伙协议常常规定:这种差额由第一笔可获得的现金支付,在有限合伙人的欠款被补足之前,不得分配给该 REIT 的普通合伙人。See New York University, Proceedings Of The Fifty-Third Institute On Federal Taxation, 11-23(1995).
[34] 1993年~1995年中,从公开的 REIT 要约中募集的近73%的资金是采用 UPREIT 结构而募集的。See GilbertG. See Menna,"The UPREIT Structure After Two Years:Where Do We Go From Here?"REIT REP., 1(1995).

The Function and Reason of REITs

LI Zhi

(*Law School Shanghai University, Shanghai* 200444)

Abstract: The function of REITs in the US changed from its original legislative aim, passive commercial entities to positive commercial entities. The changes of its functions are influenced by taxation law to a great extent Taxation law influenced the function of REITs in four aspects, namely permitting REITs to be positive commercial entities, making REITs to be more attractive for foreign investors, making direct title of real estate harder to be acquired, and REITs innovating itself in exchange to coordinate the development of taxation law.

Key words: REITs; Taxation law

专题十一 房地产投资信托运作中的几个相关问题[*]

李 智

(上海大学法学院,上海 200444)

目 次

一、证券立法与注册豁免
二、利益冲突与治理结构
三、股份的转让限制
四、反收购体制

摘　要：中国目前的房地产投资信托只部分实现了美国房地产投资信托的设立要求,只能算是准房地产投资信托,因而研究美国房地产投资信托运作中的相关问题很有必要。美国房地产投资信托中存在着一种单位(unit),这种单位是一种证券,它受到相关的联邦和州证券法关于证券注册和注册豁免规定的约束。房地产投资信托中存在各种利益冲突,可通过选择治理结构来减轻或避免。

关键词：房地产投资信托；注册豁免；治理结构

银监会于 2004 年 10 月 18 日颁布了《信托投资公司房地产信托业务管理暂行

---

[*] 本文载于《中国青年政治学院学报》2007 年第 4 期(政治类 CSSCI)。
作者简介：李智(1968—),女,重庆人,上海大学法学院副教授,博士,硕士生导师,主要研究民商法。

办法》(征求意见稿),这表明中国政府对房地产投资信托(REITs)这一新型投资工具的高度重视与及时回应。毫无疑问,REITs目前已成为中国政府、实务界重视的热点,显然,REITs也应成为法学理论界关注的热点。

本文不关注 REITs 运作的一般问题,而是聚焦于美国 REITs 运作中的几个相关问题,即 REITs 有关的证券立法与注册豁免、REITs 中的利益冲突与治理结构、REITs 股份的转让限制、REITs 中的反收购体制这几个在美国 REITs 运作中的重要问题,以期以他山之石攻中国 REITs 运作探索之玉。

一、证券立法与注册豁免

许多 REITs、UPREITs 和 DOWN REITs 结构以运作合伙中的"单位"去交换出售者的房地产。通常出售者能以"一比一"的比例交换 REITs 股份,所以 UP REITs 和 DOWN REITs 结构中的单位应在经济和功能上与 REITs 股份相当。而 UP REITs 和 DOWN REITs 结构中的这种单位与现金相比,被视为是一种"收购货币",持有单位的出售者能够很容易地推迟该单位所代表的资本利得(capital gain)。特别重要的是,这种单位是一种证券,受到相关的联邦和州证券法关于证券注册和注册豁免规定的约束。

1. REITs 的注册问题。依据《1933 年法案》,REITS 的注册是一件非常费时和昂贵的任务。从注册声明的起草、复查到联邦和州证券审查员的最后通过,整个过程最少要花 45 天到 8 个月。在首次公开发行(Initial Public Offer, IPO)阶段,这种注册的最低费用通常为 150,000 美元,但实际上所发生的总成本和费用会更高。当然,与由私有公司经过 IPO 阶段转为公开公司的其他公司一样,REITs 也必须按照《1933 年法案》予以注册。REITs 的 IPO 注册一般采用 S-11 形式的注册声明。这种 S-11 形式的注册声明适用于 REITs 和其他房地产证券的发行人,这种注册声明与绝大多数公司在 IPO 阶段所采用的 S-1 注册声明在披露要求的类型上差异较大,因为 S-11 注册声明要求 REITs 特别披露下列信息:一是该 REITs 拥有或者已确认购买的房地产;二是该 REITs 的投资政策;三是重大的房地产收购中的财务和运作信息;四是适用于 REITs 和它们将来的投资者的税收优惠等。[1]

2. REITs注册的豁免。(1)"私募"豁免。对于UPREITs结构的单位注册而言,联邦证券交易委员会(SEC)要求它们按照《1933年法案》与《1934年联邦证券交易法案》(以下简称《1934年法案》)的要求提交注册声明。由于按《1934年法案》注册会发生额外的时间和费用,所以几乎所有UPREITs结构的单位发行都充分利用了《1933年法案》中Sec 4(2)的"私募"豁免("Private Placement"exemption)规定,以免去联邦和州的证券注册要求。该规定豁免了任何"不涉及公告要约"的证券之注册要求,但享受豁免注册的证券不得通过电视、电台、广告、邮件等公共传播工具发出要约。关于"私募"豁免的利弊分析。"私募"豁免规定的优势在于:它是成文法的规范要求,不仅非常有用而且相对简单。其弊端在于:一是它的适用依赖于判例法和司法解释;二是尽管主要在联邦层级向SEC提交注册声明,但每个UPREITs仍必须确保遵守所在州的"蓝天法案"的规定,这样,当发行人未能满足Sec 4(2)的要求时,其潜在的风险和成本较大。[2] (2)"安全港"豁免。鉴于"私募"豁免的上述弊端,许多UPREITs选择《1933年法案》颁布的SEC 506原则——"Reg D",即"安全港"豁免("safe-harbor"exemption)。该原则规定,凡满足下列基本条件的私人要约可豁免注册:"一是'不合格的投资者'少于35人;二是所有'不合格的投资者'(无论是个人还是其代表)必须有足够的经验去评价潜在投资的风险与优势;三是不得公开要约;四是发行人必须合理关注以确保该证券的购买不被用于分配;五是第一批按照此豁免出售证券者必须在15天内通知SEC。"[3]

二、利益冲突与治理结构

依据《1933年法案》和《1934年法案》的规定,SEC要求REITs披露有关的交易和利益冲突,此外,公开的REITs公司还必须提交潜在利益冲突的说明书以备

---

[1] Jack H. Mc Call, "A Primeron Real Estate Trusts: The Legal Basic of REITs", *The Tennessee Joumal Business Law*, 12 (Spring 2001).
[2] Jack H. Mc Call, "A Primeron Real Estate Trusts: The Legal Basic of REITs", *The Tennessee Joumal Business Law*, 12 (Spring 2001).
[3] Jack H. Mc Call, "A Primeron Real Estate Trusts: The Legal Basic of REITs", *The Tennessee Joumal Business Law*, 12 (Spring 2001).

仔细检查。这些要求说明的利益冲突主要包含以下几类：一是REITs附属公司提供服务和营业场所给REITs中的冲突；二是REITs提供服务和营业场所给其附属公司中的冲突；三是REITs附属公司所拥有的实体与REITs管理层成员在管理和租赁REITs财产中产生的冲突；四是在开始和随后进行的收购中，是用REITs管理层成员拥有的REITs财产去进行收购？还是用REITs附属公司拥有的REITs财产去进行收购？五是REITs一旦收购了其附属公司的财产，由于REITs在UPREITs和DOWNREITs结构中仅仅是普通合伙人，是否出售该收购财产则可能对最初那些将财产出售给REITs的有限合伙人产生不利的税收结果。[4]

有利于解决利益冲突的治理结构主要有下列选择：(1)所在州的商法和SEC原则的规范要求。REITs所在州的商法和SEC原则不仅规范了董事和受托人的利益冲突，而且还规定重大决策应由独立董事会通过，且REITs董事会和官员还必须确保该REITs公司遵守证券交易所（AMEX与NYSE）有关重大事项由股东予以通过的原则。(2)NAREIT有关职业道德的规范要求。NAREIT有关职业道德的规范相应地要求，其会员REITs的董事会成员中多数应为独立董事。(3)REITs中的规范要求。许多REITs在它们的组织文件（特别是它们的章程）中规定，出售由REITs、REITs董事或受托人、REITs管理人员或附属公司拥有的财产，应该完全由其独立董事决定。(4)非上市REITs的规范要求。对于那些未在Nasdaq证券市场上市交易的REITs而言，也应该关注Nasdaq证券市场中有关投资与贷款的管理与监督政策。(5)REITs董事会中的规范要求。在每一个REITs董事会中要求有一个有效起作用的独立审计委员会，以确保独立、全面审查该REITs的会计政策与实践，正如其他一些公司一样，这也是全面的REITs治理结构与会计实践的前提性要求。[5]

三、股份的转让限制

1. 转让性问题。REITs的受益所有权必须由可转让的股票或者可转让的受

---

[4] Jack H. Mc Call, "A Primer on Real Estate Trusts: The Legal Basic of REITs", *The Tennessee Journal Business Law*, 16–17(Spring 2001).
[5] Jack H. Mc Call, "A Primer on Real Estate Trusts: The Legal Basic of REITs", *The Tennessee Journal Business Law*, 17 (Spring 2001).

益权凭证来体现,而"超额股份"规定(excess share provision)则禁止了股份的转让,导致受让人所持有的股份超过了 REITs 章程中有关"所有权限制"(ownership limit)的规定,从而使得该转让自始无效。值得思索的是,既然这些限制让 REITs 股份不可转让,这是否违反了 REITs 资格的测试原则?是否能采用"所有权限制"去抵御主动的收购和股份积累呢?

关于 REITs 股份的转让要求,许多 REITs 的顾问解释说:"要求一个 REITs 的股份是可转让的,这应从该 REITs 被组建为非公司制的信托或协会时开始并向后顺延。"[6]幸运的是,规范股份转让的"私人许可原则"的存在,在一定意义上讲有助于理解股份转让的要求。"私人许可原则"的功效在于,它至少确认了旨在保护 REITs 身份的转让与所有权限制并不导致股份因违反 I. R. C. 856(a)(2)而无法转让。由于股份转让要求是 REITs 的一个资格问题,REIT 对此无疑应持谨慎态度。

2. 转让限制的方法。依据 REITs 的组织与所有权测试要求,一个 REITs 的股本必须在每一个纳税年度的至少 335 天内最少由 100 人持有;在每一个纳税年度的下半年内,一个 REITs 股份不得由 5 个或 5 个以下的个人直接或间接持有超过 50%以上的股份。为了保证实现这些要求,许多 REITs 在它们的公司章程(articles of incorporation)和信托声明(declaration of trust)中加入了所有权和股份转让的限制条款。尽管存在很多的变化形式,这些限制条款主要有比例限制、超过比例股份之信托这两种形式。

(1) 比例限制。股份转让限制的一种常见安排是规定,除了对机构投资者的豁免及承销商在公开发行时的例外情形,REITs 的任何股东持有的发行在外的股份不得超过一个固定的比例,即 8.0%~9.9%。如果股份在发行或转让时超过了这个限制,或者导致公司由不到 100 人拥有,则该发行或转让将自始无效,即从所有权开始形成时就无效,且受益人也将无权获得这些股份。当然,当某个特定人拥有的股份超过了这个限制时,只要该 REITs 董事会向该 REITs 提出这种超额不会

---

[6] David M. Einhorn, Adam O. Emmerich and Robin Panovka, "REIT M & A Transactions-Peculiarities And Complications", 55 Bus. Law., 733(2000).

危及该公司REITs身份的满意说明,该REITs董事会就可以选择放弃这种所有权限制。除了对REITs股份转让进行比例限制之外,REITs通常还要求:为确保REITs继续遵守I.R.C.的REITs测试要求,有必要规定直接或间接拥有5％或5％以上的REITs公开售出股份的所有人应提供该信息。此外,一些REITs规定,当出现股份超过所有权限制的情形时,允许REITs董事会赎回一定量的股份。

(2) 超过比例股份之信托。除了规定所有权比例限制外,一些新成立的REITs在其章程和类似文件中还设计了股份转让限制的新形式,即规定,当违反了所有权利益的"上限"(ceiling)时,任何超过限制比例的REITs股份将被指定为"信托股份"(shares-in-trust)。这种信托股份具有如下特点:该信托成立的时间:在声称这种股份转让发生的前一天,这种股份即自动转化成一种股份信托且立即生效;该信托之注册要求:这种股份的所有人应该以该股份信托的名义向该REITs注册其所拥有的股份数;该信托股份的权利:与其他同类股份一样,这种股份享有相同的权利与特权;该信托股份的收益:该信托股份将收到该REITs支付给它们的相应的分配收益;信托股份收益的持有人:该信托股份的收益应由公益受益人持有,该公益受益人由该REITs选择;该信托股份所有人的对价:将这种超过限制比例的REITs股份转移给股份受托人之后,这种股份的所有人通常会取得相当于其股份市场价的货币作为对价。[7]

四、反收购体制

(一) 反收购存在之必要性

与C类公司的规范文件相比,在REITs的公司章程、协会组织章程、信托声明和相关组织文件中旨在限制敌意收购的个人能力之规范条款更多。正如本文关于"REITs股份的转让限制"中所讨论的,该部分包含了禁止转让超过10％的REITs股份之规定。该规定有效地禁止了任何人通过购买一个REITs的大宗股份以达到对该REITs的有效控制。这是一个由REITs章程规范以排除未经董事会同意

---

[7] Jack H. McCall, "A Primer on Real Estate Trusts: The Legal Basic of REITs", *The Tennessee Journal Business Law*, 16 (Spring 2001).

而由第三方对一个REITs进行控制的事例。

随着REITs数量的增加和持股规模的扩大,REITs市场中的合并与收购活动,无论是恳求的或是"敌意的"并购活动,都相应地增加了。特别是当"REITs市场不稳定时,许多REITs纷纷折价出售其净资产,在此情形下,主动的交易也逐渐增多了。许多分析家认为,大规模的合并,包括自愿的与非自愿的并购活动,在REITs和房地产行业将是不可避免的"[8]。许多REITs也因此作了相应的防范工作,即反收购的准备。有鉴于此,有必要探讨REITs中的反收购方法。

(二) 反收购之方法

常见的REITs反收购安排有以下两种方法:其一,股东权利计划,又称"毒丸计划";其二,股份所有权限制。由于篇幅所限,本文仅分析这两种方法,同时探讨股东权利计划相对于股份所有权限制之优势。

1. 股东权利计划("毒丸计划")。自20世纪80年代以来,狂热的并购活动助长了"股东权利计划"(shareholder rights plans)的发展。"股东权利计划"又称"毒丸计划"(poison pill),是实质上能遏止敌意收购的各种方法的总称。由于存在各种反收购的方法,而绝大多数REITs可以以很小的代价或零代价去获取这些反收购方法,所以当许多REITs首次公开上市时,考虑到"股东权利计划"实施的较高成本,它们大都不打算实施"股东权利计划"。

然而,1998年8月全球经济危机爆发以来,对敌意收购活动增加的恐惧,加上几次REITs敌意收购浪潮的出现,"REITs也在它们的反收购防御准备中增加了'毒丸计划',在1998年和1999年两年之间,有47个REITs采用了该计划。"[9]这无疑证明了"毒丸计划"是一种主要且有效的抵御收购行动的方式。

2. "股份所有权限制"与"超额股份规定"。REITs采用的反收购次要方法是与"超额股份规定"连在一起的"股份所有权限制"。一些REITs的章程中采用了"股份所有权限制"规定,即限制任何股东持有的股份数在9.8%或以下。显然,该

---

[8] David M. Einhorn, Adam O. Emmerich and Robin Panovka, "REIT M & A Transactions-Peculiarities And Com plications", 55 *Bus. Law*, 697(2000).

[9] David M. Einhorn, Adam O. Emmerich and Robin Panovka, "REIT M & A Transactions-Peculiarities And Com plications", 55 *Bus. Law*, 700(2000).

规定的目的在于确保 REITs 遵守 I. R. C. 的"5-50 原则"(即在一个 REITs 纳税年度的下半年,禁止 5 个或 5 个以下的个人合计拥有超过 50% 的该 REITs 股份)。"股份所有权限制"确定较低的比例只是为了其他股东遵守"5-50 原则",但考虑到发起人的利益,允许发起人持有的股份超过该 REITs 股份的 10%。一旦一个持股超过了"股份所有权限制"9.8% 比例的股东进行收购,则股份应转移到一个由公益受托人持有的股份信托中,这样,该收购人就无法获取这些股份的投票权或股息收取权。

而"超额股份规定"作为一种反收购防御方法的有效性在于,它并未与"5-50 原则"构成的"逐项审查"机制("look-through"mechanism,这种审查机制仅仅限制个人的所有权,而不限制公司、合伙或者其他实体的所有权)相融合。"超额股份规定"限制任何实体收购超过最大比例的股份。这样,"由于收购人被阻止收购超过所规定的最大比例的股份,'超额股份规定'就实现了抵御对一个 REITs 进行敌意收购的目的。"[10]

3. "毒丸计划"相对于"股份所有权限制"之优势。为什么 REITs 在反收购行动中主要采用"毒丸计划"呢?要探索这其中的奥妙,有必要将"毒丸计划"与"股份所有权限制"相比较,从而发掘出"毒丸计划"相对于"股份所有权限制"具有的优势:(1)"毒丸计划"已被多数法院所理解和认可。相对而言,在反收购防御中则较少承认"股份所有权限制"的合法性,且"股份所有权限制"与目前的一些规定在一些重要方面有冲突。(2)"毒丸计划"易于实施。因为"股份所有权限制"是由 REITs 的章程予以规定的,它的实施与修改均要求股东投票。因而当出现敌意收购时,很难在短时间内发动"股份所有权限制"行动。相对而言,"毒丸计划"只要求由股东的股息权来实施,当出现敌意收购时,由于无需股东投票,REITs 董事会可以因此很快且很容易地采取"毒丸计划"行动。(3)"毒丸计划"不会引起 REITs 股份的转让性问题。一方面,与"股份所有权限制"行动发起收购的水平(9.8% 或以下)相比,"毒丸计划"发起收购则要求更高的收购水平(15%~20%);另一方面,在

---

[10] David M. Einhorn, Adam O. Emmerich and Robin Panovka, "REIT M & A Transactions-Peculiarities And Com plications", 55 *Bus. Law*, 698(2000).

"股份所有权限制"行动中,向所持股份超过所有权限制的收购人转入或转出的转让行为均自始无效,而"毒丸计划"中则不禁止这类转让行为。因而,与"股份所有权限制"相比,"毒丸计划"通常不会引发 REITs 股份的转让性问题。[11]

On Relevant Matters in the Operation of Real Estate Investment Trust

LI Zhi

(Law School, Shanghai University, Shanghai, 200444, China)

Abstract: The current real estate investment trust (REITs) in China just meets part of the establishing demands of American REITs, so China's is quasi-REITs. It is necessary to make a research on the relevant matters in America's REITs operation. In America's REITs, there is a unit which is a security regulated by the registration and registration exemption in the federal and the state laws of securities. The conflicts in interest can be reduced and avoided in REITs by selecting governing structure.

Key words: Real Estate Investment Trust (REITs); Registration exemption; Governing structure

---

[11] David M. Einhorn, Adam O. Emmerich and Robin Panovka, "REIT M & A Transactions-Peculiarities And Complications", 55 *Bus. Law*, 702(2000).

专题十二 房地产投资信托制度(REITs)风险之法律规制与运营控制[*]

李 智

（上海大学法学院，上海 200444）

目 次

一、REITs风险之法律规制简析
二、伞型合伙(UPREITs)结构风险的法律规制
三、合股(Staple-REITs)结构风险的法律规制
四、下属合伙结构风险的运营控制

摘 要：房地产投资信托制度(REITs)中的风险问题，是任何一个研究REITs的理论界或实务界人士都必须回答的问题。在规制REITs风险的方法中，主要分为两种：最直接的处理风险问题的方法是由美国《投资公司法案》控制债务杠杆；而其他法规对REITs风险的规制，则是较为间接的控制风险的方法。伞型合伙(UPREITs)结构的风险，美国财政部和国家税务局IRS的相关法规可对此进行规制。下属合伙(DOWNREITs)结构的风险则可以采用三种运营方式予以控制。

关键词：房地产投资信托制度(REITs)；风险；法律规制；运营控制

---

[*] 本文载于《中央财经大学学报》2007年第8期（经济类CSSCI）。
作者简介：李智(1968—)，女，重庆市人，上海大学法学院副教授，法学博士。

房地产投资信托制度(Real Estate Investment Trusts,简称 REITs)中的风险问题,是任何一个研究 REITs 的理论界或实务界人士都必须回答的问题。但令人遗憾的是,这样一个 REITs 制度中的核心问题,至今却少有问津。在国内目前的各类研究文章中,很少有人涉及美国 REITs 风险的产生及主要类型、至于涉及美国 REITs 风险的经济与法律原因以及风险之防范问题研究,则更是寥寥无几。或许,是因为急于引进这一在国外比较流行的制度到中国,如在引进之初即指出其风险,则势必会影响其引进的进程,也不利于中国 C-REITs 的发展。[1]

正因为如此,本文不遗余力地从比较研究开始,以实现比较法的第一个功能——认识。"这是因为世界上种种法律体系能够提供更多的、在它们分别发展中形成的丰富多彩的解决办法,不是那种局限于本国法律体系的界限之内即使是最富有想象力的法学家在他们短促的一生能够想到的。比较法作为一所'真理的学校'扩充了并充实了'解决办法的仓库',并且向那些有判断能力的观察家提供机会,使他们能够认识在其时其地'更好的解决办法'。"[2]而从学习国外经验开始,我们就可以构筑我国的房地产投资信托风险规避机制。就 REITs 的风险而言,主要有伞型合伙(UPREITs)结构中的风险、下属合伙(DOWNREITs)结构中的风险、合股(Staple-REITs)结构中的风险这三种类型的风险,而且在这些结构风险中还各有其商业风险。

本文的目标在于分析在美国的法律制度之下,如何规制 REITs 的风险。首先简要分析整个 REITs 结构风险之法律规制,其后逐一探讨各类 REITs 结构风险控制的法律规制措施与运营方式。

一、REITs 风险之法律规制简析

自各种诱导从事过度杠杆的因素出现之后,许多 REITs 随即遭遇了过度杠杆的灾难,在此情形之下,迫切要求对 REITs 风险进行规制。在规制 REITs 风险的法律方式中,主要分为两种:其一是由《投资公司法案》控制债务杠杆,这是最直接

---

[1] 这仅是笔者的个人之见。
[2] 潘汉典、米健、高鸿钧、贺卫方译:《比较法总论》[M],北京:法律出版社2003年版,第22页。

的处理风险问题的方法;其二是其他法规对REITs风险的规制,则是较为间接的控制风险的方法。

(一)《投资公司法案》第18节

1.《投资公司法案》第18节对REITs风险规制的规定。《投资公司法案》第18节通过规范投资公司,主要是通过限制债务杠杆,以此方式来对风险的产生施加严格限制。[3]这些规定的作用在于,可以有效地限制投资公司可以借贷的债务数量和类型。其中,该法案第18节(f)规定,公开公司的银行贷款以该公司资产的300%为限;[4]相应地,封闭公司可以发行包括公债和优先股在内的长期证券,但公开卖出的公债以该公司资产的300%为限,公开卖出的优先股以该公司资产的200%为限。[5]

2.《投资公司法案》第18节蕴涵的立法考虑。从立法的历史上看,规制REITs风险的《投资公司法案》第18节是基于两方面的立法考虑。其一是过度的债务杠杆在市场衰落时会增加破产的风险,这是主要的立法考虑。SEC有关投资信托的研究表明,债务杠杆与互助基金的表现之间有非常密切的关联。SEC于是得出如下结论:"这种负面关系对投资公司的证券创造了一定的风险,而这些风险是与该类投资公司的特征不一致的"[6];其二是避免长期证券和公债持有者与普通股股东之间的利益冲突,这是次要的立法考虑。依据SEC的分析表明,对发行长期证券和公债的限制可以削减管理目标上的利益冲突,而这些利益冲突常常在由多种短期和长期证券和债券组成的融资结构中产生。[7]为了与国会的这些目标保持一致,通过直接限制债务杠杆规制风险已经证明是一种将规范投资公司从市场下降的趋势中加以隔离的有效途径。"自1940年以来,规范投资公司的破产

---

[3] 15U. S. C. §80a-18(1976).
[4] 15U. S. C. §80a-18(f)(1976).
[5] 15U. S. C. §80a-18(f)(1976). Section 18 (h) defines "asset coverage".
[6] William L. Martin, II, Federal Regulation OF Real Estate Investment Trusts: A Legislative Proposal, 127 U. Pa. L. 376-377(1987).
[7] SEC的发言人在其听政会上表达了这样的关注:"我们发现在投资公司的长期证券和短期证券之间存在利益冲突,……尽力限制不同种类的公开发行证券之数量,规制它们应有的保护性特征,我们认为它们应象一个互助储蓄银行——只有一种股票,没有冲突,每人按持股比例在管理层拥有发言权。"Aslo see William L. Martin, II, Federal Regulation Of Real Estate Investment Trusts: A Legislative Proposal, 127 U. Pa. L. Rev. , 377, note 268(1978).

事件事实上为零。"[8]"而更重要的是,该分析(指 SEC 的分析)建议,如果 REITs 已经受类似该第 18 节限制的约束,则那些过度杠杆的 REITs 经历的许多灾难性损失和也许所有的破产都可以加以避免。"[9]

3. 几个消减《投资公司法案》第 18 节风险规制的因素。由于有以下一些因素的存在,消减了 REITs 受《投资公司法案》第 18 节债务杠杆的规制力度。

(1) 该法案第 18 节施加的限制过于单一。《投资公司法案》第 18 节施加的限制不考虑公司所投资资产的类型,适用于所有的规范投资公司,因而使得有最保守投资政策的基金与有最激进且易产生风险的基金受相同的债务杠杆约束。显然,对这两类公司适用相同的债务杠杆限制是不妥当的,因为对前一类公司而言,投资证券的风险程度较低,故施加较宽松的杠杆限制即可;对后一类公司而言,投资证券的风险程度较高,必须施加较严厉的杠杆限制才行。REITs 有多种结构,且不同结构 REITs 的投资组合的安全性与流动性不同,"即使该成文法限制为反应投资组合的组成而在一些方面有所变动,但该规定能否有效地区分各类 REITs 的各种风险仍值得怀疑;显然,该法案第 18 节施加的单一标准未能区分 REITs 投资组合所代表的多种风险情形"[10]。

(2) 施加杠杆限制削弱了 REITs 作为资金传递者的中间职能。尽管 REITs 与互助基金都是注入资金的企业,也都需要考虑所涉及的风险问题,但两者作为金融中间人的经济作用却完全不同。包括银行和互助基金在内的机构投资者是通过买卖公开卖出的债券和权益型证券而在二级市场上进行交易。虽然这些机构参与了原始的债券和权益证券的购买,但它们在二级市场上的参与远远超过了它们在一级市场上的活动。而 REITs 却不同,将基金从投资者和金融机构传递到新的抵

---

[8] 此说法不太准确。因为尽管没有关于注册投资公司申请依《破产法》重组的明确收集材料,但一份可获得的记录表明,自《投资公司法》通过之后,只有六家该类公司申请破产,它们是:Central States Electric Corp.; Selected Investments Trusts Fund; First Home Investment Corp. of Kansas; Shamrock Fund, Inc.; Vanderbilt Growth & Income Fund, Inc; and All American Fund, Inc. See William L. Martin, II, Federal Regulation Of Real Estate Investment Trusts: A Legislative Proposal, 127 U. Pa. L. , 377, note 269(1987).

[9] William L. Martin, II, "Federal Regulation OF Real Estate Investment Trusts: A Legislative Proposal", 127 U. Pa. L. 377(1987).

[10] William L. Martin, II, "Federal Regulation OF Real Estate Investment Trusts: A Legislative Proposal", 127 U. Pa. L. 378(1987).

押和权益投资中去,其角色主要是作为金融中间人。"事实上,立法最初给予合格的REITs以免税地位,部分原因是为了刺激一级市场的房地产投资。而对REITs施加杠杆限制无疑削弱了它们的能力,通过限制其接近主要的金融渠道,包括银行和商业票据市场,来排除它们的这种重要的中间职能。"[11]

(3) 债务杠杆限制可能招致REITs投资组合的不充足。依据"投资组合理论"(portfolio theory),各种投资伴随着一系列的风险,而每种投资有其预想的投资回报,就一个投资组合会产生一个应得的反应每个单位风险之回报。[12] 而产生最高的每单位风险回报的投资组合是"最佳的投资组合"(optimum portfolio),所谓"最佳"是指理性的投资者寻求的回报最大化而风险最小化。[13] 通过增加与这种投资组合相联系的债务杠杆,该投资组合相伴的风险即以最有效的方式得以增加。[14] 然而,如果该投资组合不运用杠杆以增加风险的话,唯一的选择是改变有利于产生较高风险的投资组合之组成。按照这一理论,一个产生较低程度每单位风险回报的投资组合,也就不是最佳的投资组合。尽管"投资组合理论"主要适用于由债务和权益证券构成的投资组合,它也从理论上适用于REITs投资组合的管理。就REITs投资组合而言,通过债务杠杆限制的方法来规制风险,这可能会造成REITs投资组合的不充分而使得该类投资组合不能成为"最佳的投资组合"。由此,债务杠杆限制方式遭到一定程度的批评。

---

[11] William L. Martin, II, "Federal Regulation OF Real Etate Investment Trusts: A Legislative Proposal", 127 *U. Pa. L.* 380(1987).

[12] 为获取这个数字,将无风险的投资之回报率从预想的回报率中扣除。再将其结果,即代表投资者参与风险的回报,除以该风险的度量标准(the risk measure),产生代表每单位风险的投资回报。See William L. Martin, II, "Federal Regulation of Real Estate Investment Trusts: A Legislative Proposa"l, 127 *U. Pa. L.* 378, note 274(1987).

[13] 因为任何一个投资组合让投资者面临3种情形:一是高风险高回报;二是低风险低回报;三是高风险低回报。而理性的投资者寻求的是回报最大化而风险最小化,当然,他也可以选择任何一种次于"最佳的"的投资组合。See William L. Martin, II, "Federal Regulation of Real Estate Investment Trusts: A Legislative Proposal", 127 *U. Pa. L.* 378, note 275(1987).

[14] 投资者可以通过杠杆调整风险以最大化回报的主张,称为"分隔定理"(separation theorem)。简单地说,该定理认为,任何在最佳投资组合组成中的变化将导致每单位风险之回报下降。任何希望增加最佳投资组合风险的投资者应该对该组合运用杠杆,因为这将维持最佳投资组合所代表的每单位风险之回报。假定未运用杠杆的最佳投资组合回报为每单位风险2%,然后借款加倍且风险加倍,同时可能的回报也加倍,因此,每单位风险的回报仍维持在未运用杠杆之前的水平。See William L. Martin, II, "Federal Regulation of Real Estate Investment Trusts: A Legislative Proposal", 127 *U. Pa. L.* 379, note 276(1987).

(二) 其他法规

与那些施加在投资公司上的债务杠杆限制相类似,对 REITs 过度风险施加的杠杆限制也是效率较低且令人不快的。而整理 REITs 所面临的这一特殊问题,解决方案在于对过度杠杆问题采用较少限制的两种途径:一是受托人和 REITs 顾问信用标准的适用;二是由《联邦储备金法案》第 23A 节加以规制。

1. 受托人和 REITs 顾问信用标准的适用。由于投资组合规模的扩大会产生更高的费用收入,顾问费用协议直接引发了 REITs 中的过度杠杆问题。为解决此问题,立法机构颁布了关于顾问费用的"受托人和 REITs 顾问信用标准",包括要求由非附属的受托人披露和考虑某些信息,以此方式来缓和目前增加投资规模以达到增加顾问收入的诱惑。"如果 REIT 受托人对于不符合标准的收益表现,通过降低顾问报酬的方式来予以处罚的话,则顾问们会有强烈的动机去避免过度的杠杆。"[15]

2. 《联邦储备金法案》第 23A 节的规制。相对于受托人和 REITs 顾问信用标准而言,既控制 REITs 从其隶属的金融机构贷款又能限制通过过度杠杆去投资的诱因,其更为严厉的措施是《联邦储备金法案》第 23A 节。

(1)《联邦储备金法案》第 23A 节的相关规定。《联邦储备金法案》第 23A 节规定,对其会员银行贷款给其持资本股 10% 的分支机构,或者累计将 20% 的资本股金贷款给所有的分支机构施以限制。[16] 联邦储备金委员会的立场是,该法案第 23A 节的限制并不适用于在一只由其会员银行或会员银行分行担任顾问的 REIT 与该会员银行之间的交易。

(2)《联邦储备金法案》第 23A 节的立法目的分析。尽管该法案第 23A 节的立法情况记载很少,但较为明确的是其主要目的是避免将银行资产贷款给银行的附属公司而将银行资产暴露于不当的风险之中。该规定隐含的意思在于明确涉及潜在利益冲突的提供给附属公司之贷款,以便使扩大贷款的刺激不至于被扩大。而无论 REIT 是否是贷款银行的"附属公司",贷款银行与银行发起的 REIT 之间

---

[15] William L. Martin, II, "Federal Regulation OF Real Etate Investment Trusts: A Legislative Proposal", 127 *U. Pa. L.* 381(1987).
[16] See 12 *U. S. C.* § 371 (c)(1976).

的信用关系具备了《联邦储备金法案》第23A节所描述的类似扩大贷款的人工刺激因素之特征。从这个意义上讲,"第23A节的目标范围应该扩大到限制银行和该银行发起的REIT之间的贷款上"[17]。

(3)《联邦储备金法案》第23A节之修改加强了对REITs风险的规制。考虑到以上事实,1978年联邦立法重新解释了《联邦储备金法案》第23A节,将银行发起的REITs纳入了"附属公司"的概念之内,即规定:"任何公司,包括REITs,只要是基于合同由会员银行或会员银行分行发起或担任顾问的REITs,均包含在会员银行的'附属公司'之内"[18]。这样,银行和该银行发起的REIT之间的贷款交易就受到修正后的《联邦储备金法案》第23A节之限制。尽管该立法的重点在于保护银行资产,但客观地讲,对由发起银行实施的REITs过度债务融资之限制,不仅有利于REITs,而且对其发起银行也有所裨益。《联邦储备金法案》第23A节就以下两方面进行了修正:一方面,不就REITs债务融资施加资产范围之限制。与《投资公司法案》的方式不同,修正后的《联邦储备金法案》第23A节不采用施加资产范围要求的方式来限制债务融资,相反,它只是简单地要求银行发起的REIT在超过一定限度时去寻找其它融资途径。从这方面看,"该修正案的限制并不像《投资公司法案》第18节那样对一级市场的房地产投资产生不利的影响"[19]另一方面,REITs和它的从事相同商业活动的机构发起人应该在管理人员上进行更严格的控制。在该修正案的定义中,如果一个受托人被雇佣,或者是一个事实上的股东,或者投资顾问,或者投资顾问隶属之人,则他就不是一个合格的非隶属的受托人。至于那些由从事相同商业活动的金融机构发起或担任顾问的REITs,与那些不由此类实体发起或担任顾问的REITs相比,董事会成员中显然应该要求更大比例的非隶属受托人。

---

[17] William L. Martin, II, "Federal Regulation OF Real Etate Investment Trusts: A Legislative Proposal", 127 *U. Pa. L.* 381(1987).
[18] See *Banking Affiliates Act*, S. 2810, 95th Cong, 2d sess. (1978).
[19] William L. Martin, II, "Federal Regulation OF Real Etate Investment Trusts: A Legislative Proposal", 127 *U. Pa. L.*, 382(1987).

(三) REITs 风险法律规制之总结

作为一级市场房地产金融中间人，REITs 对于自身暴露的过度风险问题缺少相应的限制性规范途径，由此，引入了体现在《投资公司法案》中的相应规定。然而，对 REITs 施加资产范围的要求却不适当地危及了 REITs 在经济领域里刺激投资的能力，而这种能力现在才刚刚从崩溃的市场中逐渐得以恢复。鉴于"过度风险的产生问题与有害理解的(ill-conceived)顾问薪酬计划不可避免地相互交织，如果不合格的收益表现作为确立顾问薪酬的一个重要考虑的话，则消除了刺激过度杠杆的一个主要因素"[20]。另外，就 REITs 与其隶属的金融机构之间的贷款交易进行规制，这既是合理的，又是作为间接规制 REITs 风险的一种重要手段。

二、伞型合伙(UP REITs)结构风险的法律规制

由于伞型合伙(UP REITs)结构中存在两种风险，其产生是基于两个方面的原因，故分析对 UPREITs 结构风险的法律规制也相应地从这两方面来探讨。

(一) 运作合伙(OP)不被认可风险之法律规制

当运作合伙(OP)不被认可时，相关法规从以下角度对其所生风险进行了规制。

1. 财政部 Sec 1.701-2 规定。财政部 Sec 1.701-2 规定，国家税务局 IRS 拥有广泛的授权，即可以重新认定合伙组织是否有"滥用的"税收目的。该规定通过一个例子来加以佐证："在下列情形之下，一个运作有限合伙将不被重新认定。其情形是，一只 REIT 提供现金以(交换)一个普通合伙人的利益，两个现存的有限合伙人用其已经抵押的房地产交换有限合伙人利益，随后，此前存在的有限合伙进行了清偿并将他们在该 OP 中的利益分配给其合伙人。而 OP 利益的持有人可在未来的一个日期收到可操作的选择权(即可将他们的利益转化成 REIT 股份或现金，由该 REIT 作出选择)。"[21]该规定的这个例子中的隐含意思给了职业律师很大的

---

[20] William L. Martin, II, "Federal Regulation OF Real Etate Investment Trusts: A Legislative Proposal", 127 *U. Pa. L.*, 383(1987).
[21] Treas. Reg. §.1.701-2 (d) Example (4).

安慰,即"UPREITs交易的基本结构应为税收目的而被重视"[22]。

2. 国家税务局 IRS 的 Rev. 1Rul. 177-220,1977-1 C. B. 263. 规定。依据国家税务局 IRS 之 Rev. Rul. 77-220,1977-1 C. B. 263. 的规定,在 S 类公司[23]背景之下,一群投资者形成单独的 S 类公司,而该类公司又通过参与一个合资企业而集中运作一件单独的行业。由于采用一个公司可能导致该公司超过一个 S 类公司的允许的股东人数,即 35 人,但所有投资者应被作为在一个单独公司的股东来对待,因而不失去其 S 类公司的身份。[24] 国家税务局 IRS 由此得出结论,多个 S 类公司参与一个合资企业在规则上是允许的,但这种结构不应被重视,因为它被采用的目的纯粹是为了不法逃税之目的。基于此规定,"人们于是害怕 IRS 会由此得出结论,OP 结构的采用完全是为了规避 REIT 的原则(特别是'5-50 原则')的限制,所有者因此应按直接参与 REIT 的方式来对待,而结果将是该 REIT 失去其 REIT 身份"[25]。

3. 国家税务局 IRS 的 Revenue Ruling 94-43,1994-2 C. B. 198. 规定。然而,国家税务局 IRS 发布的 Revenue Ruling 94-43,1994-2 C. B. 198. 规定将上述 Revenue Ruling 77-220 规定予以废止,因此消除了将 Revenue Ruling 77-220 规定以上述方式适用于 REITs 的可能性,同时支持如下的分析,即:为了税收目的,UPREITs 结构应该被认可。[26]

(二) 组织形式变更风险之法律规制

在 1993 年 7 月 13 日发布的 PLR 9340056 规定中,国家税务局 IRS 公布了有关 OP 活动的一些原则,但它同时声明该类原则并不表明它有将 UPREITs 的条件与 REITs 条件等同的观点。"而在许多 OPs 中,单位持有人仅仅有权回赎他们的单位以获取现金(尽管 UPREIT 承诺其 OP 的回赎义务,并收购这些单位以获取股

---

[22] James M. Lowy, "REITS and UPREIT Partnerships-Tax Issues", 469 *PLI/TAX*, 246(2000).
[23] S 类公司指由不超过 35 个股东组成的封闭性公司。这类公司一般允许其收入通过公司予以传递而直接对其股东征税。参见[美]罗伯特·W·汉密尔顿:《公司法》[M],北京:法律出版社,1999 年版,第 35 页。
[24] See*Rev. Rul.* 77-220,1977-1C. B. 263.
[25] James M. Lowy, "REITS and UPREIT Partnerships-Tax Issues", 469 *PLI/TAX*, 246(2000).
[26] James M. Lowy, "REITS and UPREIT Partnerships-Tax Issues", 469 PLI/TAX, 246(2000).

份)。在这种情形之下,组织形式变更所生的风险应该是非常有限的。"[27]

三、合股(Staple-REITs)结构风险的法律规制

(一)《1998年法案》的介入

针对合股 REITs 结构的风险,美国国会采取了相应的法律规制方式,即于 1998 年 2 月 2 日,克林顿政府介绍了它的 1999 年预算提案,其中包括了去掉对合股 REITs 不追溯保护性条款,并于 1998 年 7 月 22 日国会通过了克林顿政府关于合股 REITs 的类似提案——《1998 年税收重建和改革法案》(Internal Revenue Service Structuring and Reform Act of 1998,以下简称 1998 年法案)。1998 年法案旨在以公平方式阻止合股 REITs 的螺旋式扩张。依据不追溯保护性条款,现存的合股 REITs 结构被允许继续其目前的运作且维持其绝大多数最近的收购。然而,1998 年法案也熄灭了这种迫切的、极具风险的合股 REITs 的需求:即产生更大量的"好的"收入、积累更多的房地产投资并且吸引更多的投资者,因为这会使合股 REITs 股东们暴露在 1960 年立法不曾预期的商业风险之中。

(二)《1998 年法案》对合股 REITs 结构风险的规制方式

《1998 年法案》是从以下两方面来规制合股 REITs 结构的风险:一是该法案立法总原则的适用;二是新的"不追溯例外条款"。

1. 《1998 年法案》立法总原则的适用——法律规制方式之一。《1998 年法案》并未完全去掉合股 REITs 结构的优势,而是,对它在这种结构采用税收方式进行扩张的能力上进行了种种限制。该法案的宗旨在于阻止合股 REITs 继续转化其从公司未来的运作和收购中产生的收入。该法案 Sec. 269B 的原则将适用于 1998 年 3 月 26 日之后收购的房地产利益,而不论该种收购是否由一家现存的 REIT、一家合股的实体、一家由合股 REIT 或合股实体持股 10% 以上的附属公司或合伙组织(上述这些实体统称为"REIT 集团")进行收购。[28] 因此,1998 年 3 月 26 日之后,REITs 和任何由 REIT 集团成员进行的收购,将被

---

[27] James M. Lowy, "REITS and UPREIT Partnerships-Tax Issues", 469 PLI/TAX, 247(2000).
[28] See *Internal Revenue Service Restructuring and Reform Act of* 1998, Pub. L. No. 105-206, § 7002(a), (b) (1), (e) (3), 112 Stat. 827–832.

作为单独的实体来对待,目的是确定一只 REIT 是否满足《国内税法典》所规定的资格测试。[29] 除非合股 REITs 收购的房地产不被追溯之外,一般均适用上述总原则。

2.《1998 年法案》中新的"不追溯例外条款"——法律规制方式之二。《1998 年法案》规定了新的"不追溯例外条款",即合股 REITs 收购的依《国内税法典》资产测试不合格的财产,在下列情形之下将从该资产测试原则中予以豁免:(1)在 1998 年 3 月 26 日或者之前由 REIT 集团成员收购的财产[30];(2)由 REIT 集团成员依据 1998 年 3 月 26 日或者之前有约束力的合同而收购的财产[31];(3)公开声明在 1998 年 3 月 26 日或者之前作出或者声明在 1998 年 3 月 26 日或者之前提交到证券交易委员会之收购[32]。一般情况下,一项被豁免的财产经过修补、改进或者租赁,该财产将不会失去其被豁免的地位[33]。然而,如果在财产的使用过程中有任何其它的变化,则该财产将失去其被豁免的地位。[34]

(一)《1998 年法案》的评价

《1998 年法案》的出台与实施,客观地讲,产生了两个方面的影响:一方面,该法案在一定程度上遏止了合股 REITs 的风险;另一方面,它也遭到了不同程度的反对。

1. 该法案在一定程度上遏止了合股 REITs 的风险——积极影响。依据该法案,一个实体为了获取 REITs 身份,来自 REITs 与合股 REITs 的收入都必须满足《国内税法典》的测试要求。如果一只 REIT 在 1998 年 3 月 26 日尚未组成,或者

---

[29] See Internal Revenue Service Restructuring and Reform Act of 1998, Pub. L. No. 105-206, § 7002 (a).

[30] See Internal Revenue Service Restructuring and Reform Act of 1998, Pub. L. No. 105-206, § 7002(b)(1).

[31] See Internal Revenue Service Restructuring and Reform Act of 1998, Pub. L. No. 105-206, § 7002 (b) (2) (A).

[32] See Internal Revenue Service Restructuring and Reform Act of 1998, Pub. L. No. 105-206, § 7002 (b) (2) (B).

[33] See Internal Revenue Service Restructuring and Reform Act of 1998, Pub. L. No. 105-206, § 7002 (b) (3) (A), (B).

[34] 特别是,在 1999 年 12 月 31 日之后,任何就被豁免财产服务的改变,是指财产改进有关的变化之成本大于下列数字的 200%:(1)该财产的成本;(2)被收购财产有一个可以替代的基础,即该财产由合股 REITs 或 REITs 收购时的市场价值。See Internal Revenue Service Restructuring and Reform Act of 1998, Pub. L. No. 105-206, § 7002 (b) (3) (c).

如果它的房地产收购在1998年3月26日之后,则不符合"不追溯的"身份要求,因而该REIT与合股REIT将被作为单独的实体来对待,以满足收入测试的要求。[35] 例如,一只合股REIT从运作由REIT集团成员持有的非经豁免的房地产所获取的收入,这笔收入将被作为该REIT的收入来对待,其结果是如果75%或95%的测试要求不能满足的话,则其REIT身份将失去。从这个意义上讲,该法案对合股REITs结构的风险产生了积极作用,即它在一定程度上遏止了合股REITs风险之发生。

2. 该法案遭到了不同程度的反对——消极影响。尽管该法案在一定程度上遏止了合股REITs风险之发生,起到了一定的积极作用,但该法案也遭到了不同程度反对。一些反对者认为,冻结合股REITs的不追溯地位,与大的私人和公司的房地产所有者相比,是将小投资者置于不利地位,即将小投资者放在与REITs竞争者相同的地位。在合股REITs结构中,"股东与管理层在配对的股份结构中可以被充分地调整,因为他们在配对的股份结构中拥有和运作房地产;而在不配对的REITs中,房地产常常被一个承租人运作,而该房地产又被管理层所拥有,这引起了潜在的利益冲突"。[36] 另一些反对者认为,例如NAREIT,认为通过冻结合股REITs的不追溯地位,《1998年法案》挫败了那些个人投资者的合理的商业预期,而这些投资者是由于信任国会对合股REITs的不追溯条款和以前的IRS相关原则而购买了合股REITs的股票。[37]

四、下属合伙结构风险的运营控制

尽管下属合伙(DOWNREITs)结构的风险有三种,其产生原因也有三个方面,但本部分在保留该结构优势的前提之下,只就减少该结构所包含的风险提出建议,

---

[35] See Internal Revenue Service Restructuring and Reform Act of 1998, Pub. L. No. 105 - 206, § 7002 (b) (5).

[36] Charles E. Wern III, "Comment: 'Sparing Cain: Executive Clemency In Capital Cases': The Stapled REIT On Ice: Congress'1998 Freeze of The Grandfather Exception For Stapled REITs", 28 *Cap. U. L. Rev.*, 736 (2000).

[37] Charles E. Wern III, "Comment: 'Sparing Cain: Executive Clemency In Capital Cases': The Stapled REIT On Ice: Congress'1998 Freeze of The Grandfather Exception For Stapled REITs", 28 *Cap. U. L. Rev.*, 738(2000).

即采用三种运营控制的方式：其一是将 A 类单位重新转换为 REITs 股份；其二是结合 A 类单位与普通单位的属性；其三是 REITs 无须对优先收入进行注资。

（一）将 A 类单位重新转换为 REITs 股份

出资者从 DOWNREITs 合伙组织获取的收入可以被重新构造，即提供给出资者一些上下的余地，而这种余地是基于 REITs 的财产表现而不是 REITs 股份。例如，DOWNREITs 合伙组织可以向出资者发行两类合伙单位。假定一个出资者在财产上的权益是 1 千万 $，REIT 股份的交易价是每股 20 $ 且该 REIT 做了 5 百万 $ 的资本分配，出资者可以收到价值 9.5 百万 $ 的 475,000 个 A 类 DOWNREITs 合伙单位（这相当于收到了 475,000 股的 REIT 股份）并且可以转化成 475,000 股的 REIT 股份。出资者可以收到剩余的权益价值 500,000 $ 的普通 DOWNREITs 合伙单位，以此来在优先收入之后按相同比例参与到 REITs 中去（换言之，出资者可以收到现金流的百分比相当于 500,000 $/5,500,000 $ 或者 9.0909%）。一个在合伙组织中有多重利益的合伙人既有单独的资本账户，[38]又在其合伙利益中有单独的基础，[39]并要求出资者的 A 类股和"普通"股利益应该被视为一种单独的利益以便确定其在 REITs 股份中的相应份额。

（二）结合 A 类单位与普通单位的属性

一种更好的办法是将 A 类单位与普通单位的属性加以结合。例如，出资者应该得到 500,000 个 DOWNREITs 合伙单位以交换其价值 1 千万 $ 的财产。每个单位应有权收到一份优先的收入（相当于支付给每只 REIT 股的 95% 的股息）且有权收到在 DOWNREITs 合伙单位中现金流的剩余利益（即剩余现金流的 9.0909%，相当于 500,000 $/5,500,000 $）。[40]这些单位应该转换成 475,000REIT 股，加上一定数量的额外 REIT 股份（相当于剩余利益的评估价值）除以当时的 REIT 股份交易价格。因此，每单位价值的 5%（当收到时）应与该只 REIT 的财产表现而不是该只 REIT 的股份相紧密结合。

---

[38] See Reg. §1.704-1 (b) (2) (ⅳ) (b).
[39] See Rev. Rel. 84-53, 1984-1 C. B. 159.
[40] Blake D. Rubin, Andrea Macintosh Whiteway, Arnold & Porter, "The Ups and Downs of DOWNREITS", SG034 ALI-ABA, 1177(2001).

(三) REITs无须对优先收入进行注资

当DOWNREITs合伙中可获取的现金流不充分时,REITs没有义务将优先收入注资给出资者。这种交易是否构成Reg. §1.707-4(a)(4)事例4所言的变相出售,需要花很长的时间才能消除这种争辩。如果出资者担心DOWNREITs合伙中的现金流不足以支付优先的收入,只需采用两种方式:一是与REITs协商,让REITs代替DOWNREITs合伙组织支付差额;二是形成债务杠杆合同。这样,既保护了出资者,同时又不必对REITs施加就优先收入注资的明确义务。

总之,经过以上三种运营方式的控制,仔细构建的DOWNREITs合伙组织完全能够经受住国家税务局IRS的发难与指责。

The Legal Regulation and Operational Control for the Risks of REITs

LI Zhi

(School of Law, Shanghai University, Shanghai 200444, China)

Abstract: The risks of REITs is a question that any person who researches the theory or takes part in the practice must answer. There are two main methods to regulate the risks of REITs: controlling debt lever by the American Investment Company Act is the most direct one; and other regulations by other laws are indirect ones. As for the risks of UPREITs, the related laws and regulations of the U.S. Ministry of Finance and IRS can regulate these problems. And three operational methods may be used to control the risks of DOWNREITs.

Key words: REITs; Risks; Legal regulation; Operational control

专题十三、中国房地产投资信托风险规避机制之建构[*]

李 智

(上海大学法学院,上海 200444)

目 次

一、银监会暂行办法(征求意见稿)相关规定之不足
二、中国 C-REITs 风险规避机制之设计
结语

摘 要:房地产投资信托(REITs)风险的规避问题,是任何一个研究 REITs 的理论界或实务界人士都必须关注的问题。银监会暂行办法在 REITs 的风险控制与监管上存在种种不足。中国 C-REITs 风险规避机制之设计应从外部与内部两方面着手。在外部风险规避机制中,一是形成完善的房地产投资信托风险规避法律体系;二是建立有效的监管制度;三是建立合理的税收体制。而内部风险规避机制则通过明确规定信托投资公司的独立法人地位、健全内控制度以及风险预警制度等来确立。

关键词:房地产投资信托(REITs);风险;规避机制

房地产投资信托(Real Estate Investment Trust,简称 REITs)风险的规避问

---

[*] 本文载于《上海大学学报》(哲社版)2008 年第 6 期(高校综合类 CSSCI)。
作者简介:李智(1968—),女,上海大学法学院副教授,法学博士,研究方向:公司法、信托法。

题,是研究REITs的人都必须关注的问题。令人遗憾的是,这样一个REITs制度中的核心问题,至今却少有人问津。在国内目前的各类研究文章中,很少涉及美国REITs风险问题,至于涉及REITs风险之防范问题研究,则更是寥寥无几。或许这是因为急于把这一在国外比较流行的制度引进中国,如在引进之初即指出其风险,则势必会影响其引进的后续进程,对于其风险之防范则更是无暇顾及。

本文的研究正是关注这一冷门话题,从评析银监会暂行办法(征求意见稿)关于风险控制与监管之不足开始,然后逐步设计C-REITs的风险规避机制,最后的落脚点在于对如何建构中国房地产投资信托风险规避机制提出自己的种种设想。

一、银监会暂行办法(征求意见稿)相关规定之不足

为规范信托投资公司房地产投资信托业务的经营行为,银监会于2004年10月18日发布了《信托投资公司房地产信托业务管理暂行办法(征求意见稿)》(以下简称《暂行办法》)。这个文件肯定了房地产信托的积极作用,并有意促进房地产信托的发展,比较明确地表示了对房地产信托产品的支持。[1] 我们认为,《暂行办法》关于房地产投资信托的风险控制与监管的规定尚有不足之处。

(一)风险控制规定的不足

其一,对信托投资公司应具备的公司治理机制、操作流程和风险控制机制缺乏明确规定。"从事房地产信托业务的信托投资公司应具备完善的公司治理机制、操作流程和风险控制机制:(1)有条件的可聘请外部专家和咨询顾问等;(2)信托投资公司应保证业务操作流程的严肃性和独立性,防止行政干预;(3)风险控制机制包括信托投资公司内部风险控制机制和房地产信托业务风险控制机制。内部风险控制机制包括业务流程、组织机构、财务管理、公司经营理念上的风险控制措施等。房地产信托业务风险控制机制包括市场风险、操作风险、信誉风险、信托财产管理等风险的防范和控制措施等。"(《暂行办法》第41条)如果规定有条件的可聘请外部专家和顾问,那么条件是什么?多数信托投资公司为压缩成本,都会声称自己没

---

[1] 李小刚:"银监会支持房地产信托房地产信托迎来新契机"[EB/OL],(2004-10-19)[2008-05-13]. http://house.hexun.com/2004-10-19/100216853.html.

有条件而不聘外部顾问;防止行政干预,没有规定是哪一级行政机关?哪种程度构成干预?现实情况是很多房地产投资项目都有政府支持,与行政机关联手交易是许多信托投资公司所希望的,要从客观上防止行政干预谈何容易?而内部风险控制机制和房地产信托业务风险控制机制所包括的风险控制措施也没有细化。

其二,"严禁"与"防止"开发企业挪用款项措施不力。严禁开发企业挪用贷款转作其他项目或其他用途并防止挪用销售回款开发其他项目或挪作他用(见《暂行办法》第47条)。但办法未规定相应的处罚措施,使"严禁"与"防止"都成为空话。

其三,未对信托登记作明确的制度规定。信托投资公司以投资方式运用房地产信托资金的,应当至少采取如下风险控制措施:"……及时办理所涉及的房地产企业的股权变更手续或信托登记手续"(《暂行办法》第48条),而有关信托登记的制度尚不明确。

(二) 监管规定的不足

其一,未对信托投资公司中风险控制委员会所占比例作出规定。信托投资公司开办不受信托合同份数限制的房地产信托业务,应具备下列条件:"……董事会应设立独立的风险控制委员会,包括有外部人士参加并由外部人士担任主席的审计委员会"(《暂行办法》第31条),该规定未对信托投资公司中风险控制委员会所占比例作出规定。

其二,对擅自办理房地产信托业务的种种行为处罚力度不够。未经核准而擅自办理房地产信托业务的、未经核准信托投资公司擅自办理不受信托合同份数限制的房地产信托业务、信托投资公司有欺骗投资者行为或者推介房地产信托业务的材料存在虚假内容、擅自担任房地产信托资金保管人等行为,由中国银监会或其派出机构责令其停止该业务,没收非法所得,并处5万元以上50万元以下罚款(参见《暂行办法》第50、51、52、53条)。对于房地产投资信托这样的高赢利行业来说,违规罚款仅为5万—50万元,是完全无法阻止其违规行为的。

二、中国C-REITs风险规避机制之设计

由于C-REITs制度近年来才出现在中国大陆,对于C-REITs的风险之认识尚处于初级阶段,就目前已经发生或可能发生的风险问题而言,应从外部与内部两个

方面着手进行风险规避。

(一) 外部风险规避机制

1. 形成完善的房地产投资信托风险规避法律体系

(1) 关于 C-REITs 公募与私募法律适用之建议

按照美国 REITs 的相关法律,REITs 有公司、信托或协会这三种实体,其公开公司的公募发行要严格履行证券法律规定的义务;而对于封闭公司、信托或协会的私募发行,则由于对象多是拥有资金、信息,或专业管理经验的封闭公司、信托或协会等投资机构,因此证券法律豁免了它的注册登记义务,且在信息披露方面也适当降低了要求。

我国证券法律只规定了公募形式,这种形式过于单一,不利于简单融资时保持低成本,所以应当引入私募的形式。笔者认为,完全可以把信托受益凭证纳入证券的范围,通过证券法律来规范信托投资公司发行受益凭证的行为,这与立法本意是一致的。在具体规制方面,可以分私募形式和公募形式,前者是向特定人发行,后者则向不特定的公众发行。对这两种情况,信托合同能够发挥作用,可以根据信托合同的份数、投资者的基本状况、发行者有无作营销宣传等等,划分出私募和公募。鉴于我国还没有私募规定,笔者在此建议,即将该信托合同的公募适用证券法律;私募则适用将来制定的特别法或《信托投资公司资金信托管理暂行办法》,因为该办法中的许多规定(如营销禁止、信息披露、份数规定等等)已经很接近国外的私募规定了。这样,信托受益权即成为由信托投资公司发行的可变动收益的其他有价证券种类。在明确的法律规范指引之下,可以减少在无法律规范情形下 C-REITs 运作带来的风险。

(2) 关于信托投资公司违规违法操作的法律责任

对于信托投资公司未经核准而擅自办理房地产投资信托业务的、未经核准信托投资公司擅自办理不受信托合同份数限制的房地产投资信托业务、信托投资公司存在欺骗投资者行为或者推介房地产投资信托业务的材料存在虚假内容、擅自担任房地产投资信托资金保管人等行为,建议中国银监会在颁布《信托投资公司房地产信托业务管理暂行办法》时将罚款金额提高到 100 万元以上 500 万元以下,以此来防止信托投资公司的违规操作。但对于 C-REITs 公募与私募中产生违法的行为,都应当适用证券法律的规定,不仅因为它的规定比较详细,有可操作性,而且与国际通行的做法一致。

(3) 明确"双向信托"的法律规定

现行法规中没有关于"双向信托"的明确规定,只能从《信托法》第 28 条和《信托投资公司管理办法》第 31 条[2]中可以发现"双向信托"的影子。如《信托法》第 28 条规定:"受托人不得将其固有财产与信托财产进行交易或者将不同委托人的信托财产进行相互交易,但信托文件另有规定或者经委托人或者受益人同意,并以公平的市场价格进行交易的除外。"从该规定中可以看到,"双向信托"的成立要件,一是符合信托文件规定;二是经委托人或者受益人同意;三是符合公平交易的原则。然而,《信托法》第 28 条和《管理办法》第 31 条都不是"双向信托"的专项规定。随着房地产投资信托的发展,信托投资公司作为中介机构而出现接受两种不同类型信托的"双向信托"的情形会越来越多,因此,为减少和降低风险,对"双向信托"作出明确的法律规定很有必要。

我们还认为,有必要借鉴我国台湾地区有关信托的规定:"受托人应将信托财产与其自有财产及其他信托财产分别管理。前项不同信托之信托财产间,信托行为订定得不必分别管理者,从其所定。"这条规定充分强调了信托合同当事人之间的意思自治。那么,有关的立法到底是维持"交易公平",还是尊重"合同约定"呢?笔者认为,台湾的模式更为合理。重"合同约定"的理由有二:一是事实上未增加受益人的风险。在"双向信托"中尽管有两个独立的信托计划,存在两份独立的信托财产,而且受托人为同一信托投资公司,但由于该信托投资公司在具体的信托计划中只对特定的委托人或受益人负责,因而不存在信托投资公司手握双份信托财产而进行如左右手互换之类的交易。更重要的是,受益人在信托合同中并不承担实质义务,在信托投资公司保证了预期收益的情形下,受益人并未增加其风险;二是我国《信托法》已明确规定了委托人的救济方式与途径。该法第 21 条规定:"因设立信托时未能预见的特别事由,致使信托财产的管理方法不利于实现信托目的

---

[2]《信托投资公司管理办法》第 31 条:"信托投资公司经营信托业务,不得有下列行为:将不同信托账户下的信托财产进行相互交易;以固有财产与信托财产进行相互交易。"

或者不符合受益人的利益时,委托人有权要求受托人调整该信托财产的管理方法";第22条规定:"受托人违反信托目的处分信托财产或者因违背管理职责,处理信托事务不当致使信托财产受到损失的,委托人有权申请人民法院撤消该处分行为,并有权要求受托人恢复信托财产的原状或者予以赔偿。"同时还规定,"恶意"受让人应予返还或赔偿。因此,为尊重合同自由原则,只要委托人与受托人在订立合同过程中,双方认可受托人提出的信托财产管理方式、受托人的报酬计算方法和预期收益率等条件,从鼓励交易的角度出发,应当尊重当事人的合意。

2. 建立有效的监管制度

(1) 加强银监会的监管机制

银监会的监管应主要从三个方面着手:一是转变监管方向。对信托机构的监管,应从以前的以市场准入为核心的监管转变为以机制为核心的监管,把治理结构和内控制度的健全作为监管的重点;二是对信托人员的监管。要加强对从业人员的资格管理和高级管理人员的资格管理,对其进行信托业务资格考试和任职资格审查,信托投资公司对拟离任的高级管理人员进行离任审计;三是对业务的监管,主要是按照设定的指标对信托业务的合规性和风险进行监管。

但"监管的最终目的还是为了维护市场的利益,给市场主体更大的发展空间,而绝不是阻碍信托制度与信托功能的释放,制约信托资源的优化配置。所以,监管机构应坚持严格监管与放松管制的统一。所谓严格监管是对监管范围内的行为的监管要严格,而放松管制是监管领域应该坚持-市场机制能够调节的,就让市场去调节的原则。同时自己不能参与市场运作"[3]。

(2) 增强REIT自律体系

对REIT的监管仅靠立法和行政手段是远远不够的,增强REIT自律体系,要从行业自律入手。行业自律就要建立行业组织——REIT协会,监管REIT的日常操作。REIT协会的职责可包括四个方面:一是对REIT管理和经营人员进行培训和教育,并对希望加入此行业的人员进行取得就业资格的培训;二是监督会员公司遵

---

[3] 孙立:"信托业-戴着镣铐的舞者"[EB/OL],(2004-05-30)[2004-07-15]. http://www.yanglee.com。

守国家政策规定;三是收集和及时发布 REIT 行业统计信息,促进信息公开化,并代表 REIT 行业对法律法规和政策文件中与本行业有关的问题发表观点,但不得对投资者进行可能是误导的宣传;四是向政府提供政策咨询并对投资者提供咨询等。

(3) 引入委托人和受益人监督机制

为防止现有信托投资公司存在的对客户不忠现象,有必要加强委托人和受益人对受托人的监督。委托人、受益人或其授权的人有权向信托投资公司了解对其信托财产的管理、运用、处分及收支进展情况,并要求信托投资公司做出说明。信托投资公司违反信托目的处分信托财产或者因违背管理职责、处理信托事务不当致使信托财产受到损失的,委托人有权申请法院撤消该处分行为,并有权要求信托投资公司恢复信托财产的原状或予以赔偿(参见《中华人民共和国信托法》第 22 条)。信托投资公司违反信托目的处分信托财产,或者管理运用、处分信托财产有重大过失的,委托人有权依照信托文件的规定解任该信托投资公司,或者申请人民法院解任该信托投资公司(参见《中华人民共和国信托法》第 23 条)。

(4) 引入独立中介机构

房地产投资信托一方面涉及房地产开发、建筑工程、成本预决算等多种专业知识,信托投资公司难以有足够的专业信息和经验来处理这些技术问题;另一方面,有信托投资公司融资,开发企业可以不受"自有资金不少于开发项目总投资 30%"的约束以及"四证必须齐全"的限制。在资金信托中,通常由信托投资公司先行与开发企业接洽,然后向社会公众募集资金,即投资者在客观上不能自由选择开发项目,因而有必要引入独立的中介机构(如审计机构、评估机构等),由其对开发商的资质条件和房地产项目的风险性、收益性进行评估,让投资者在信托投资公司提供的信息来源之外还能获取其他客观的评判依据,这将有助于降低投资的风险性。同时在房地产投资信托的相关立法中,应增加对中介机构的法律规定。在这类立法中,一是明确规定信托投资公司提供中介机构的报告与意见,这既是信托投资公司应该承担的义务,又是投资者应该享有的权利;二是规定中介机构的报酬由信托财产支付,以保证中介机构的独立性;三是规定对中介机构的法律责任追究办法:当中介机构故意提供虚假信息而导致信托财产遭受损失时,中介机构应对受益人承担赔偿责任;如果中介机构与信托投资公司或房地产开发公司串通而损害了受益人利益时,中介机构应承担连带赔偿责任。

3. 建立合理的税收体制

在美国,通过完善的税法体系,政府对REITs给予了特殊的税收优惠政策,即如果REITs将其收入的95%以上分配给股东的话,则不向该REIT已分配给其股东的收入部分征收联邦收入税;而在未分配的收入部分,则该REIT将承担公司层级的税。这样,该REIT就可以避免公司所面临的双重征税问题。而在我国,随着税收制度的规范,若C-REITs没有相对于其他房地产投资的税收优惠,其发展将会比较困难。鉴于C-REITs对我国房地产业发展乃至整个国民经济运行的推动作用,国家应该制订相关的税收法律和法规,以促进C-REITs发展。

(1) C-REITs税收的原则

在制定C-REITs税收的政策和法规时,应主要体现以下原则:

第一,公平和效率原则。所谓公平,是指通过国家税收的杠杆作用,体现社会成员之间的起点平等、分配平等与结果平等等公平观念;而效率原则则要求利用税收的调节功能,以最小的费用取得最大的税收收入,最大限度地减轻税收对C-REITs的制约,以便最大限度地促进C-REITs的发展。

第二,避免重复征税原则。重复征税增加了纳税人的不合理负担,因而限制了REITs在中国的发展。从REITs"信托的本质看,受托人管理运用和处分信托财产均旨在实现信托目的,受益人作为信托利益的享有者,通过该信托所负担的纳税,应当不因受托人的介入而加重,其税负不应高于亲自管理经营信托财产所承担的税负"。[4]

第三,受益人负担原则。在REITs中,受托人取得信托财产时即视为受益人取得了该项财产,受托人管理和运用信托财产时发生应税项目,应视同受益人亲自运用该信托财产时所发生的应税项目。这样,当受益人在应税项目发生时产生纳税义务,所需的税金直接从受托人——信托投资公司从信托财产中代扣代缴。故我国信托受益所得税应该以受益人为纳税义务人,以此为立足点来构建我国的C-

---

[4] 薛萌:《我国房地产投资信托基金运作模式的风险分析》,中国人民大学2004年5月硕士学位论文,第52页。

REITs税收体系。[5]

(2) C-REITs税收的处罚规定

我国目前不仅没有相应的信托税收法律规定,刑法中也没有相应的刑罚规定,这对于C-REITs而言,是将来立法不得不面对的问题。在将来的相关立法中,应该加入对信托财产转移和管理中的合理避税与逃税加以界定,对逃税行为规定相应的刑法处罚,这样,既保护了C-REITs中合理的避税行为,又以法律手段防止了逃税行为。

(二) 内部风险规避机制——完善信托投资公司的治理结构

1. 明确信托投资公司的独立法人地位

要完善信托投资公司的治理结构,首先必须从组织上保证信托投资公司的自主经营权,将其从银行小金库、官设机构变成真正自主经营、自负盈亏的独立经济实体。

2. 规定每只REIT基金必须建立董事会

美国《投资公司法》尽管没有明确要求投资公司的组成一定是公司形式,但该法要求投资公司必须建立公司民主决策体制——董事会,而且董事会中必须有相当比例(超过50%)的独立董事。独立董事应当具有很高的职业素质,是确实能代表投资者利益的主体。我国也可以借鉴美国的基金立法模式,规定每一项REIT基金都必须建立董事会,即使契约型基金也不例外。

3. 要求每只REIT基金必须聘请独立董事

信托投资公司在公司治理结构方面,有必要引入独立董事制度。这是因为投资者在交付信托财产之后,由信托投资管理公司负责全权管理,委托人可能出于"搭便车"的考虑,但如果委托人缺乏专业知识,就难以进行有效监督,因此有必要通过独立董事从中立的角度作出判断。我国《关于在上市公司建立独立董事制度的指导意见》对上市公司建立独立董事制度作了规定,尽管信托类上市公司在我国还属于少数,但从有效治理方面来说,它肯定会逐渐向纵深推广。[6]在独立董事

---

[5] 同上。
[6] 李仲飞、王寿阳:《以风险为基础的基金监管现代化》[M],北京:清华大学出版社,2002年版,第76—80页。

的相关立法上,应该借鉴美国的经验,对 C-REITs 作出特殊规定,即每一只 REIT 基金必须聘请独立董事,因为独立董事是基金的独立董事,不是投资公司的独立董事。必须明确独立董事是为基金工作而不是为投资公司工作的。独立董事是决定有关基金利益事项的,而不是对投资公司的事项作出决策。因为在实践中,在同一投资公司下,根据基金数量和业务复杂程度董事人员可以重叠。这样,基金是作为一个独立的主体而不是投资的一个附属产品。[7] 如果仅仅为信托投资公司聘请独立董事,那么很大程度上独立董事是为公司的股东利益服务,并不是为公司设立的信托计划或基金服务,更不是为信托受益人的利益服务。因此,从这个意义上讲,上述做法对我国房地产投资信托建立内部风险规避机制有借鉴意义。

4. 增强个体自律

个体自律要求每家信托投资公司加强自身的机制管理、战略管理和操作管理,健全业务操作规程和控制体系,以实现持续管理。

5. 健全内控制度

信托投资公司可以在以下两个方面来健全内控制度:一方面,逐步完善内部稽核审计制度。定期对每项资金的风险程度进行认真审核与测评,督促投资部门把每项资产运作控制在规定的比例之内,确保各项措施的落实,以便查错防弊和堵塞漏洞;另一方面,设立独立的监察稽核部,确保稽核审计的独立性和权威性。制定风险控制和风险管理的工作规范和业务规则,明确风险控制中管理人员和直接责任人员的责任,对公司中的风险管理工作进行监督和审计。[8]

6. 建立风险预警制度

为了从信托投资公司内部完善 C-REITs 的风险规避机制,有必要在信托投资公司建立分级风险防范机制,构建多层次的风险防火墙。

三、结语

由于银监会支持房地产投资信托,使得房地产投资信托迎来新契机,但银监会

---

[7] 李仲飞、王寿阳:《以风险为基础的基金监管现代化》[M],北京:清华大学出版社,2002年版,第90页。
[8] 薛萌:《我国房地产投资信托基金运作模式的风险分析》,中国人民大学2004年5月硕士学位论文,第58页。

暂行办法(征求意见稿)在风险控制与监管的规定上存在种种不足,中国 C-REITs 风险规避机制之设计应从外部与内部两方面着手。在外部风险规避机制中,首先是形成完善的房地产投资信托风险规避法律体系,包括明确 C-REITs 公募与私募法律适用、明确信托投资公司违规违法操作的法律责任以及明确"双向信托"的法律规定;其次是建立有效的监管制度,包括加强银监会的监管机制、增强 REIT 自律体系、引入委托人和受益人监督机制以及引入独立中介机构;再次是建立合理的税收体制,一方面体现公平和效率、避免重复征税和避免增加受益人负担等税收原则,另一方面明确 C-REITs 税收的处罚规定。而内部风险规避机制则通过下列方式来完善信托投资公司的治理结构:明确规定信托投资公司的独立法人地位;要求每一只 REIT 基金都建立董事会;要求每一只 REIT 基金都聘请独立董事;健全内控制度以及建立风险预警制度。

The Construction of the Chinese Mechanism of Sidestepping the REIT Risk

LI Zhi

(School of Law, Shanghai University, Shanghai 200444, China)

Abstract: How to sidestep the REIT risk has greatly been concerned by all the theoreticians and practical businessmen. The temporary measures issued by banking supervisory authorities disclose all kinds of insufficiencies in controlling or super-vising the REIT risk. For the construction of the Chinese mechanism of sidestepping the REIT risk, both exterior and interior should be paid an attention to, that is, exteriorly, forming a perfect law system of sidestepping the REIT risk, and establishing an effective system of supervision and a reasonable revenue system; and, interiorly, clarifying the REIT status of the independent legal entity, and improving the systems of the inner control and the risk early-warning.

Key words: REIT; Risk; Sidestepping mechanism

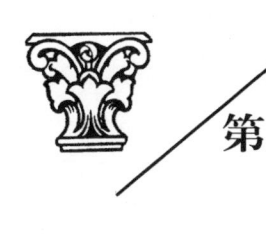

第三编　保障性房地产投资信托（REITs）法律制度研究

专题十四　廉租房房地产投资信托的域外经验及其借鉴
专题十五　中国廉租房 REITs 模式设立中的法律问题分析
专题十六　廉租房 REITs 的困境与脱困
专题十七　廉租房 REITs 风险防范之法律制度研究
专题十八　公租房 REITs 的瓶颈与出路
专题十九　经济适用房 REITs 的路径依赖与法律构建

专题十四　廉租房房地产投资信托的域外经验及其借鉴[*]

李　智

（上海大学法学院，上海　200444）

目　次

一、消除迷思：房地产投资信托消极属性的诠释

二、制度移植：我国廉租房建设引入房地产投资信托的"试水"和困境

三、他山之石：美国和我国香港特别行政区廉租房房地产投资信托的经验

四、突破瓶颈：我国廉租房房地产投资信托制度之构建

摘　要：当下，如何解决保障性住房融资问题，已成为中央和地方政府及业界关注的焦点。目前，我国的廉租房建设资金缺口较大。而20世纪60年代发端于美国且在我国香港特别行政区得到推行的廉租房房地产投资信托制度在廉租房建设融资中具有多重优势，因此，在我国将房地产投资信托引入廉租房建设融资之中既有必要也切实可行。借鉴美国和我国香港特别行政区的成功经验，我国廉租房房地产投资信托制度之构建应从设立方式、运行模式、风险监督模式、准入和退出机制等方面进行。

关键词：信托法；房地产投资信托；消极属性；廉租房

在当前建设和谐社会的进程中，如何解决低收入家庭的住房问题，是从中央到

---

[*] 本文载于《法商研究》2012年第3期(法学类CSSCI)。

地方各级人民政府必须面对的重大民生问题。廉租房作为保障性住房之一,是政府向具有本地区非农业常住户口的最低收入家庭和其他需保障的特殊家庭提供租金补贴或以低廉租金配租的具有社会保障性质的普通住宅。它无疑对解决城镇最低收入者的住房问题发挥了积极作用。目前,我国廉租房的供给远远不能满足需要,在资金筹集方面,单纯依赖政府财政资金的支持已成为"过去式",因此,拓宽廉租房建设的融资渠道成为各级人民政府的当务之急,而在美国和我国香港特别行政区推行的廉租房房地产投资信托制度或许可以为我国的廉租房建设融资提供借鉴。房地产投资信托是一种采取公司或信托基金的组织形式,以发行收益凭证的方式汇集特定多数投资者的资金,对收益类房地产进行收购并持有,将收益以一定的比例分配给投资者的信托形式,是20世纪60年代发端于美国的房地产证券化产品。自20世纪80年代开始,美国政府尝试运用房地产投资信托进行廉租房建设,特别是1986年低收入住房返税政策颁布后,廉租房房地产投资信托开始受到投资者的热捧。因此,积极借鉴域外经验,将房地产投资信托这种金融创新工具引入廉租房融资中已成为政府及业界关注的焦点。有鉴于此,笔者拟对廉租房房地产投资信托作番探究,以期对解决我国廉租房的融资问题有所助益。

一、消除迷思:房地产投资信托消极属性的诠释

房地产投资信托是一种介于房地产与股票之间的投资工具。它与生俱来的消极属性遮蔽了人们的双眼,令人们陷入迷思之中。这种迷思有时甚至使最勇敢的投资者也避开了这方面的投资。因此,诠释房地产投资信托的消极属性,消除迷思,对房地产投资信托投资于廉租房建设有着重要意义。下面分述之。

(一)迷思之一:**房地产投资信托可否涉猎房地产的积极业务?**

长期以来,房地产投资信托被房地产投资者看作是股票投资,股票投资者则将它看作是房地产投资。[1] 而对于它的消极属性,人们更是知之甚少。所谓房地产投资信托的消极属性,是指它向股东或受益人分配的股息收入应以房地产租金和房地产抵押贷款利息等消极收入为主体,而不能从房地产开发和销售以及饭店、宾

---

[1] 参见[美]拉尔夫·布洛克:《房地产投资信托》,张兴、张春子译,中信出版社2007年版,第59页。

馆的经营等以提供服务为基础的积极业务中获得收入。房地产投资信托的消极属性是从1960年美国法律创设房地产投资信托制度时就强调的一个基本理念。[2]

房地产投资信托具有消极属性的原因有二：(1)房地产投资信托立法的推动者将当时已经给予投资公司的税收优惠适用于房地产投资信托。与此同时，这些推动者认为投资公司的本质就在于其仅仅是进行消极的投资活动，不涉猎积极业务。既然如此，房地产投资信托拥有房地产或房地产抵押贷款，其收入的来源就应当是房租或利息，这与投资公司的收入来自持有的股票或债券的股息或利息是同样的道理，都是取得消极收入。(2)美国国会担心假如允许房地产投资信托参与积极业务，会使一般的公司以成立房地产投资信托为借口逃税。[3]例如，如果允许房地产投资信托参与积极业务，通用公司就会以其投资于汽车并将收入分配给股东为由，主张其分配给股东的股息不应缴纳所得税。正因如此，房地产投资信托可否涉猎房地产的积极业务成为迷思之一。

(二) 迷思之二：房地产投资信托消极属性是如何得以实现的？

为了实现房地产投资信托的消极属性，《美国税法典》从两方面对其进行了限定：(1)限制房地产投资信托收入的来源，如将直接或间接来自经营和管理房地产的收入排除在外，并明确规定某些收入不能纳入"房地产租金"的范围之内；(2)规定了独立承包人制度，即在权益型房地产投资信托中，必须由独立承包人向承租人提供与房地产租赁有关的服务，而不能由房地产投资信托直接提供。该制度适用的理论基础即是消极投资与积极业务之间的区别。

(三) 迷思之三：房地产投资信托消极属性是走向缓和还是逐渐加强？

1960年的美国立法统一规定向承租人提供的所有服务都由独立承包人完成，以此来严格保证房地产投资信托的消极属性。但是，这一规定在实践中受到人们的抨击。其原因一方面在于该规定过于严苛，另一方面在于消极投资与积极业务的界限不明。有鉴于此，美国国会在坚守房地产投资信托消极属性的前提下逐步

---

[2] See Charles E Wem III, "The Stapled REIT On Ice: Congress' 1998 Freeze of the Grandfather Exception for Stapled REITs", *Capital university Law Review*, Vol 28, 1999-2000, p. 720.

[3] See "Managing the Real-Estate Investment Trust: An Alternative to the Independent Contractor Requirement", Harvard Law Review, Vol 107, 1993-1994, note 54, pp. 1126-1127.

通过立法对上述规定予以修订,使房地产投资信托的消极属性走向缓和。[4] 其具体表现在如下方面:(1)1976年《美国税制改革法》开始允许房地产投资信托向承租人提供与出租房地产相关的常规服务;[5](2)美国财政部曾在对房地产投资信托的特别裁定中指明了获许的服务项目,这些项目包括租赁事宜(要约邀请、租赁合同谈判、收取租金等)、房地产维护(涉及建筑物、配套设施、预警系统、共有部分、专有部分等)、水电暖供应、安全保卫及自动售货机等;[6](3)1999年《美国房地产投资信托现代化法》更允许由房地产投资信托的应税子公司向房地产投资信托的承租人提供服务。通过上面的分析,笔者认为可以消除上述三大迷思,并得出如下结论:房地产投资信托可以涉猎房地产的积极业务,房地产投资信托消极属性乃源于《美国税法典》的严苛规定,应适应时代要求走向缓和。

二、制度移植:我国廉租房建设引入房地产投资信托的"试水"和困境

(一)廉租房建设引入房地产投资信托的尝试

2007年1月,为了稳定金融秩序,中国人民银行开始围绕房地产投资信托研究制定相关政策,并提出:首先在银行间市场发行第一批面向机构投资者的房地产投资信托,通过这种试点来积累立法和监管两方面的经验,当风险可控之后,再推出面向个人投资者的房地产投资信托。[7] 同年4月,中国证券监督管理委员会(以下简称中国证监会)正式成立"房地产投资信托专题研究领导小组"。但是,由于同年美国次贷危机的爆发,有关部门只好暂停了房地产投资信托的试点工作。美国的次贷危机引发了全球性的经济危机,国内要求推出房地产投资信托的呼声又再次传来。2008年3月,中国银行业监督管理委员会(以下简称中国银监会)召集五家信托公司起草了《信托公司房地产投资信托业务管理办法(草案)征求意见稿》。同年12月,国务院出台九条促进经济增长的政策措施,首次提出将房地产投

---

[4] 参见杨秋岭:"美国不动产投资信托研究",《清华法学》2008年第2期。
[5] 遗憾的是,该法案对什么是常规服务没有作出明确的界定。
[6] See Managing the Real-Estate Investment Trust: An Alternative to the Independent Contractor Requirement, Harvard Law Re-view, Vol 107,1993 - 1994,note 54,pp. 1135 - 1139.
[7] 参见叶子:"房地产信托投资基金如何破题",Http://finance.sina.com.cn/roll/20090311/19405963142.shtml,2012 - 03 - 05。

资信托作为一种融资创新方式。

2009年,北京、天津、上海三地获批开始进行房地产投资信托的试点工作。北京、天津、上海三地的试点方案各有侧重:北京偏重商业地产,天津以保障性住房为投资对象,上海则以商业地产为资产池对象。2010年5月,中国人民银行出台《银行间市场房地产信托受益券发行管理办法》,同时汇集各地的试点情况上报国务院。

从天津保障性住房房地产投资信托方案来看,其选取的地点均在滨海新区,由天津市房地产开发经营集团有限公司(以下简称天房集团)主导设计。其操作模式是将天房集团保障性住房的物业资产打包抵押给信托公司,再由信托公司设计金融产品然后在银行间市场流转。[8] 天津保障性住房房地产投资信托的方案经由中国人民银行通过后上报国务院。上海方面也由原来的四大国有地产集团——张江集团、金桥集团、外高桥集团、陆家嘴集团——的商业物业转向为保障房设立房地产投资信托。[9] 据媒体披露的上海浦东房地产投资信托方案,就是由上述四大国有地产集团联合发起,发行规模为35亿—45亿元,发行期限为10年;所涉物业资产包括办公楼、厂房、商业楼宇、社区配套设施等。[10] 北京的具体方案目前仍然不得而知。

(二) 廉租房建设引入房地产投资信托的可行性

在北京、天津、上海三地的试点方案中,虽然有的以商业物业打包、有的以工业物业打包做房地产投资信托,但最后都以保障性住房为主打方案。出现这种转变的原因是什么? 笔者认为有如下几点。

1. 我国廉租房融资中的困境

廉租房融资中的困境具体表现为:(1)资金缺口大。据报道,2011—2013年3年国内保障性住房建设规模将达9000亿元,其中一大部分是廉租房,而政府工作

---

[8] 参见黄前柏:"保障房REITS叩关",《新理财(政府财经)》2010年第10期。
[9] 参见张丽华:"公租房做REITs或更合适",《第一财经日报》2010年8月3日。其中浦东所承诺的保障性住房建设,包括廉租房、公租房等。
[10] 参见吴芳兰、阮奇:"浦东REITs募资投向锁定保障性住房建设",《上海证券报》2010年8月19日。

报告预算的保障安居工程用款为 4000 亿元,两者有 5000 亿元资金缺口。[11](2)地方政府积极性不高。地方政府出于拉动地方国内生产总值(GDP)增长的考虑,往往更倾向于商品房开发,而对建设廉租房的积极性不高。由于廉租房建设的资金来源主要是国家财政支出,而中央和地方的财政联系密切,"当财政吃紧的时候,廉租房建设资金就可能在一定程度上被挤占"。[12](3)融资渠道单一。目前,我国廉租房建设的资金主要来源是财政支出、住房公积金增值收益和社会保障资金等。而长期以来,银行贷款是我国房地产融资的最主要途径。近期虽然有国家开发银行及一些商业银行的高调参与,但金融机构为控制风险,仍然要求满足担保等贷款条件。廉租房的融资方式单一已成为制约我国廉租房建设的一大瓶颈。

2. 房地产投资信托参与廉租房建设的优势

发行房地产投资信托基金就可以很好地解决廉租房建设融资中的难题,包括后续建设资金不足,也包括银行贷款意愿不强、财政支持跟不上等现实问题。不仅如此,房地产投资信托参与廉租房建设还具有如下优势:(1)低门槛易于吸收小投资者参与。在美国,合股公司一般要求每股最低投资额至少 15000 美元,而房地产投资信托每股只需 10—25 美元,低认购门槛无疑有助于扩大房地产投资信托的投资群体。目前中央力主调控房价,而廉租房建设资金缺口又非常之大,此时推出房地产投资信托显然为民间资本的投资开辟了一个全新的领域。(2)提高地方政府建设廉租房的积极性。房地产投资信托通过吸纳社会闲散资金的参与,一方面可以有效缓解地方政府的财政压力,并分散基金的相关风险,由此"提高各级政府建设廉租房的积极性,增加主动供给,缓解城镇商品住宅价格的上涨压力"[13];另一方面,可以满足社会的部分刚性需求,改善住宅需求市场的结构,从而促使房地产开发和住宅投资趋于理性。(3)廉租房只租不售收入稳定。廉租房建成后,采取只租不售的形式,完全符合房地产投资信托的消极属性。廉租房出租后由于有政府的财政补贴作为后盾,同时又通过分散投资来控制风险,因而与一般的房地产项目

---

[11] 参见刘关:"孟晓苏:廉租房 REITs 恰逢时",《中国房地产报》2010 年 5 月 31 日。
[12] 参见何芳、王宇:"我国廉租房建设融资的金融创新研究",《上海房地产报》2007 年第 3 期。
[13] 参见王一峰:"关于推行廉租房 REITs 融资模式的 SWOT 分析",《新金融》2011 年第 5 期。

相比,廉租房房地产投资信托的运营更加稳定。(4)盘活住宅存量。由于房地产投资信托产品的出现,存量住房的租金水平、空置率因此可以得到合理控制。这不仅有利于盘活住宅存量,而且可以有效影响增量(新开发)住房市场的价格和数量。由此政府可以调整廉租房的目标定位和保障标准以达到调控整个房地产市场的目的,从而促进住宅产业的可持续发展。[14]

由此观之,"以廉租房或保障房建设为投资对象打包房地产投资信托,为保障性住房建设融资,在房地产宏观调控未松口的当下,看起来是较为应景和务实的选择"。[15] 以廉租房为投资对象推出房地产投资信托,显然不失为打破政策瓶颈的一个突破口。

(三) 廉租房建设引入房地产投资信托的困境

尽管房地产投资信托与廉租房建设结合的前途是光明的,然而在目前廉租房房地产投资信托的实施过程中仍然面临以下重重困境:(1)在廉租房房地产投资信托的设立过程中面临的问题具体包括:组织形式是选择公司型还是契约型,资金投向是选择权益型还是抵押型,募集方式是采用公募还是私募,发起人的组成如何,准入条件和标准,等等。(2)在廉租房房地产投资信托的实施过程中面临的问题具体包括:受托人应如何遴选,廉租房房地产投资信托房产登记如何进行,受托人的破产隔离问题,如何进行收益分配,税收能否得到优惠,等等。(3)在廉租房房地产投资信托运行过程中面临的风险管理问题具体包括:信息披露的机构和环节,是否允许关联交易,关联交易的范围应如何界定,等等。(4)在廉租房房地产投资信托运行过程中面临的监管问题具体包括:内部监管应由哪个机构履行监管职责,政府部门应通过法规对哪些具体问题进行外部监管,等等。(5)廉租房房地产投资信托面临的退出问题具体包括:退出事由应具体包括那些事项,后续事宜的处理等等。

---

[14] 参见刘颖、马泽方:"破解保障性住房融资瓶颈之策:REITs模式",《河北经贸大学学报》2011年第5期。
[15] 张丽华:"上海REITs探路保障房融资",《第一财经日报》2010年7月30日。

三、他山之石：美国和我国香港特别行政区廉租房房地产投资信托的经验

在重重困境面前，我们有必要把目光移向境外，从房地产投资信托发源地美国到我国香港特别行政区，将他们的廉租房房地产投资信托经验作为可以攻玉的他山之石。

（一）美国经验

1. 税收优惠"特别法"

20世纪60年代美国开始出现廉租房房地产投资信托。因当时投资收益率低、风险较大，故廉租房房地产投资信托未能受到投资者的青睐。直到1986年低收入住房返税政策出台，廉租房房地产投资信托才开始受到美国投资者的追捧。低收入住房返税政策明确规定：任何房地产投资信托，只要其所建住宅能为60%以上的当地平均收入家庭所接受，且这种购买力持续达10年，政府即承诺将在10年内返还占整个工程造价4%的税费，同时在10年内分期返还减免额。[16]

据美国财经杂志《霸荣周刊》的统计，低收入住房返税政策使得廉租房房地产投资信托的收益率提高到了7.5%—8%，由此打消了投资者固有的关于投资和开发廉租房利润低的种种顾虑，并大大激发了房地产投资信托投身廉租房建设的热情。[17] 1986—1995年，美国共有80万套中低档住房投放市场，其中很大一部分是房地产投资信托投资的廉租房项目，这是实例之一。另据美国统计局数据显示，从1995年至今，美国每年对廉租房的需求稳定在10万套左右，此为例证之二。[18]

2. 投资组合多样化

廉租房房地产投资信托通过多元化的投资组合，与不同地区和不同类型的房地产项目相结合，同时将部分资金投放到其他类型的资产上，以此来提高自身的风

---

[16] 参见巴曙松："廉租房融资应市场化运作"，http//www.chinahouse.info/html/ZJLT-zjlW/2006-9/22/09-19-26-706.html，2011-12-29。
[17] 虽然到2005年，由于有消息说低收入住房返税政策相关税收优惠可能被取消，使得廉租房投资受到一定影响，但不可否认的是这个优惠政策对房地产投资信托投资于廉租房建设无疑是一支强心剂。
[18] 参见杨铭："美国廉租房REITs：新赢利模式突围"，《中国房地产报》2011年12月1日。

险规避能力。在美国政府不断紧缩的货币政策下,联合地产及家庭资产房地产投资信托凭借提高管理费和租金等措施,有效保障了廉租房资产的盈利能力。"从1995年到1998年,家庭资产房地产投资信托的收入增长了52%,其中42%的增长就是来自于管理费的增长。"[19]

3. 融资渠道多元化

因低收入住房返税政策中的相关税收优惠可能被取消,故自2005年以来大批投资者退出廉租房市场。为维持在廉租房市场中的地位,一些廉租房房地产投资信托纷纷开拓新的投资渠道。例如,社区发展信托(Community Development Trust,以下简称CDT)是美国目前唯一一家专门投资于廉租房资产的非上市房地产投资信托,当别的房地产投资信托持续抛售廉租房时,CDT却在不断买进,以期在廉租房的发展中占有更大的市场份额。CDT敢于逆市而行的根本原因,就在于其开辟了独特的融资渠道,如国有住房机构等。[20] 另外,CDT还发展了银行和保险公司等金融机构这些新客户。多样化的融资渠道就使得在廉租房房地产投资信托竞争加剧的情况下,CDT仍然能吸引不少机构投资者。

(二) 香港经验

香港领汇房地产投资信托基金是香港特别行政区政府拥有的大型房地产基金。2005年该基金成功发售,香港特别行政区政府通过此单回笼了200亿港元的资金。其中,海外募集资金占70%,达140亿港元,开创了当年全球同类上市基金之最。[21] 香港特别行政区政府将房地产投资信托用于廉租房建设的成功经验主要有以下几点:

1. 投资组合"散、集、广"

领汇房地产投资信托基金所收购的物业组合包括180项物业,其中149项为综合零售及停车场设施,2项为独立零售设施,29项为独立停车场设施。该投资组合的特点是:(1)项目位置分散。其投资组合的151项零售设施中,新界地区有86项,九龙地区有50项,港岛地区有15项;178项停车场设施中,新界地区有101项,

---

[19] 参见杨铭:"美国廉租房REITs:新赢利模式突围",《中国房地产报》2011年12月1日。
[20] 而这些融资渠道是不向公众地产投资信托开放的。
[21] 参见王佳佳:"香港领汇事件始末及其对中国的启示",《银行家》2005年第2期。

九龙地区有61项,港岛地区有16项。这些物业单位高度分散,很少依赖单一物业。(2)集中于公共房屋区域。领汇房地产投资信托基金投资的物业位于公共房屋内,其目标客户主要是公屋的住户。(3)物业广布全港。领汇房地产投资信托基金投资的物业遍布全港,包括港岛、九龙及新界,其涉及的公屋住户达到全港人口的40%。[22]

2. 资产管理"两分类"

领汇房地产投资信托基金将其资产管理分成两类:一是物业组合管理,即通过外聘物业管理代理、管理层按地区划分和对停车场营办商进行重新组合及编配,有效地提高了服务效率;二是租赁业务管理,即管理者采取灵活的租赁策略,不仅分期修缮和翻新,而且还订立按营业额分成收取租金的合约。由于租赁业务的改善,管理者也分享了业绩增长的成果。

3. 收益分配"稳中升"

根据领汇房地产投资信托基金2007年年报,截至2007年3月31日财政年度,管理人计划将总计14.4亿港元的可分派收入全部分给基金持有人。其全年度分派的收入为67.43港元/份,较发售时承诺的截至2007年3月31日年度分派61.76港元/份高出了9.2%。[23] 显然,领汇房地产投资信托基金的收入分配不仅稳定,而且稳中有升。

四、突破瓶颈:我国廉租房房地产投资信托制度之构建

美国投资者对房地产投资信托的热捧现象每隔几年就出现一次,在此期间,房地产投资信托组织却依然默默地实现经营基金的增长,并稳定地向股东支付利息。[24] 然而在我国,不仅北京、天津、上海三地房地产投资信托试点方案从批复至今在实践中步履维艰,而且其他地方政府希望以保障房为突破口的房地产投资信托方案也大多未获批准。"至于数次难产的原因,主要是央行担心市场对房地产投

---

[22] 参见付铮铮:《我国廉租房建设引入REITs融资模式的研究》,湖南大学金融学院2009年5月硕士学位论文,第16—17页。

[23] 参见杨勋:"盈利14.41亿港元超预期领汇基金首份年报亮相",http://www.p5w.net/stock/hkstock/gsxx/200706/tl014412.htm, 2012-03-16。

[24] 参见[美]拉尔夫·布洛克:《房地产投资信托》,张兴、张春子译,中信出版社2007年版,第190页。

资信托有所误认为是国家在继续支持房地产。"[25]尽管如此,实务界各方人士仍然渴望推出廉租房房地产投资信托。因此,打破廉租房房地产投资信托的政策瓶颈,探讨其制度选择,为其提供法律支持,构建完善的制度非常必要。下面分述之。

(一) 设立方式之选择

1. 组织形式

我国廉租房房地产投资信托宜采用契约型房地产投资信托的组织形式。在美国,廉租房房地产投资信托多采用公司型信托形式,而其他大部分国家和地区则更倾向于采用契约型信托形式。我国目前既有中国银监会提出的契约型房地产投资信托,也有中国证监会提出的公司型房地产投资信托。公司型房地产投资信托在《中华人民共和国公司法》和税法的约束之下;契约型房地产投资信托在《中华人民共和国信托法》(以下简称《信托法》)的规范之下,由于不涉及税收、投资者的监督,因此可以避开有关公司所得税的规制。相比而言,中国银监会的方案比较保守,利润较小但收益稳定、风险不高。[26]考虑到我国廉租房运营和房地产投资信托都处于萌芽期,风险控制是重要因素,因而采用契约型房地产投资信托更为妥当。当未来相关法律体系健全后,再逐步实施公司型房地产投资信托也未尝不可。

2. 募集方式

我国廉租房房地产投资信托的资金目前应通过定向募集,重点以大型的投资机构和社保基金为目标,同时在一定程度上向社会公众募集。尽管目前既有中国人民银行设计的私募方案,也有中国证监会设计的公募方案,[27]但从国际经验上看,私募方式本身带有较大的市场风险和政策风险,且在很大程度上依赖机构投资者,而我国机构投资者尚未充分发展,它们受国家法律法规的种种约束,因而在投

---

[25] 参见周义、李梦玄:"公共租赁房融资创新的REITs研究",《武汉金融》2011年第9期。
[26] 参见周义、李梦玄:"公共租赁房融资创新的REITs研究",《武汉金融》2011年第9期。
[27] 参见周义、李梦玄:"公共租赁房融资创新的REITs研究",《武汉金融》2011年第9期。中国人民银行设计的房地产投资信托主要面向机构投资者,带有一定的私募性质;而中国证券监督管理委员会的方案则属于公募性质,同时面向机构和个人投资者,作为试点方案风险比较大。

资方向上受限较多。[28]而且私募方式以前还受到中国人民银行2002年制定的《信托投资公司资金信托管理暂行办法》第6条的限制。这意味着信托投资计划只能以私募的方式来开展。而在中国银监会2007年发布的《信托公司集合资金信托计划管理办法》中,这条广为学者诟病的规定被删除,取而代之的是"单个信托计划的自然人人数不得超过50人,合格的机构投资者数量不受限制"[29]的规定。这使得廉租房房地产投资信托计划的规模得以扩张。

3. 出资方式

我国廉租房房地产投资信托的出资方式应按照《中华人民共和国证券投资基金法》的规定组建发起人,以政府掌控的大型机构、信托公司、大型房地产企业等为主。由其中的大型机构将自有的物业评估作价后参股,组成类似国外的伞形合伙模式,这样可减少政府的另外出资。"采用伞形模式,房地产投资信托可以通过增加有限责任合伙人的数目,不断壮大资产规模,同时可以弥补房地产投资信托内部资本的不足。"[30]

4. 资金投向

我国廉租房房地产投资信托宜采用权益型房地产投资信托。依据资金投向的不同,房地产投资信托可以分为权益型、抵押型和混合型三类。权益型房地产投资信托是投资并持有廉租房,主要收入来源为廉租房的租金。抵押型房地产投资信托主要为房地产公司和具体项目融资,以房地产贷款的利息为主要收益。混合型房地产投资信托则结合了两者的特点,既持有部分物业,又从事抵押贷款。权益型房地产投资信托主要以房地产的租金为收入,与廉租房依赖租金的特点相符,且与其他两种模式相比受利率的影响较小,可以更好地规避利率风险。[31]从世界范围看,权益型房地产投资信托是最重要的形式。2001年美国市场中,权益型房地产投资信托资产规模占到了房地产投资信托资产总数的91%。香港目前已上市的三个房地产投资信托都选择了权益型这种类型。此外,中国银监会2005年颁布的

---

[28] 参见李静静、杜静:"保障性住房融资中运用REITs的探讨",《工程管理学报》2011年第1期。
[29]《信托公司集合资金信托计划管理办法》第5条第3项。
[30] 马涛:"运用REITs大力推进廉租房建设",《证券时报》2010年9月10日。
[31] 参见何芳、王宇:"我国廉租房建设融资的金融创新研究",《上海房地》2007年第3期。

《关于加强信托投资公司部分业务风险提示的通知》明确提出了发行抵押型基金的限制条件。在我国廉租房建设任务紧、资金短缺的背景下,权益型房地产投资信托是廉租房房地产投资信托模式的合理选择。

(二) 运行模式之选择

1. 受托人资格遴选制度

依据《信托法》第 24 条的规定,法人和具有完全民事行为能力的自然人都是合格的受托人。由于廉租房房地产投资信托具有较高的增值需要,因此廉租房房地产投资信托不能以具有完全民事行为能力的自然人为受托人,而应挑选具有信托执业资格、房地产专业和运营管理能力的机构为其受托人,否则廉租房房地产投资信托的盈利能力和透明度将难以保证。受托人资格遴选制度应包括明确规定廉租房房地产投资信托的合格受托人资格、选任标准、选任程序以及选任结果公示等。

2. 廉租房房地产投资信托房产登记制度

《信托法》第 10 条规定了信托登记制度,即通过公示方式将对有关财产设立信托的事实向全社会公布,但这种信托登记只针对特定的财产,一般只限于法律、行政法规规定应当办理登记手续的财产。就廉租房房地产投资信托而言,被收购的公房通常是当地房地产管理部门代管的直管公房,应属于国有资产。同时按照信托合同登记备案制度,也应建立合同履行档案,以便对进行受托的廉租房资产进行定期检查。此外,物权法就不动产物权的设立、变更、转让和消灭作了严格规定。因此,廉租房房地产投资信托项目作为一种信托财产,应该严格按照住房和城乡建设主管部门的有关规定办理房屋的信托登记。但是,目前信托登记制度迟迟未能出台,这成为制约推进廉租房房地产投资信托的一大障碍。

3. 受托人破产隔离制度

在廉租房房地产投资信托的运作中,政府设立的专门机构将资产"真实出售"给受托机构,政府由所有人变成持有信托单位份额的投资人,而受托机构变成了该项目的所有人,以自己的名义处分该资产。这样一来,廉租房项目与其他资产实现了"破产隔离",成为独立的信托财产。廉租房物业经营的社会福利性和公益性与专业房地产资产管理公司的营利性常常产生冲突,可能会因租金未能达到预期盈利标准产生受托人破产的风险。而《信托法》目前仅规定信托财产与受托人破产风险的隔离,[32]因此受托人破产隔离制度有待完善。

此外,破产隔离中需要考虑道德风险问题。如果破产是因管理不善所致,且受托人没有对信托财产发生道德风险,当受托人破产时,信托财产的权利义务将转由新的受托人继承;如果受托人在管理信托财产过程中发生了道德风险,则该信托财产将无法实现与受托人破产财产的风险隔离。为对受托人的道德风险实施有效的约束和控制,考虑到《信托法》中尚未明确信托财产的独立性,因此应着手修订《信托法》,通过对信托财产转移所有权的承认,完善破产隔离机制。[33] 另外,还应引入基金托管中独立托管人制度,明确规定托管人的资格和职责。

4. 收益分配和税收优惠

目前,广东深圳、上海和天津规定廉租房的月租金为每平方米1元,而海南和其他部分省份则定为每平方米0.5元,一般廉租房年租金回报率还不到1%。与其他物业资产打包后的年租金回报率也不到4%。[34] 如果廉租房要通过房地产投资信托融资,每年向信托公司或基金管理公司缴纳的管理费至少为房地产投资信托产品市值的0.5%—1%。因此,收益率只有达到5.5%以上,该产品才可以满足上市的要求。

实际上廉租房房地产投资信托在实施过程中可采用两种方式弥补收益不足:(1)税金减免,以满足房地产投资信托公开上市发行以及持续运营的需要。目前普通商品房开发土地成本占总开发成本的1/3,而廉租房没有此项成本,若能同时获得税收减免,廉租房的开发成本将低于普通商品房的开发成本,这种优势可以弥补租金低廉带来的收益不足。因此,政府应明确规定廉租房房地产投资信托的税收优惠减免政策:首先参照国际通行的惯例,一方面对廉租房房地产投资信托的租金收入免征营业税和房产税,另一方面对以扩充廉租房源为目的购置的房产免征

---

[32] 一般而言,完整的信托破产隔离应包括信托财产与委托人破产风险的隔离和与受托人破产风险的隔离两方面。
[33] 根据《中华人民共和国信托法》第2条的规定,可以认为信托财产只是委托给受托人进行管理或处分,并未明确为受托人所有,受托财产的所有权仍然在委托人手中。
[34] 参见王一峰:"关于推行廉租房REITs融资模式的SWOT分析",《新金融》2011年第5期。

契税、印花税等;[35]其次,参照国债投资的税收减免政策,明确规定对廉租房房地产投资信托产品的利息(股息)收入免征所得税。[36] (2)采用投资组合战略。在投资物业的选择上,由于廉租房和经济租赁房同为出租型物业,有稳定租金收益,将两者以适当比例结合,可以满足房地产投资信托分红的需要。另外,还可以适当搭配商业物业,将廉租房和周边商铺、停车位以及底层商铺一起打包,用后者的收入补充廉租房的租金收益。[37] 这样可以有效增强廉租房房地产投资信托的盈利能力和投资吸引力。

(三) 风险监管模式之选择

1. 信息披露制度

目前我国尚未制定关于房地产投资信托的相关法律,更没有统一的信息披露制度体系。有关信息披露的规定,只在《信托法》、《信托投资公司信息披露管理暂行办法》和《关于信托投资公司集合资金信托业务信息披露有关问题的通知》等文件中有所涉及。这无法满足契约型房地产投资信托有关信息披露的要求。负有信息披露义务的房地产投资信托有关机构在发行和运作房地产投资信托时至少应该披露以下内容:"(1)机构年度审计报告;(2)公司及其相关人员的责任与义务;(3)信托公司拟投向的项目调查报告;(4)募集到的信托资金的运用范围及信托财产评估的程序和方法;(5)投资计划潜在的风险和风险出现时可能损失的情况;(6)投资计划所遵循的风险投资政策、拟采取的风险管理策略和监控手段,并说明理由。"[38]通过完善信息披露制度,房地产投资信托运作的透明度可以大大提高,投资者对受托人的监管也大大加强,可以有效地避免出现因信息不对称而导致投资者利益受到侵害的情形,达到维护投资者合法权益的目的。

2. 关联交易制度

关联交易主要是指关系人[39]之间的交易。对于是否允许进行关联交易,各个

---

[35] 参见黄瑞:"REITs 在公共租赁住房融资中的应用",《经济论坛》2011 年第 5 期。
[36] 参见陈伦盛:"保障性住房建设中的 REITs 融资研究",《经济论坛》2011 年第 8 期。
[37] 参见刘关:"天津廉租房 REIT 过关央行",《中国房地产报》2010 年 8 月 12 日。
[38] 陈磊:"REITs 参与廉租房建设的探讨",西南财经大学金融学院 2010 年 5 月硕士学位论文,第 36 页。
[39] 所谓关系人的范围,参考我国香港特别行政区的立法例,既包括受托人、物业管理公司和信托单位的重大持有人(持有该计划已发行单位 10%以上的),还应该包括上述公司的高级管理人员、控权实体、控股公司、附属公司及有联系的公司等。

国家和地区立法不同：一是禁止关联交易，这种做法以日本为代表；二是允许关联交易，但要经过认可，这种做法以我国香港特别行政区为代表。笔者认为，我国内地应该借鉴我国香港特别行政区的做法，允许一定范围的关联交易，同时明确规定具体的交易范围并进行公告，再经信托公司或者信托单位持有人大会认可后才能进行公开交易。[40]

3. 租金专用账户制度

由于房地产投资信托收益中至少90%要用于股东的红利分配，属于需要稳定收入的固定收益类产品，因此租金是否能够按期收回将直接影响房地产投资信托的投资价值。为避免在租金收取过程中出现的各种纠纷，一方面应设立廉租房租金管理专用账户，直接将政府的相关政策性补贴、住房公积金补贴资金归入该专用账户；另一方面，若承租人不按时足额缴纳租金，可通报承租人所在单位，由所在单位直接从承租人的工资账户中划扣。这不仅给住户提供了便利，也可以有效防止抗租行为的发生。

4. 监管体系

廉租住房是准公共产品，关系到广大最低收入者的基本生活需求问题，也涉及国家的稳定和长治久安，因此在廉租房房地产投资信托运行过程中要加强监管。笔者认为，对廉租房房地产投资信托的监督应采用上级主管部门和行业协会组成的监管体系，即由中国证监会作为房地产投资信托的上级监管部门牵头负责，成立房地产投资信托协会来实现内部自律监管，由住房和城乡建设部住房保障部门从外部对收购、新建廉租房的过程进行监管。另外，廉租房房地产投资信托同时涉及房地产业、证券行业和基金管理行业，且这些行业的监督制度还很不完善，因此，建立由信托投资公司、商业银行、证券公司等组成的多元化投资机构体系势所必然。

(四) 准入和退出机制之选择

1. 准入机制

逐步建立统一的个人信用制度和个人收入申报制度，随时依据各地的经济发展水平、消费水平和居民收入，对低收入标准进行相应的调整，以建立规范的廉租

---

[40] 参见雷颖君、郭静、易琳："城市保障性住房的金融支持立法研究"，《法学杂志》2011年第1期。

房房地产投资信托对象的准入机制。我们完全可以借鉴我国香港特别行政区公屋的做法。廉租房的设计以小户型为主,对申请人推行排队制,即对符合条件的申请人,依据申请先后、兼顾高龄申请人的原则来分派廉租房,同时将所有信息公开,置于社会监督之下。[41]

2. 退出机制

为维护投资者的合法权益,廉租房房地产投资信托应就其退出事由作出明确的规定:当约定的存续期限届满、破产、法院判决终止、信托单位持有人大会决定终止、主管机关所定之重大事由发生时,廉租房房地产投资信托应予强制终止。[42]

房地产投资信托作为廉租房产权所有者,有权选择出售或者出租廉租房,但廉租房是保障性住房之一,其出售或出租必然受到政策的种种约束。因此,在出售廉租房时,规定购房者应满足两个条件:一是购房者应为低收入保障群体;二是房地产投资信托持有达到 20 年,在 20 年之后完成了廉租房的保障性使命,才可以在市场上进行交易。[43] 在廉租房供不应求的情况下,这种做法可以防止廉租房成为新的敛财工具。

物业公司可定期核查廉租房的实际租住人,当发现转租或不合格的租户时,应及时报告给廉租房委员会,由廉租房委员会查实后予以收回。由廉租房委员会再按条件重新分配,确保实际租住人为合格的低收入者。[44]

3. 后续事宜

当廉租房房地产投资信托发生退出情形时,一方面应及时将该信息通知信托单位持有人,另一方面应向大众进行公告。与此同时,信托公司应组织清算组对信托财产进行清算。

---

[41] 参见黄瑞:"REITs 在公共租赁住房融资中的应用",《经济论坛》2011 年第 5 期。
[42] 参见雷颖君、郭静、易琳:"城市保障性住房的金融支持立法研究",《法学杂志》2011 年第 1 期。
[43] 参见郑磊:"浅析 REITs 在廉租房建设中的应用",《中国房地产金融》2010 年第 7 期。
[44] 参见黄瑞:"REITs 在公共租赁住房融资中的应用",《经济论坛》2011 年第 5 期。

专题十五　中国廉租房 REITs 模式设立中的法律问题分析[*]

李　智[1]　高　洁[2]

(1. 上海大学法学院，上海 200444，2. 北京市中伦(上海)律师事务所，上海 200120)

目　次

一、廉租房 REITs 模式的发展概况
二、中国廉租房 REITs 模式设立中的问题
三、中国廉租房 REITs 模式设立法律环境之完善
四、中国廉租房 REITs 模式设立机制之借鉴

摘　要： 发端于美国并成熟于美国的新型融资模式——房地产投资信托 REITs，已经被世界上多个国家引入，并在设立、运行模式、风险防范上发展得相当完善。美国最早设立廉租房 REITs 模式，并得到了长足的发展，鉴于中国廉租房资金缺口大、国内房地产市场融资模式单一的情况，在中国引入廉租房 REITs 模式势在必行，但借鉴不等于生搬硬套，中国的经济、政治、法律环境与美国不同，在引入中必定会带来不少的问题，笔者就此试分析其中的几个法律问题。

关键字： 廉租房 REITs 模式；法律环境；设立机制

---

[*] 本文载于《资产证券化及其风险之化解》，立信会计出版社 2013 年 3 月第 1 版。
基金项目：上海市教委重点项目《廉租房 REITs：瓶颈与出路》(13ZS067)。
作者简介：李智(1968 年 10 月—)，女，法学博士，上海大学法学院教授。高洁(1986 年 8 月—)，女，上海大学法学院 2010 级法律硕士，现任北京市中伦(上海)律师事务所律师。

一、廉租房 REITs 模式的发展概况

(一) 廉租房 REITs 模式概述

房地产投资信托(Real Estate Investment Trust,以下简称 REITs)这一概念起源于美国,19 世纪 60 年代,美国最早把房地产投资信托这一新型的融资模式引入美国的金融行业。这种商业风险较低、收入相对稳定的投资模式迅速在美国成熟起来,给美国市场带来了新的活力。REITs 促进了美国房地产市场的发展,从而推动了美国经济的繁荣。由于其具有投资方式灵活、投资管理规范、商业风险较低、收入相对稳定等优点,REITs 这一新型投融资模式越来越被了解和认可。世界各国竞相仿效美国、英国、法国、德国、日本、澳大利亚、韩国、新加坡也相继引入了 REITs 这一融资模式。REITs 这种融资模式在世界范围内逐步建立并发展起来,到了 20 世纪 80 年代,REITs 在世界范围内得到了迅速的发展。

廉租房 REITs 模式,是指把 REITs 这种投资模式引入到一国的廉租房建设中去,把一国的廉租房建设与 REITs 相结合。其旨在缓解一国廉租房建设中政府庞大的财政压力和完善本国的房地产市场。在世界范围来讲,REITs 在商业地产方面应用较广。REITs 中发展得较为成熟的也是商业地产。美国最早将 REITs 引入廉租房建设中,并且发展得较为完善,形成了一套完善的廉租房 REITs 运作模式,很好地解决了美国廉租房建设的资金困境,并为房地产引入了更多的民间资本。鉴于中国廉租房资金缺口大、国内房地产市场融资模式单一的情况,在中国引入廉租房 REITs 模式很有必要。

(二) 美国 REITs 的发展现状及美国廉租房 REITs 模式的发展现状

美国 1986 年颁布的《税法改革法》明确了 REITs 项目的税收优惠。[1] 如果整个 REITs 项目中包含相当比例的保障性住房,那么此项目可以得到税收方面的优惠政策。1993 年美国颁布了《综合预算调节法案》,该法案规定:REITs 有"3/50"规则,要求 REITs 所有权要广泛的分散,不得有 5 个主要的投资者拥有超过该

---

[1] 王仁涛:"我国发展房地产投资信托基金的法制环境研究",《经济问题探索》,2005 年 9 期。

REITs发行的50%以上的股票份额;改变了对于养老基金的计算方法,把养老基金的所有者看成是REITs的单独投资人。弱化了5/50规则,弱化了机构投资者投资REITs的束缚,推动了养老基金进入REITs市场。《1999年房地产信托现代化法案》REITs摆脱了公开交易方面的限制,使收益比例从95%降低到90%,使REITs保留了更多的收益并扩大其规模。

廉租房REITs模式在美国发展得较好,美国的AvalonBay社区是美国廉租房REITs模式发展较为完善的典型范例。在美国,AvalonBay Communities的业务发展得较为成熟,遍布美国各个地区。REIT社区是LIHTC法案发布以后的成功范例,并保障了其在市场上的经济效益和经济地位。美国着名的公寓REIT——Aimco(Apartment Investment & Management,公寓投资和管理)的资产组合中,廉租房占有一定的比例。据称在Aimco所拥有资产大约为353处,其中有112项是与廉租房有关的项目。

(三) 其他国家REITs的发展概况及廉租房REITs模式的发展

1. 英国REITs的发展

世界各国中,美国REITs制度的发展一直处于领先地位。除此之外,欧洲对REITs制度的引入和发展也较为完善,其中英国、法国、意大利等国家的REITs发展得较为迅速。在欧洲国家中,英国和法国一直引领着欧洲各国的REITs制度,英国是最早引入投资信托概念的欧洲国家,虽然REITs的投资形式在美国最早正式设立,但REITs的发端确是在英国,只是很长一段时间内,REITs在英国并没有引起足够的重视。英国当局在2003年才开始探讨REITs基金进入市场的可能性问题,REITs基金咨询会的召开为其引入提供了可能性。随后,在2005年英国的财政部门和税务部门联合发布了相关的报告,作为一个良好的开端,该项报告显示了英国当局对REITs项的支持态度。最终在一年之后,英国当局决定在与财政相关的议案中对REITs设立了专项法律。2003年,法国设立了最早的不动产投资信托投资项目,法国的税务机关及时地推出了针对REITs的税收优惠。此举极好地带动了法国REITs的发展,为房地产行业吸引了更多的股东和资金流。

2. 日本REITs的发展

近年来,REITs在亚洲地区发展的前景十分看好,日本、新加坡、中国香港、中国台湾等国家和地区都引入了此种新型的投融资模式。[2] 就目前的形势来看,在日本对这种新型的投融资模式引入得比较成功。由于日本的政治体制、经济发展模式与美国最为接近,因此日本对REITs的引入也最为成功,其对美国的借鉴也最为成熟。2000年,为了引入这种新型的融资模式,日本修改了《投资信托法》,允许投资信托这种新型融资模式进入本国的房地产业。一年之后,日本正式设立了REITs的上市机制,这一项举措使信托投资在日本更加顺畅。到2006年为止,日本REITs发展得如火如荼,在东京交易所和大阪交易所上市的共计二十几家,上市额达到一百八十余亿美元。

3. 廉租房REITs的发展

廉租房REITs模式在美国建立并发展完善之后,世界其他国家也都针对自己国家的国情,对此制度进行了引入。亚洲地区的新加坡和中国香港等地对廉租房REITs模式的引入则根据自己地区和实际情况有所取舍,尚可借鉴。中国大陆也开始设立试点,天津地区和上海地区都建立了相关试点。

二、中国廉租房REITs模式设立中的问题

(一) 中国廉租房REITs模式缺乏完善的法律环境

1. 缺少REITs专项立法

中国并没有出台REITs的专项立法,目前,中国与REITs有关的立法如下:《信托法》、《信托投资公司资金信托管理暂行办法》、《证券法》、《信托公司集合资金信托计划管理办法》、《信托投资公司管理暂行办法》。上述法律法规都是对信托业产品在信托产业的一系列问题做了详细的规范,为REITs在中国的引入提供了法律依据,但REITs与一般的信托产品还是有区别的。REITs在中国的设立与发展,还有望REITs的专项立法的推动,特别是将REITs引入廉租房建设中去,相关的税收优惠的法规和政府补贴的规范化、法律化的推动是必不可少的。

中国目前缺乏REITs的专项立法,虽有一些有关信托的相关立法的规范,但REITs的设立与退出、组织机构、运作机制、风险防范与一般的信托产品不同,较为

─────────
[2] 张仕廉:"中美房地产投资信托法律比较",《中国房地产》,2006年第5期。

复杂。在美国、日本、新加坡等模式发展得较为成熟的国家,都是首先出台了 REITs 的专门法律,之后才陆续开始发行相关 REITs 产品的。如果没有专项立法的规范,REITs 很难在我国真正的设立和发展,廉租房 REITs 自然很难建立。

2. 相关立法不完善

我国缺乏专门的 REITs 专项立法,相关配套的立法也不完善,其作为房地产投融资的新兴渠道,对一国经济环境,特别是房地产经济发展环境有相当高的要求,我国作为一个社会主义法治国家,想要 REITs 能在我国得到长足的发展以激活我国经济发展,这就不仅要求出台房地产行业的专门立法,与专项立法相关的法律环境也需要整体改善,以期建立一个适宜发展的法律环境。

3. 税收政策不明朗

REITs 在美国得到了长足的发展,其因风险低、利润稳定受到广大投资商的喜爱,其中一项重要的因素在于美国税收优惠政策的出台。在一些廉租房 REITs 模式发展比较成熟的其他国家和地区,在把这种新型的投资方式引入到廉租房建设中时,也给予了投资商相应的税收优惠政策。这使 REITs 在廉租租房建设中的应用得到有力的资金支持,唯有如此,才能保持稳定的利润、吸引大量的投资商、引入持续资金流。中国的 REITs 引入和发展始终是一波三折、困难重重,这和中国的 REITs 缺乏税收优惠有着直接的关系。目前中国没有出台专门的有关 REITs 税收的法律,那么投资商的商业利润自然得不到法律的保障,无人问津也就不足为奇了。

(二) 中国廉租房 REITs 模式的设立机制不完善

中国 REITs 起步较晚,在中国,REITs 的引入和发展尚处于探索阶段,法律规定和实践方面经验很薄弱,特别是既没有相关的专项立法,相关房地产投资信托发展的法律环境也不完善。1999 年以后,我国的一些经济学和法学学者才开始关注 REITs 领域,逐渐对国外的一些 REITs 发展较成熟的国家特别是美国,进行了研究。对 REITs 的设立、终止、运作、风险防范、监管等进行一定程度的研究,为我国 REITs 的发展提供了一定的借鉴。

我国的台湾地区和香港地区分别于 2004 年 9 月和 2005 年 11 月正式推出了其 REITs 项目,中国大陆在 2009 年也开始引入 REITs 此种融资模式,国家在北京、天津、上海三个城市建立了试点。北京和上海两个试点都以商业地产为主,天津的投资方向为保障性住房,可以说天津是中国廉住房REITs的第一个也是国家扶持的重点实践区。天津市房地产开发经营集团有限公司主导开发的信托产品,位置选在滨海新区,其运作模式是把试点保障房的物业资产抵押给信托公司,转而由信托公司设计金融产品,之后让产品在银行市场自由流转。三大试点虽有国家支持,但依然一波三折、几次叫停。

由以上中国廉租房REITs的设立和运行中的种种困难而知,中国的廉租房REITs在设立进程中面临着不少的问题。[3] 不管是组织形式、资金投向、募集方式还是出资方式,都没有明确的法律加以细致的界定和规范。廉租房REITs选择公司型或是选择契约型,资金投向方面是采用权益型或是采用抵押型,募集方式方面是选择公募还是选择私募,这都是中国的廉租房REITs模式所面临的亟待解决的问题。

三、中国廉租房REITs模式设立法律环境之完善

(一) 专项立法

除美国外,世界上其他国家也都对本国的REITs发展建立了良好的法律环境,比如,颁布专门的法律,如新加坡MAS1999年《财产基金要则》。日本在2000年修改并完善了投资信托法,2001年日本在东京证交所设立了REITs的上市机制。[4] 2001年下半年,韩国颁行了《房地产投资公司法》,随后,证交所修改、制定了相关一系列条例。[5] "香港证监会"2003年《房地产投资信托基金守则》,对REITs作出规定。[6] 出台有关REITs的法律法规,像美国、新加坡、日本等国一样建立我国的《房地产信托法》,对我国REITs产品的设立与退出、组织机构、运作机制、风险防范、收益与分配的等相关规定做详细的规定。我国目前有关REITs的法律、法规主要有《信托法》、《信托投资公司管理办法》、《信托投资公司信息披露

---

[3] 胡焕:《不动产投资信托(REITs)法律问题研究——以我国廉租房REITs为视角》,西南财经大学2008年5月硕士学位论文,第18页。
[4] 成斌:《我国房地产投资信托基金的发展研究》,东南大学2005年5月硕士学位论文,第12页。
[5] 王钢:"亚洲房地产投资信托发展及对我国的启示",《亚太经济》2005年1期。
[6] 虞蓉:"房地产投资信托基金的中国化发展",《中国招标》2010年第34期。

管理暂行办法》、《信托投资公司资金信托业务管理暂行办法》。《信托法》和《信托投资公司管理办法》作为信托业的基本法和信托主体法,这两部法律是我国信托业的基本法律规范。《信托投资公司资金信托业务管理暂行办法》和《信托投资公司信息披露管理暂行办法》则为资金信托行业的的具体业务规范。[7] 但是像上述国家一样的专门的《房地产信托法》,我国一直没有出台。

(二)相关法律制度的完善

在 REITs 发展得较为完善的国家,其相关立法也较为完备,REITs 的专门立法可以规制并保障 REITs 行业的健康有序的发展,而相关的如《民法》、《商法》、《公司法》、《投资法》、《破产法》等相关经济立法的完善也是必不可少的。大的经济环境的完善对 REITs 的发展起到了助推的作用,目前,我国的廉租房 REITs 模式发展困难重重,与我国缺乏大的经济法律的完善和支撑有一定的关系;为了保障投资者的利益,相关经济法律的完善会更进一步保障投资者的经济利益。国外的一些 REITs 发展成熟的国家,除了颁布了 REITs 单项法规以外,该国的经济立法也都相当完善。可见,推行 REITs 单项法规,必须完善相关金融法律体系,必须以相关法律为支撑。

(三)政府税收

出台适合中国经济发展水平和中国经济现状的税收优惠政策,给投资于廉租房项目的 REITs 或项目本身包含一定百分比的 REITs 给予特殊的税收优惠政策,确保其稳定的利润以吸引大量的中小投资者,我国对 REITs 的引入,特别是把其引入到我国的廉租住房的建设中去,应像其他国家一样出台专门的有针对性的税收优惠政策。中国的 REITs 制度刚刚起步,对这种新型的投融资模式,大多数的投资商都处在观望的态度,我国如果能果断地出台优惠的税收政策,保障稳定的利润,必定会吸引大量的投资者。因此对投资者进行利益分红时,应借鉴其他国家廉租房 REITs 模式的成功发展经验,给予廉租房 REITs 模式项目税收补贴或相关优惠。

---

[7] 张仕廉:"中美房地产投资信托法律比较",《中国房地产》2006 年第 5 期。

四、中国廉租房 REITs 模式设立机制之借鉴

(一) 组织形式

根据组织形式,REITs 分为契约型 REITs 模式和公司型 REITs 模式。廉租房 REITs 模式发展较为完善的美国采用的是公司型 REITs,美国的公司法律制度和相关廉租房 REITs 模式的税收制度规定得较为完善,因而公司型 REITs 模式更适宜在美国确立,并可发展得如此迅速。中国情况有所不同,由于我国缺少有关 REITs 的专门法律,亦无专门的税收优惠政策,中国的公司法和税法的规定和制约使公司型 REITs 模式的设立有一定的困难。契约型 REITs 受中国信托法的制约,可以适当避开公司法和税收制度的制约。因此,目前来看笔者认为,契约型 REITs 模式在我国设立并发展的可能性较大,前景也相对较好。

(二) 资金投向

从资金投向方面来说,目前国际上存在的成熟模式有三种,分别为权益型、抵押型、混合型 REITs。[8] 权益型 REITs 在廉租房 REITs 模式中是指投资并保留廉租房所有权,以廉租房的租金为主要受益。抵押型 REITs 在廉租房 REITs 模式中的收益对象为房地产贷款的利息。混合型 REITs 则是权益型和抵押型两者形式的结合。其中,权益型 REITs 在世界各国对 REITs 引入和发展中为主流的发展模式,为大多数国家所采用。权益型 REITs 在我国廉租房 REITs 模式中以租金为主要受益,比较适合引入廉租房项目的建设。因此,我国廉租房 REITs 在资金投向方面适宜适用权益型。

(三) 募集方式

目前,中国的 REITs 的募集方式有中国人民银行的私募方式和中国证监会的公募方式两种,这两种模式是在国际上比较普遍的两种募集方式。从这两种模式的发展来看,私募方式对机构投资者的要求相对较高,而我国在此方面发展得不是很完善,较之公募方式,私募方式的市场和政策风险较大。中国人民银行和中国银监会还分别在 2002 年和 2006 年发布有关信托投资资金管理的文件,这些文件对

---

[8] 康华平:"我国房地产证券化模式问题探讨",《中国房地产金融》2004 年第 9 期。

私募行为有着诸多的限制。目前看来,私募方式不适合中国的经济发展状况和国内的法律环境。因此我国廉租房 REITs 模式应通过定向募集,重点以大型的投资机构和社保基金为目标,向社会公众募集。

(四) 出资方式

在我国,REITs 的出资方式受《中华人民共和国证券投资基金法》规范的制约。根据法律的规定,以及依据我国的实际情况,笔者认为我国廉租房 REITs 的出资方式应采用伞形模式组建发起人,应由政府掌握的具有一定规模的机构、信托公司以及大型的房地产企业等来担任。伞形模式最先出现在美国,由于伞形模式既可以促进新建的 REITs 项目迅速地发展壮大,并且可以促使 REITs 产品成功避税。因此,笔者认为,中国可以施行让大型机构将所有的物业评估后参股,组成类似美国的伞形合伙模式,此种模式不仅比较贴合中国实际,而且还是十分可行的。

专题十六 廉租房 REITs 的困境与脱困[*]

李 智[1] 韩 磊[2]

(1. 上海大学,上海 200444;2. 上海汽车制动系统有限公司,上海 201800)

目 次

一、必要性及困境:廉租房 REITs 在中国的入驻

二、比较与借鉴:美国与我国香港保障性住房 REITs 的制度经验

三、设计与脱困:中国廉租房 REITs 的走向

摘 要:目前,我国廉租房建设正面临着巨大的资金缺口,但房地产投资信托(REITs)具有良好的吸收民间闲置资金、推动廉租房建设的功能。本文认为,设立廉租房 REITs 需要立足我国国情,借鉴美国和香港特区的法律制度从两方面进行建构。宏观立法方面,应提高立法位阶,统一立法;部门法方面,应尽快解决廉租房 REITs 在设立、税收、监管等方面的法律障碍。

关键词:廉租房;房地产投资信托(REITs)

中图分类号:D922.3　　**文献标识码**:A　　**文章编号**:1007-8207(2014)03-0122-08

---

[*] 本文载于《行政与法》2014 年第 3 期。基金项目:上海市教委科研创新重点项目《廉租房 REITs:瓶颈与出路》(13ZS067)。
作者简介:李智(1968—),女,上海大学法学院教授,民商法博士,研究方向为信托法、公司法等;
韩磊(1986—),男,上海大学法学院 2010 级法律硕士,现任上海汽车制动系统有限公司法务。

近年来,我国房价高居不下,中低收入者住房困难,住房的刚性需求无法得到实现。2012年的两会进一步强调了继续落实保障性安居工程建设,以解决老百姓的住房难题。2013年预计城镇保障性住房的基本建成与新开工数分别为470万套、630万套。[1] 在当前风云变幻的房地产调控政策下,而对如此巨大的资金缺口,主要依靠以土地出让金的地方政府已无能为力。与此对应,民间闲散的大量资金却找不到有效的投资渠道。在当前控房价、拉动民间投资的大背景下,探索符合我国国情的廉租房房地产投资信托(以下简称廉租房 REITs)显得尤其重要。

一、必要性及困境:廉租房 REITs 在中国的入驻

房地产业在我国起步之后,房地产业的发展速度逐步加快。近年来,美国次贷危机所引发的金融海啸对房地产业产生的负面影响尽管余波未消,而随着近期出台的"国五条"和中央对楼市调控力度的不断加大,更是令房产市场走势扑朔迷离。而房屋租金相对稳定,将此作为收益来源的房地产投资信托(REITs),兼具了收息和避险的功能,因此有必要探讨其在中国的引入及遇到的重重困境。

(一) 廉租房 REITs 的中国背景

1. 我国廉租房建设存在巨大资金缺口。住房是民生之本。廉租房建设不仅事关社会稳定与国家的长治久安,而且还关系到城镇化建设、提高内需、寻找我国经济新的增长点的重要问题。根据中央政府定下的目标,"十二五"期间计划建成3600万套城镇保障性住房,现已开工1700万套。国务院办公厅2013年17号文件明确要求,2013年保障性安居工程规划建设的任务为:城镇保障性安居工程基本建成470万套、新开工630万套。[2] 而对如此大的建房压力,政府能提供的财政拨款仅为1180亿元。但在我国目前的财政体制下,地方财政已无力摆脱资金困境。因此,拓宽资金来源渠道,引入民间资本显得特别重要。

2. 市场呼唤廉租房 REITs 的设立。由于我国社会保障体系存在不少缺陷、收

---

[1] "国务院总理温家宝作政府工作报告"[EB/OL],新华网,http://news.163.com,2013-09-22。
[2] "国务院办公厅关于继续做好房地产市场调控工作的通知"[EB/OL],中央政府门户网站,http://www.gnv.cn/zwgk,2013-03-01。

入分配差距较大,我国居民储蓄率长期居高不下。[3] 此外,还存在大量四处寻找投资渠道的民间资本。据《上海证券报》报道,仅山西省一地就存在高达6000亿的民间资本。这不仅造成了社会资金的大量浪费,也不利于我国经济的长期发展。在我国,目前对民间资本的引导与规制存在如下矛盾:一是不少投资领域被国有资本垄断,民间资本根本无法进入;二是民间资本苦于没有高回报率的投资渠道,四处兴风作浪,干扰到了社会经济秩序。如近年来的"蒜你狠"、"豆你玩"、"姜你军"等,背后都有民间资本炒作的身影。这不仅影响到了人们的基本生活,也触碰到了经济危机的底线;[4] 三是法律在保护民间资本方面存在真空。

在此情况下,设立廉租房REITs,合理有效的引入民间资本,不仅可以缓解民间资本对各大金融领域的负面影响,而且可以扩大投资渠道,从而真正保护民间投资者的合法权益。

(二) 廉租房REITs的中国困境

1. REITs的国内实践

在REITs试点开展方面,我国在2010年前后已经在天津、上海等地进行了准备和尝试。两地在产品方案、交易结构与投资范围等方面差异显著。

上海市试点实践。上海市前后研究了三种不同类型的REITs。第一个为债券型REITs方案(即契约型REITs)。资产以金桥集团、张江集团、外高桥、陆家嘴四大国有地产集团旗下的部分商业地产为主;第二个为股权型REITs,资产以张江集团旗下的地产为主;第三个为保障型REITs方案,资金投向为陆家嘴的人才公寓。上海市的权益型REITs初步决定在上海证券交易所交易,而抵押型REITs不会上市,只会在机构间市场流通。[5]

天津市试点实践。2007年底天津市第一个REITs专项工作组正式成立,以滨海新区的金融创新优势为依托,设立了银行间交易的契约型REITs,资金投向为廉租房市场。产品设计方面,收益风险控制和评估方法是两大亮点。与上海市不同

---

[3] 刘国华等:"中国储蓄率持续居高不下的原因与影响分析"[J],《上海商学院学报》2012年第4期。
[4] 李超、方桂荣:"中国民间资本引导的法律规制初探"[J],《江西财经大学学报》2012年第1期。
[5] "REITs迷雾:抵押型先出山 权益型最亲民"[EB/OL],和讯财经,http//funds.hexun.cnm,最后访问日期:2013年3月1日。

的是,天津市的融资主体为政府,而不是企业。天津利用诞生的首个"准REITs"团队领锐基金的优势,计划将廉租房纳入资产池。[6]

总体来看,上海市的REITs以企业为主导,而天津为政府主导。二者最大的共同点在于,由于种种原因,两地的REITs方案都无果而终,不了了之。

2. 设立廉租房REITs的经济法律困境

我国房地产信托立法起步比较晚。基于金融秩序的考虑,央行在2007年的1月开始研究制订REITs方面的相关规章,2008年1月银监会起草了《管理办法草案》,随后国务院也在相关文件中肯定了房地产信托作为融资手段的地位。基于当前形势,相关立法工作要结合以下国情:

一是经济困境。首先,低廉的租金、较高的收取难度、较大的风险敞口。作为一种投资工具的廉租房REITs,投资者考虑的第一要素必定是收益率。如果廉租房REITs的收益率低于同期银行存款利率或低于货币基金收益率及债券利率,投资者就不会拿出自己的资金交由信托机构管理。廉租房REITs的管理者如果仅把资金放在廉租房中,其收益也就可想而知了。笔者在实地调研中发现,廉租房租金在很大一部分省市难以收取,廉租房REITs运作的风险性也随之加大。其次,高土地转让收入与维稳之间的平衡。我国地方政府的大部分财政收入依靠土地出让以及房产征税。中国社科院副院长、党组副书记李慎明估计,地方财政40%以上的收入由土地出让金构成。[7] 2011年更是达到60%这一前所未有高峰。[8] 廉租房的建设必然会缩减地方政府在土地出让金上的收入,二者关系的平衡是地方政府的一大难题,这将进一步影响着廉租房REITs的推出。

二是法律困境。首先,没有针对REITs的专门法规,廉租房REITs的法律调整涉及信托法、证券法等多个部门法,无论现行的《信托法》《信托公司集合资金信托计划管理办法》还是《证券投资基金法》,在REITs的成立、运作及监管等方面都未作出明确而详尽的规定。其次,尚未出台针对REITs的优惠税制。税收优惠是REITs得以成立和发展的最初的、也是最重要的动力。美国是世界上最早设立和

---

[6]刘关:"消息称天津廉租房REITs试点方案过关央行"[N],《中国房地产报》2010年8月2日。
[7]"中国地方政府面临硬着陆?"[N],《华尔街日报》2013年3月4日。
[8]"全国土地收入:13年近13万亿"[N],《第一财经日报》2013年9月23日。

发展最成熟的 REITs 市场,其设立的基础正是美国上世纪 80 年代颁布的《美国税法典》。此法典避免了房地产信托公司的双重征税问题,使得投资人可通过税收优惠,获得高于投资股票与债券等金融工具的收益。而我国尚无这方面的相关法律。廉租房 REITs 低额租金的天然劣势,使得其获得税收优惠的要求尤为迫切。第三,管理者与受托人的困境。其间主要涉及到政府角色的定位问题。我国尚无相关法规对廉租房 REITs 成立中会牵涉到的政府定位问题作出明确规定,廉租房 REITs 必然需要政府的扶持,如政府角色定位不明,必然导致廉租房 REITs 市场化运作水平较低及滋生腐败问题。如减少政府参与,则政府的政策扶持力度可能会减弱,影响廉租房 REITs 的成立及运作。

(三)设立廉租房 REITs 的困境成因分析

设立廉租房 REITs 而临的障碍很多,除了我国起步晚、房产市场与资本市场发展不成熟外,我国地方政府追求高 GDP,追求"土地财政"也是一大原因。

1. 法律障碍。首先,严格限制投资者的资格。依据《信托公司集合资金信托计划管理办法》,投资一个信托计划的最低限额为 100 万元,单笔 300 万元以下合同不得超过 50 份[9]。规定投资者需有相应民事行为能力,自担风险,总资产超过 100 万且能提供证明,且单个计划人数不得超过 50 人。个人收入或者夫妻双方收入在最近 3 年内每年收入分别超过 20 万元和 30 万元人民币,且能提供相关收入证明。此规定阻碍了投资者的投资热情。其次,《信托法》对 REITs 受益权流转的限制。《信托法》规定,受益人有权转让和继承信托受益权。《信托公司集合资金信托计划管理办法》也规定,受益人有权在信托计划存续期间转让其持有的信托单位,但该办法同时规定,自然人不得作为受益人接受拆分转让的收益权;机构所持有的受益权不得向个人转让或拆分转让。立法者为了降低信托产品的风险,限制了 REITs 受益权的流转,使得 REITs 募集到的资金相对固定,其自身优势难以展现。第三,法制监管方面的困境。一是廉租房建设方面,我国的房产市场监管严重不到位,丑闻不断。从"毒地板"到"楼裂裂",再到"纸板门"事件,知名房企频发质

---

[9] 李勇、陈学文:"信托产品的制度解析"[J],《广东金融学院学报》2010 年第 2 期。

量问题,"诚信"底线已被打破。[10] 商品房市场尚如此,保障房领域情况更是令人担忧。2013年北京连续降雨后,丰台区同馨家园限价房小区一经开售即被发现存在室内墙面渗水等质量问题。[11] 住建部官员指出,中国新建建筑平均寿命仅为30年,而对应的是英国的130年和美国的70年,[12]遑论建筑质量普遍较低的廉租房。这反映出我国在房地产市场立法的不完善和执行的不严格,我国对房地产市场的监管主要是部门法、行政法规、部门规章和政策性文件,部门法把握总体方向,而政府规章和政策性文件负责具体监管。[13] 但规章和政策性文件法律位阶低,稳定性差,监管力度不够,事后制约措施不足,还存在着大量法律监管的空白点。二是房地产信托监管领域的监管主体问题。廉租房主要由住房建设和纪委监察部门负责。银监会主要由它的一个处级单位——非银司信托处负责房地产信托监管工作,与保险业与银行业的监管主体相比,信托业的法律监管主体行政级别过低;在政策制定、出台及监管力度等方面,信托业的发展也受到了种种阻碍。由于国内几家大银行垄断了托管人的位置,使得"买方市场"的监管难度被放大;造成了对经理人的法律监管极其不到位。因此经理人挺而走险、为己谋利的事情屡见不鲜。

2. 经济障碍。笔者认为,作为一种投资产品,REITs首先要考虑的便是收益率问题,尤其是廉租房REITs,由于廉租房的低租金,收益率更是重中之重。首先,廉租房的低收益率与地方政府"土地财政"的矛盾。地方政府财政收入以营业税为主,而营业税主要向建筑业和第三产业征收。而廉租房的推出会影响地方政府在土地出让上的收入,这更加深了二者之间的矛盾。我国虽已在上海和重庆试点征收房地产税,但实践证明,通过征收房地产税来扭转目前地方政府的"土地财政"局面尚需时日。其次,收益率低与资本天性的矛盾。马克思主义经济学认为,"资本的本性在于增值,即创造社会财富"。[14] 廉租房REITs作为一种投融资工具也是如此。投资者将资金投入REITs的目的就是增值保值,获取超过同期银行存款利

---

[10] 谢逸枫:"房地产'丑闻'已经打破'诚信'底线"[EB/OL],http://news.dichan.sina.com.cn,2013-09-21。

[11] 叶祝颐:"保障房质量问题频现雨后现原形应深入追问"[EB/OL],http://news.dichxn.sina.com.cn,2013-09-21。

[12] "中国建筑平均寿命仅30年"[EB/OL],中国日报网,http://news.sohu.com,2013-02-20。

[13] 才雨琳:"论我国房地产市场法律监管的问题及对策"[J],《法制与社会》2010年11月(上)。

[14] 张忠哲:"马克思关于资本本质的论述及其解读"[J],《法制与社会》2013年第1期。

率甚至房产租金的收益。廉租房 REITs 的收益率只有大于同期银行存款利率以及类似投资工具,才能吸引各类投资者。

二、比较与借鉴:美国与我国香港保障性住房 REITs 的制度经验

房地产投资信托(REITs)起源于美国,并迅速发展,近年来作为一种良好的投资工具逐渐走向全球。由于发展深度和领域的不同,在具有解决中低收入群体住房问题功能的 REITs 方面,运行比较成功的是美国和我国香港地区。因此,有必要考察与借鉴美国、香港保障性住房 REITs 的制度经验,以求他山之石。

(一)美国与香港保障性住房 REITs

1. 美国保障房 REITs 市场

"上世纪 80 年代,美国就开始运用 REITs 来发展廉租房体系。"[15]美国廉租房 REITs 市场的勃兴,源于国会法案 LIHTC(The Low Income House Tax Credit),该方案主要内容为:(1)地方政府和开发商决定项目的位置;(2)政策的覆盖目标极其灵活;[16](3)财政补贴根据中低收入住户比例确定标准,比重越大,补贴越高;(4)开发商负责 LIHTC 的申请,由州房屋管理部门进行筛选,并具体实施税收抵免政策。但随着保障房供应的增加,房屋的供需关系出现了变化,政府支出的扩大,又产生了市场私人消费和投资降低的"挤出效应"。[17]学界对 LIHTC 产生质疑,政府逐步出台各种替代性政策,包括:1965 年"第 23 条款"、1974 年"第 8 条款"即"租金证明计划",1983 年"租金券计划"(Voucher Program),1998 年 HCVP(Housing Choice Voucher Program)即"住房选择券"计划。与 LIHTC 对房地产商或投资者进行税收抵免不同,HCVP 补贴低收入家庭,资助需求方。[18] HCVP 的最大优势是住房需求者可自行决定社区和房屋位置,宽泛的选择性可有效避免美国的种族隔离及冲突。

---

[15] 宇罗华:"关于 REITs 在廉租房融资运用中的探讨"[J],《市场论坛》2008 年第 12 期。
[16] Abravanel, Martin D., and Jennifer E. H. Johnson. 2000. The Low-Income Housing Tax Credit Program: A National Survey of Property Owners. Washington, DC: U.S. Department of Housing and Urban Development, Office of Policy Development and Research.
[17] 曾辉、虞晓芬:"国外低收入家庭住房保障模式的演变及启示"[J],《中国房地产》2013 年第 1 期。
[18] 巴曙松:"保障房制度建设:国际经验及中国的政策选择"[J],《财政研究》2011 年第 12 期。

2. 香港廉租房 REITs 市场

香港廉租房 REITs 市场发展迅速且对我国借鉴意义极大。香港市场针对不同收入群体,保障性住房主要有三种:一种是针对低收入群体的"公屋",即"公共屋饰",类似内地的廉租房;第二为居屋,类似于内地的经济适用房;最后一种为"夹屋",即为"夹心居住阶层"(中低收入家庭)提供的房屋。2003 年,港府为防止商品楼市价格下跌,暂时停止修建及出售居屋。香港房委会为应对出现的短期流动现金赤字,维持公屋发展,分拆出售其管辖的零售和停车场设施,成立了领汇 REITs 基金(下称领汇),并于 2005 年在香港联合交易所成功上市,完全由私人和机构者持有。由图 1 可以看出,领汇的股价 2008 年至今上涨两倍左右。领汇主要投资于香港公营零售商场及停车场等物业,零售租金调涨能力强,配息率高。客户以零售、饮食、教育机构为主,客群分散;负债比低,财务结构佳。

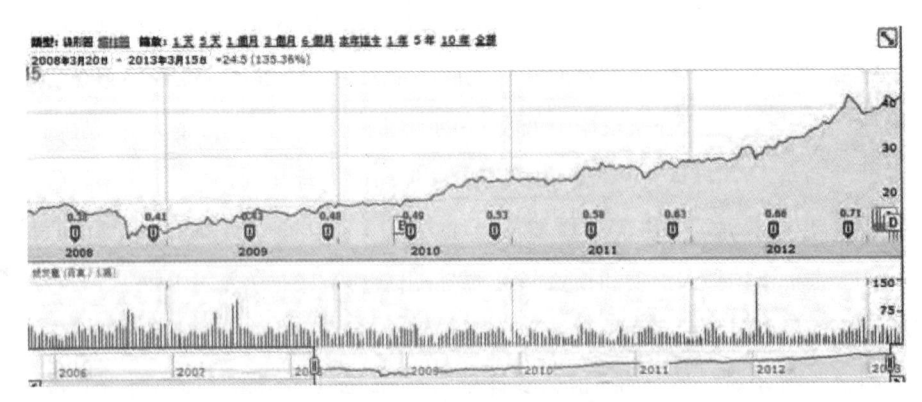

图 1:领汇房产基金 2008 迄今股价走势图[19]

(二)美国与香港保障性住房 REITs 的经验启示

过去 5 年香港 REITs 表现笑傲全球,但香港市场深、广度不足,REITs 种类较少,领汇便占去大约 1/2 市值。美国市场总得分最高,是因为美国 REITs 市场完善,历史悠久,经验丰富,而且美国 REITs 的市值庞大,有多种专门投资于不同种类房地产的 REITs 可供选择。结合美国和领汇的业务模式(图 2)不难看出:

---

[19] 领汇房产基金[EB/OL]. Google 财经,http://www.google.com.hk,2013-03-16。

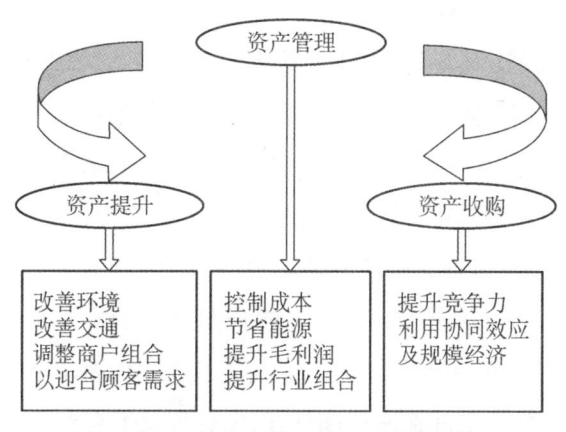

图2：领汇业务模式（图片来源：领汇官方网站）

1. 经济方面。一方面，成熟国家REITs发展的共同因素是需要一个透明的市场，如美国、澳洲、英国和香港。而对于我国，无论政府在廉租房REITs的设立和运作中扮演什么样的角色，都应采取公开、透明的市场化方式。只有公平而有效率的REITs，才能吸引广大投资者。另一方面，我国对外资本开放水平较低，自从境内港、澳、台居民可开立A股账户政策的出台，[20]笔者相信，随着两岸三地经贸往来的进一步深入，不仅A股，基金、信托和其他资本市场都会逐渐向港澳台居民放开，这可进一步为内地资本市场带来增量资金，对设立廉租房REITs也是一大利好。

2. 法律制度方面。首先，完备的法律是美国和香港市场REITs得以发展的重要保障。美国的立法尤其在税法方面，有《税制改革法》、《纳税减免法》、《国内税法法则修正案》、《新税收条例》诸多法律条例，条文详细，操作性很强，为REITs的发展提供了强大动力。香港虽然在2005年才成立REITs，但其立法发展迅速，包括影响深远的《香港证监会房地产投资信托基金守则》。其次，税收优惠是成熟国家REITs市场得以发展的一大驱动力，但并非唯一驱动力。REITs在香港市场并未享受到税收政策的优惠，但近年来依然获得了长足的发展。可见，只要调整好REITs的产品配置，再加以政府的资金和政策扶持，廉租房REITs在税法未作大幅修改的基础上是可以设立的，此对我国的借鉴意义尤为重要。再次，廉租房监管

---

[20] "境内港澳居民可在A股开户"[EB/OL]，新浪财经，http://finance.sina.com.cn_2013-03-11。

方面。在美国,针对低收入家庭的廉租房建筑质量一直高于中等收入家庭和整体平均水平。我国应充分保证廉租房的建筑质量问题,防止类似"楼脆脆"、"楼歪歪"现象在廉租房建设领域的发生。在香港市场,由于公屋为政府或非营利机构建筑,建筑问题较少,监管问题不突出,相关立法也较少。风险控制方面。美国 REITs 市场的监管者包括证券监督委员会、受托委员会等,是全方位立体化监控。最后信息披露方面,美国对 REITs 的披露事项、披露时间都进行了详细的规定;对 REITs 的投资组合也进行了限制,明确 REITs 的投向和投资比例,最小化 REITs 的投资风险。香港市场对风险控制尤为严格,其对杠杆比率的要求最多为总资产值的 45%;能以 REITs 单位支付管理费;把地产投资管理组合专业经验作为会获取 REITs 管理者资格的关键。但是,香港 REITs 市场上,大部分上市 REITs 都是由大型房地产集团发起设立的,"大企业集团作为发起人,控制着 REITs 的管理公司、REITs 的日常管理及决策。此情况易诱发管理人的道德风险,损害大众投资者的利益"[21]。因此,不能由一个机构直接或实际充当 REITs 的发起人兼管理者。

三、设计与脱困:中国廉租房 REITs 的走向

法律的制定和发展不可能一蹴而就,应是渐进的。而廉租房 REITs 的优势,又使得它的推出迫在眉睫。廉租房 REITs 本身牵涉到错综复杂的权责关系,而我国调整 REITs 权利义务关系的法律则相当匮乏,那么,就我国国情和当前法治情况,廉租房 REITs 应如何脱困成为一个亟待研究的问题。

(一)主体之脱困与设计

1. 当事人的脱困。廉租房 REITs 的当事人包括发起人、受托人和投资人。(1)发起人。由于廉租房产权属于国家,廉租房 REITs 应由政府主导发起毋庸置疑,政府应免除或减让土地出让金,加强监管,制定合理的准入标准并筛选合格的申请者,维持廉租房的合理流动。(2)受托人。《信托法》规定受托人应为适格的法人或完全民事行为能力人。但自然人显然无法满足专业性和透明度的要求,在我

---

[21] 朱清:"香港地区房地产投资信讬(REITs)制度及其对内地的启示"[J],《长春理工大学学报》(社会科学版),2012 年第 8 期。

国一般由银行担任机构受托人,这使银行处于强势地位,导致问题频发。所以,应尽快加快人才引进与培养,建立健全受托人资格遴选制度,在合格受托人资格、选任标准、选任程序以及选任结果公示等方而出台相关法规,对受托人的各项资格进行明确约束。(3)投资人。我国市场上,机构投资人的资金实力远在自然投资人之上,尤其是保险业和各种社会保险基金,控制了数额巨大的资金。但我国目前的《保险法》和《社会保险法》对投资工具、投资方向和比例等方面限制严格。如《社会保险法》规定,社会保险基金不得违规投资运营,不得用于兴建、改建办公场所或挪作其他用途。因此,应首先放宽对上述行业投资方向的种种限制,让保险公司等机构投资人可以保障性住房为投资类型,使之能成为廉租房REITs投资者中的领头人。

2. 适时引入新的主体。在我国,由于廉租房的资本要求低、市场需求大且由政府包销,房地产开放商和建筑承包商对建设廉租房的热情很高,政府可以通过将免除土地出让金落到实处,进一步吸引他们以自有资金参与廉租REITs。作为委托人及受益人的一部分——房地产开发商和建筑承包商,如果将他们作为廉租房REITs的受托人,加之政府的政策帮扶,则有利于提高廉租房建筑质量,避免市场周期带来的不稳定性。但前提是,政府必须与房地产开发商和建筑承包商签订移转协议,由政府或廉租房REITs来偿还房地产开放商和建筑承包商先行垫付建筑费用和利息,同时保障房地产开放商和建筑承包商的合法权益。并且通过控制房地产开发商和建筑承包商在REITs中的资金比例,有效减小其投资存在的风险。此外,应合理利用港澳台资和外资。随着人民币成为世界第十三大支付货币,人民币成为世界货币更是指日可待,[22]我国资本市场逐渐放宽,外资准入的趋势不可避免,这对廉租房REITs有利有弊,因此,必须完善法规,引导外资流向,控制外资数量,减少热钱涌入,使外资能良性地参与到廉租房REITs中来,实现双赢。

(二) 税收抵免之脱困与制度设计

1. 税法稳定下的脱困。我国已制定了支持廉租房建设的税收政策:一是对廉

---

[22] "人民币成为四界第13大支付货币"[EB/OL]. 南方日报, http://business.sohu.com_2013-03-01。

租住房免征城镇土地使用税和印花税。二是对廉租住房免征营业税、房产税和契税,对个人按规定取得的廉租住房补贴免征个人所得税。但一者这些税收优惠政策还缺乏系统配套的支持政策,再者相对本就稀薄的廉租房租金收益而言,未免杯水车薪。

而在契约形式下,REITs主要由《信托法》规范,可避免双重征税的问题,这也成为目前我国法制环境下廉租房REITs避免双重征税的一大路径。在香港市场,根据《房地产投资信托基金守则》的规定,上市的REITs面临资本利得和地产税的双重征税。近年来香港市场REITs发展速度已说明,REITs并非完全需根据税收优惠展开。在我国市场成熟后,再采取公司型形式未为不可。此外,在合法基础上,可通过提高廉租房REITs的负债率或加速廉租房折旧等会计方法来提高"账面负债",降低应税收入。

2. 税法变革下的脱困。长远来看,税法的变革才能为廉租房REITs的发展提供长久的动力。[23]根据我国当前信托业中存在的情况,应尽快建构完善的REITs制度:(1)避免重复征税。"重复征税是中国信托业务制度存在的最突出和最需要解决的问题。"[24]如信托财产因受托人的管理处分获得收益,被征收所得税,而当收益转移到委托人,委托人再因此收入缴纳所得税,完全属于重复征税,这将严重影响信托业的发展。受托人的费用应由委托人支出,不应再通过对受托人征税,使委托人再次降低收入。(2)委托人负担。我国对信托业征收所得税主要有以下几种方案:①委托人征税,信托免征;②委托人免征,信托征税;③同时征税,但对信托已征收的部分,在对委托人征税时予以抵免;④以较低税率同时征税;⑤开征利得税。[25]第一种情况不符合税收原理。第三、四种已为欧美国家采用,但前提是REITs已发展为具有独立法人资格的主体,这并不符合我国当前国情。第四、五种需大幅修改税法,且征收管理复杂,可操作性低。应将委托人作为征税主体,构建新的REITs税收制度。(3)分别征税、整体构建。对不同的纳税对象应分别采取不同的税制,构建符合我国国情的廉租房REITs税收制度:对廉租房部分,因廉租房不存在产权转让、土地归国家所有等情形,所以,对廉租房REITs各主体的廉租

---

[23]王仁涛:《中国房地产金融制度创新研究》[M],复旦大学出版社2009年版,第38页。
[24]《关于建立中国信托税制的报告》[R],国家税局总局课题组2003年,第27页。
[25]徐孟洲、席月民:"论我国信托税制构建的原则和设计"[J],《税务研究》2003年第11期。

房管理所得、红利所得、偶然所得及其他经国家确定的征税所得,都应征收个人所得税;对商业地产部分,应就管理处分所得、财产租赁所得、财产转让所得、偶然所得及其他经国家确定的征税所得应征收个人所得税;[26]对廉租房REITs部分,对其经营收入、财产转让收入、特许权使用收入等应税收入,征收企业所得税。

(三)收益率之脱困与制度设计

1. 保障房信托的收益率现况。设立廉租房房地产信托,收益率是关键。无论是采取公募抑或私募,无论是否上市流通,只有在达到一定收益率的情形下,才能在市场生存。我国现已推出的保障房信托收益率良好,市场反应良好。部分保障房的收益率已超过10%,供不应求。其中,经济适用房和廉租房改造类信托的收益率都超过了10%,但大多产品实为商品房融资,有偷梁换柱之嫌。[27]为此,有必要建立廉租房REITs的收益率公式。

2. 廉租房REITs的收益公式。一般情况而言,REITs的收益主要包括租金以及资产的增值,剔除政府因所有权获得的资产增值部分收入,只剩下租金部分可供分配,而租金收入主要由廉租房租户缴纳的租金、政府补贴和税金减免构成,另一部分为商业地产部分的租金。[28]随着市场租金水涨船高,依靠政府现金补贴来抵消廉租房租金与市场租金之间的巨大差距显然是不切实际的。通过政府的实物补贴,减免土地建设成本等方面就显得尤为重要了。在商业地产租金方面,廉租房的高入住率带来的人流量必然可以提高相应门面房的租金,进而提高廉租房REITs的整体收益率。

按照一般REITs的规定,每年应税收入的90%都需分配给投资人,在假设廉租房REITs的每个资产池是相同的情况下,仅研究REITs的应税收入就可以了。在我国尚无税收减免的情况下,可建立这样的廉租房REITs的应税收入的公式:$R = t_1 \times R_1 + t_2 \times R_2$(1)。其中,R表示应税收入,$t_1$为资产池廉租房部分投入的资金,$t_2$为商业地产部分投入的资金,$R_1$为资产池廉租房部分的收益率,$R_2$为商业地产部分的收益率。$R_1$可表示为廉租房部分总租金比廉租房部分投入的资金,$R_2$

---

[26]徐孟洲、席月民:"论我国信托税制构建的原则和设计"[J],《税务研究》2003年第11期。
[27]高改芳:"保障房信托收益率攀升"[N],《中国证券报》2012年5月9日。
[28]杨夫立:"廉租房REIT、产品的前景与政策建议"[N],《开放导报》2012年第3期。

可表示为商品地产部分总租金比商品地产部分投入的资金,而在廉租房 REITs 设立初期,收益率可能无法达到百分之八九或以上,但须超过同期银行存款利率,公式(1)又可表示为:$r \times m_1 + r_i \times m_2 > t \times r_b$(2)。其中,r 为定量,表示每平方米廉租房的租金,m_1 表示廉租房的面积。r_i 为变量,表示每平方米商业地产的市场租金,m_2 表示商业地产的面积。t 表示整个资产池的投入资金,r_b 表示同期银行存款利率。由于土地出让金的免除,为方便计算,可假设每平米廉租房与商品住宅的建筑成本相等,投入资金 t 即可表示为每平米建筑成本 c 与建筑面积 $m_1 + m_2$ 之和,设 $m_1、m_2$ 之比为 x,由公式(2)可得:$r \times x + r_i - c \times r_b \times x - c \times r_b > 0$(3)。由公式(3)可知,廉租房 REITs 资产池中,实现收益率大于同期银行存款的条件是,每平米商业地产的租金与每平米廉租房租金的比率应小于廉租房面积与商业地产面积间的比率。

(四) 监管之脱困与制度设计

良好的监督管理可以保证廉租房 REITs 制度得以真正实施。近年来,诞生于美国的"影子银行"在我国迅猛发展,但其弊端不断显现,加强监管呼声不断。2012年 10 月,证监会主席肖钢指出理财产品是"影子银行",国际货币基金组织向我国提示了"影子银行"的风险。[29] 但不妙的是,信托业也被贴上了影子银行的标签。但对"影子银行"的监管同时也能看出部分廉租房 REITs 潜在的监管问题。我们应该借鉴美国和香港地区在市场透明度和引入第三方监管方面的经验。

1. 市场透明度与影子银行。"影子银行"在我国被称为专门从事金融中介活动,具有类似于传统银行的信用、期限或流动性转换功能,但未受巴塞尔 III 或同等程度监管的实体或准实体。[30] 由此可知,"影子银行"一方面经营银行的证券化业务,另一方面也从事担保公司等的投资业务。"影子银行"的问题在于信息不透明、缺乏流动性支持、缺乏如巴塞尔 III 般具体的监管准则,这些因素直接降低了其在我国的市场透明度。有鉴于此,我们应通过设定期限,定期向投资人及公众披露业绩、权益变动等重大事项的方式,充分完善廉租房 REITs 的信息披露机制。同时,

---

[29] "中国式影子银行"[EB/OL],搜狐财经,http://business.sohu.com,2013-01-05。
[30] 中国人民银行调查统计司与成都分行调查统计处联合课题组:"影子银行的内涵与外延"[J],《金融发展评论》2012 年第 8 期。

为防止挤兑危机,由政府出面或牵头对廉租房REITs的本金进行担保。同时,应尽快完善相关立法,明确规定廉租房REITs的资本金、经营能力及相关人员的资质认证等,为廉租房REITs的规范提供法律保障。

2. 制度构建。首先应防范受托人的道德风险。廉租房REITs在运作过程中,受托人易为己谋利,容易诱发道德风险。因此,对受托人的激励及约束机制应尽快予以完善,在推测受托人行为的基础上对其行为进行评估,使受托人与投资人共担风险、共享收益,并合理安排受托人与投资人之间风险与收益的比例。为降低受托人的道德风险,从动力与压力两方面着手,极力促成受托人与投资人目标上的一致。其次应设立完善的信息披露制度。构建廉租房REITs应注意市场信息的公开,尤其在政府参与廉租房REITs的情况下,更要避免权钱交易、暗箱操作,注意管理人竞争的公平。必须对披露内容和程序作出严格规定,并进一步具体到资产变动、财务报表等方面,如必须披露的资产变动比、财务报表的披露期限等,并设立完善内部监督体制,确保发起人行为的合法与合规性。再次,应在内部加强信托公司的风险控制。从事廉租REITs的信托投资公司应具备完善的治理结构。为保证业务操作流程的严肃性和独立性,在业务操作流程上,不可忽略对信托计划的可行性研究,一切干预行为均是对该规定的违反。应建立风险应急机制,针对不同的风险采取不同的应对措施,在保障投资人权益的同时维持廉租房REITs的生存发展。应进行信托财产管理风险,设立廉租房租金专用账户。在外部风险控制上,我国应加快立法进程,吸取香港经验,引入第三方如会计师、律师及资产评估师,保持其独立性及专业性,在时机成熟时组建行业协会,代替政府行使部分行政职能,从外部加强对廉租房REITs行业的监管。

我国廉租房建设和REITs领域还存在诸多问题,加之专业化人才严重不足,将二者结合设立具有我国特色的廉租房REITs更是难上加难,因此,我们应充分吸收借鉴国外和香港地区的经验,尽可能快地推出初步化的廉租房REITs,然后根据市场和国情将之完善。

Dilemma and Difficulty of Low Rent Housing REITs
LI ZhI, HAN Lei

Abstract: At present, China's low rent housing construction is facing the huge funding gap, but the real estate investment trust (REITs) can absorb civil idle funds, promote the low rent housing construction function good. The establishment of low rent housing, REITs needs to be based on China's national conditions, from the legal system USA and the District of Hongkong from two aspects of construction. The macroscopic legislation, should improve the legislation level, unified legislation; Department of law, should be addressed in the establishment, tax, regulatory and other aspects of the legal obstacles of low rent housing REITs as soon as possible.

Key words: Low rent housing; Real Estate Investment Trust(REITs)

专题十七　廉租房 REITs 风险防范之法律制度研究[*]

李　智[1]　章春瑜[2]

（1. 上海大学法学院，上海　200444；2. 浙江闰土有限公司，浙江　312368）

目　次

一、中国廉租房 REITs 的融资现状及发展意义
二、中国发展廉租房 REITs 的现状概述
三、中国发展廉租房 REITs 的内外部风险分析
四、构建廉租房 REITs 的风险防范制度

摘　要： 目前我国廉租房建设面临着资金不足的难题，这是制约廉租房供给的重要因素之一。借鉴 REITs 基金，将 REITs 引入廉租房的融资中。廉租房 REITs 的推出必将存在一定的风险，本文通过对廉租房 REITs 潜在风险的分析，提出廉租房 REITs 风险防范的建议。

关键词： 廉租房；廉租房 REITs；风险防范

一、中国廉租房 REITs 的融资现状及发展意义

（一）中国廉租房建设融资的现状

廉租房作为具有社会救助性质的住房，是由政府出资建设和推广以帮助低收

---

[*] 本文载于《资产证券化及其风险之化解》，立信会计出版社 2013 年 3 月第 1 版。
基金项目：上海市教委重点项目《廉租房 REITs：瓶颈与出路》(13ZS067)。
作者简介：李智(1968 年 10 月—)，女，法学博士，上海大学法学院教授，研究方向：民商法。章春瑜(1987 年 2 月—)，女，上海大学法学院 2010 级法律硕士，现任浙江闰土股份有限公司法务。

入家庭解决住房问题而提供的保障性住房的一种。与其他房产相比,廉租房不是以营利为目的的,而是政府为低收入家庭提供的一种福利,以解决低收入家庭的住房问题,实现社会的公平与稳定,保证市场机制良性地运作。

廉租房建设是保障性住房建设的重要组成部分,廉租房建设资金投入的多少直接关系着我国保障性住房建设的成效。长期以来,中央及地方政府虽不断强调要加快廉租房的建设,但由于廉租房建设所需的资金的回收期长,资金周转速度相对较慢的特点,导致目前我国的廉租房建设的规模和速度都不尽如人意。因此,各级政府只有先解决廉租房建设的融资问题,才能推进廉租房的建设。

但是纵观目前我国廉租房资金来源的现状,我国廉租房建设的融资渠道非常有限,资金主要来源于政府的财政支出、社会的捐赠以及住房公积金中有限的增值收益等。由此可以看出,我国廉租房建设的资金主要依靠政府的政策性支持,而金融机构与社会机构在廉租房建设中尚未发挥应有的作用,这也使得我国建设廉租房的进程迟迟未步入正轨。因此,推进廉租房建设进程必须先解决这一方面的融资问题。

拓宽廉租房建设的融资渠道,从政府单一投资建设廉租房向多元化投资主体建设廉租房过渡,政府应考虑引入新的融资模式,逐步缓解资金困局。房地产投资信托基金(REITs)将投资者(以中小投资者为主)的资金集中起来,交由专业的资金投资管理公司经营管理,投资于廉租房建设,既能有助于缓解廉租房建设融资的难题,加快廉租房的建设,也能为中小投资者解决投资无门的难题,这也就是所谓的廉租房 REITs。

(二) 中国发展廉租房 REITs 的必要性之分析

1. 有助于打开廉租房的融资渠道

建设廉租房,首先面临的问题就是资金问题。2007 年,国务院出台相关文件以对廉租房建设的资金来源作了具体的规定,其中将财政拨款放在了廉租房建设资金首要位置,但是我国具体的国情使得政府的财政拨款用于廉租房建设的资金所占比例非常小。因此,将 REITs 引入到廉租房的建设中,可以有效地将社会中的闲置资金募集起来用于廉租房的建设,这种投资不仅可以解决廉租房建设投资长期性的难题,还可以缓解财政拨款用于廉租房建设投入不足的压力,使廉租房建设在资金上得到保障。[1]

2. 缓解廉租房供不应求的局面,实现社会和谐稳定地发展

据联合国的相关数据显示,在 2010 年,中国的基尼系数已经突破 0.52,超过国际警戒线 0.12,这也说明我国社会的贫富差距拉大,社会矛盾增多,而其中一个凸显的社会矛盾就是住房问题。将 REITs 引入廉租房建设,缓解廉租房融资难的问题,解决廉租房建设的资金障碍,扩大廉租房的建设规模,改善廉租房供不应求的局面,使符合条件的低收入家庭能尽快入住廉租房,有效地解决中国目前低收入家庭的住房问题,以缓解社会矛盾,实现社会的公平与和谐。

(三) 中国发展廉租房 REITs 的可行性之分析

1. 廉租房建设需要大量资金作为后盾

根据十一届人大四次会议政府工作报告,我国在 2011 年将建成保障性住房 1000 万套,在 2012 年将再建 1000 万套,并预计在今后五年内将建设 3600 万套。而廉租房是保障性住房的重要组成部分,其资金来源除了政府的财政拨款,更需要广泛吸引社会的闲散资金。通过 REITs 吸引社会资金流向廉租房的建设,使廉租房 REITs 成为解决廉租房融资难题的有效途径。

2. 增加民间资本的投资渠道,使投资廉租房 REITs 有益可图

随着我国经济的发展,居民手中已经积累了大量的剩余财富,使得我国的民间资本相对充裕。但是就民间资本而言,尤其对于中小投资者来说,他们的投资渠道少之又少,其资金主要流向民间借贷。有限的投资渠道不能满足广大投资者的投资理财需求,而民间资本也无法充分发挥其在市场中的作用。而 REITs 是将各类投资者的出资汇集成一定规模的信托资产,交由专门的投资管理机构加以管理,获得相应收益、共担风险的融资模式。[2] 因此在廉租房的融资中引入 REITs 这一模式,不仅可以促使我国整个金融市场趋于完善,还能满足中小投资者的投资需求。目前我国廉租房市场中,廉租房房源的供不应求可以确保廉租房 REITs 未来稳定的收益回报。

---

[1] 黄雨:"房地产投资信托基金介入廉租房融资体系模式探讨",《商业时代》2011 年 11 期。
[2] 李健飞:"美国房地产信托基金研究及对我国的启示",《国际金融研究》2005 年 1 期。

3. 促进用于廉租房建设相关资金的科学管理

REITs将募集到的资金委托专门的信托基金管理公司进行集中经营管理,在实际运作中受相关的法律法规和行业规范地约束与限制,以有效地降低投资风险和减少资金流失与资金不合理利用等现象。将REITs引入廉租房建设,有利于保障廉租房建设资金的科学管理与利用,使资金的升值能力获得提升,有效地防止廉租房建设资金被挪作他用,使廉租房的质量得以保证。

二、中国发展廉租房REITs的现状概述

(一) 廉租房REITs缺乏法律制度的支持

在现阶段,我国仅有的《证券投资基金管理暂行办法》、《开放式证券投资基金试点办法》等法律法规只涉及证券投资活动,而REITs在本质上应属于产业投资基金。[3] 因此,我国目前尚无专门针对廉租房REITs的专项法律法规,对于廉租房REITs应如何设立,设立时应具备哪些条件,以及如何退出等问题都没有相应的规定,这可能会使廉租房REITs在具体运作中陷入一旦出现法律问题不能得到妥善解决的窘境。此外,境外REITs有一个最明显的特点就是在符合法定条件的情况下能享受税收优惠,避免双重征税,这也是REITs能在美国等国家迅速发展的原因之一。但是,就我国目前的税法而言,尚未涉及到这些方面的规定,因此,我国的廉租房REITs能否享受税收优惠还是未知数。此外,我国对产权制度、抵押权的处置尚未完善,财务、会计制度尚未与国际接轨,并缺乏相应的法律规定予以规范,导致廉租房REITs在我国的引入与退出面临着许多不确定性。这也是廉租房REITs迟迟未走进我国金融市场的主要原因。

(二) 房地产金融市场存在不足,复合专业型人才有待培养

目前,我国的房地产金融市场的创新力不足,成分比较单一,其市场以银行信贷为主导,对保障性住房的支持力度非常有限。而房地产融资过分依赖银行,单一的银行信贷融资方式难以解决廉租房建设融资难的问题,此外,我国房地产金融产品种类单一,无法满足市场投资者的需要。而房地产市场中的信息不对称以及缺

---

[3] 王一峰:"关于推行廉租房REITs融资模式的SWOT分析",《金融创新》2011年第5期。

乏有效的外部监督等问题,也会对廉租房 REITs 的发展带来许多内部和外部风险。

此外,廉租房 REITs 不仅涉及法律法规,还涉及经济领域的相关专业知识。因此,我国推出廉租房 REITs,除了需要健全的法律制度和完善的房地产金融市场的支持外,还需要培养大量的复合专业型人才加入其中。这些人才必须同时具备专业的法律知识和经济、金融知识以及实务经验。但是,依据目前我国经济发展的态势,专业型人才仍处在供不应求的局面,尤其是具有战略投资眼光、精通投资银行业务、知晓财务、法律知识的理财专家非常匮乏。因此,中国在推出廉租房 REITs 之时,必须注重对复合专业型人才的培养,以促进廉租房 REITs 的长远发展。

综上分析,我国推出和发展廉租房 REITs,无论是在现行的法律制度方面,还是现有的金融市场环境和人才储备方面都有待建立与完善,以为廉租房 REITs 在我国的推出做好充分的准备工作。

三、中国发展廉租房 REITs 的内外部风险分析

(一) 中国廉租房 REITs 的内部风险

1. 行业中的风险

廉租房 REITs 的风险,首先来自于房地产这个行业的风险。目前,我国信托的主要形式是资金信托。鉴于资金信托在我国的发展已经有一段时间,并已具备一定的规模,推出廉租房 REITs,其主要形式必将也以资金信托为主。但廉租房 REITs 所获得的收益必将与廉租房本身的收益状况息息相关。而针对廉租房政府出台的相应的政策,对廉租房投入的资金量,为廉租房建设供应的土地以及整个廉租房的市场环境都可能受整个房地产业的影响。一旦房地产业发生相应的震荡,其潜在的威胁必将出现在某个环节,从而波及廉租房 REITs。

而信托业的发展虽然在我国已经初具规模,但是与银行相比,信托基金管理公司在风险的监控、管理,基金的经营方面还相差甚远。同时,信托基金管理公司的治理结构不完善,从业人员的素质有待提高,一些信托基金管理公司违规操作等因素都将会对廉租房 REITs 整个行业带来风险。

2. 委托代理中的风险

廉租房 REITs 的信托性使得其在运作中委托人与受托人之间主要以委托—代理关系存在。委托—代理关系可能会导致委托人与受托人之间出现信息不对称的风险。受托人可能利用委托—代理关系信息不对称的特点,侵占廉租房 REITs 资金及所获收益,并将廉租房 REITs 的盈利转移,使得投资者无利可获;或者受托人为了获得营业部的交易佣金返还,不顾中小投资者的利益,无端进行大规模的现金交易。[4] 受托人为了牟取自身利益或者信托基金管理公司内部监管、管理体制不完善,都有可能损害委托人的利益。而这种风险一旦变为现实,对处于起步阶段的廉租房 REITs 的推行是极为不利的,这将严重挫伤中小投资者将资金投资于廉租房 REITs 的积极性。因此,创造一个什么样的环境或制度,确保廉租房 REITs 的投资者的利益与廉租房 REITs 受托人的利益相一致,对廉租房 REITs 的推出与发展将起着至关重要的作用。

3. 法律保护缺失的风险

推出廉租房 REITs,不仅涉及《信托法》、《公司法》,还涉及诸如《物权法》、《税法》等法律法规。银监会发布的《信托投资公司房地产信托业务管理暂行办法(征求意见稿)》对房地产信托业务如何经营规划、如何监督管理、如何风险控制等方面予以了规定。该办法虽然对信托业务有推进作用,但是仅仅是针对房地产信托业务,目前尚未出台专门针对廉租房 REITs 的法律法规,一旦出现问题也只能参考针对房地产信托业务出台的法律法规,这导致廉租房 REITs 发生的法律纠纷无法通过法律途径加以解决。推出廉租房 REITs,但无法律、法规的规范,这将导致廉租房 REITs 在发展中出现法律风险的概率大大提升。廉租房 REITs 的投资人与受托人都有可能利用法律上存在的漏洞,以规避制度上的约束。尤其在信息披露制度、监管制度方面,如不能及时确立与完善,将会导致出现大量交易中的不规范运作,打击中小投资者购买廉租房 REITs 的积极性,增加廉租房 REITs 发展的不确定性。同时,配套制度的缺失,如工商登记制度、税收制度、会计制度等制度的不

―――――――――
[4] 王仁涛:《中国房地产金融制度创新研究——基与 REITs 理论的探讨》,复旦大学出版社2009年版,第36页。

完善也将增加廉租房REITs的风险。

(二) 中国廉租房REITs的外部风险

1. 市场风险

市场是不断变化的,廉租房的供求关系也处在不断的变化之中。对于一个城市对廉租房的需求,不仅需要考虑当地居民的人均收入水平,廉租房租金的高低对廉租房市场需求的影响外,还需要考虑与廉租房配套的基础设施建设、城市周边的环境、城市产业结构的演进等因素对市场需求的影响。市场供求关系的变化与发展必定会引起市场的波动,这种波动会使廉租房REITs的实际收益率与预期收益率之间发生偏差。而一旦廉租房的供给大于需求时,廉租房REITs将面临廉租房住房面积积压的问题,最终导致投资者的资金无法收回,预期收益无法实现。这对廉租房REITs进一步的发展是极为不利的。

2. 道德风险

廉租房REITs主要是信托基金管理公司运用中小投资者的资金投资于廉租房的建设与出租,信托基金管理公司对信息掌握着绝对的主动权,这不可避免地将会出现道德风险。结合我国的现实情况,我国尚未对廉租房REITs的推出提出完善的运作模式,也未建立相关的激励与监管机制,这都使得廉租房REITs的道德风险大大增加。而我国的现代企业制度在许多企业中并未真正建立,尤其在运作不规范的中小企业中这类问题更加突出,廉租房REITs投资所获得的利益被这些企业所侵占,而中小投资者的利益无法得到保障。

四、构建廉租房REITs的风险防范制度

(一) 内部风险防范之机制构建

1. 完善廉租房REITs的专项法律法规

在与廉租房REITs相关的法律中,我国目前已出台的法律法规包括《信托法》、《证券法》、《证券投资基金法》等法律以及《信托投资公司房地产信托业务管理暂行办法(征求意见稿)》等办法。这为我国廉租房REITs专项法规的制定提供了良好的法律环境,我国完全可以在这些现有的法律法规的基础上制定出专门针对廉租房REITs的专项法规。廉租房REITs专项法规可以对廉租房REITs设立的

资格条件、收益分配、所有权结构、退出机制等方面做出明确的规定,使廉租房REITs的推出与发展得到法律保障。而对于廉租房REITs的具体运作中出现的法律问题也可以通过专项法规得到及时的解决,将廉租房REITs的风险系数降低到最低值,可以最大限度吸引中小投资者的投资,并为他们创造可观的盈利模式。

2. 建立与规范廉租房REITs的信息披露制度

在廉租房REITs的运作中,信息不对称因素可能阻碍廉租房REITs的发展壮大。受托公司和个人也极可能利用这一点牟取私利,导致投资者的投资积极性大为受挫。披露的信息应该在法律法规规定的媒体上予以发布,其披露的内容应该包括廉租房REITs的资金来源、资金流向、预期收益、收益分配、能说明资金运用状况的报表和相关的业务文件以及其他廉租房REITs在经营过程中出现的重大问题和事项。[5]

建立信息披露制度,实现相关信息的公开化、透明化,做到信息的真实性与完整性,有助于廉租房REITs的信托基金管理公司摆脱廉租房REITs缺乏销售渠道的困境,提高对廉租房REITs的监管,减少信托基金管理公司在相关交易中的不规范运作。而对于有义务提供信息的信托基金管理公司拒绝公开信息,或者提供虚假、片面的信息的,除了投资者有权要求其重新披露信息外,对于情节严重的公司或者个人,投资者还可以要求按规定给予相应的处罚。只有这样,信息披露制度才能得以建立并不断地完善,廉租房REITs投资者的利益才能得到保护。

3. 多方位培养复合专业型人才

廉租房REITs在我国还处在酝酿阶段,而复合专业型人才的稀缺也是廉租房REITs迟迟未推出的重要原因之一。鉴于此,我国可以通过引进国外有经验的REITs管理运作人才加入到廉租房REITs开发的队伍,这样不仅可以带动廉租房REITs的发展,还能带动培养本土的基金和资产管理人才。[6]同时在高等院校中,可以设立廉租房REITs的科研项目,并划拨充足的科研基金,引导高校培养此类专业复合型人才。此外,我国也可以设立REITs的从业资格考试,提高从业人

---

[5] 赵雪凌:"房地产投资信托的风险分析及防范措施研究",《沈阳工程学院学报》2005年第4期。
[6] 李静静、杜静:"保障性住房融资中运用REITs的探讨",《工程管理学报》2011年第2期。

员的业务素质与业务水平,从而带动整个行业的发展。

(二) 外部风险防范之建议

1. 调整和完善现行的法律、法规

一个国家的法律、法规会直接影响廉租房 REITs 的提出与发展,与廉租房 REITs 相关的法律、法规在一些国家已经趋于完善和成熟。而我国与 REITs 的相关的法律对于廉租房 REITs 的推出并没有相应的规定,因此,我国应该借鉴美国、新加坡等国家的经验,并结合我国的实际情况,对相关法律加以完善,为廉租房 REITs 的推出奠定法律基础。

廉租房 REITs 之所以能在世界的许多国家发展起来,其满足条件下可以避免双重征税是其重要原因之一。但是就我国目前的税法而言,尚无针对 REITs 税收优惠的规定。而税法关系到整个国家的税制和经济体系的平衡,因此,在不改变税收体制的前提下,我国可以考虑廉租房 REITs 双重征税的问题,在符合相应条件的情况下,可以减免税收,这有利于吸引中小投资者的投资。

2. 完善廉租房 REITs 在运作过程中的监督机制

之所以廉租房 REITs 存在风险,除了它在我国属于新生的金融产品,无经验可借鉴外,缺少必要的监督也是其迟迟未被推出的原因之一。因此,在廉租房 REITs 的发展过程中可以引入外部监管机构,督促信托基金管理公司公布涉及中小投资者利益的重大信息[7],减少廉租房 REITs 经营中出现违法违规行为。一旦出现违法违规行为应及时公布,根据情节轻重予以处罚,确保廉租房 REITs 的有效运行,推进廉租房的建设。

---

[7] 冯晓明:"我国发展房地产投资信托基金的风险防范探究",《南方金融》2009 年第 7 期。

专题十八　公租房 REITs 的瓶颈与出路[*]

李　智[1]　乔海方[2]

(1. 上海大学，上海　200444；2. 天阳商标事务所，江苏　214000)

目　次

一、理论铺叙：REITs 之法律解析
二、REITs 应用于公租房建设中的可行性
三、瓶颈解构：公租房 REITs 的法律障碍
四、他山之石：美国和我国香港保障性住房 REITs 的经验
五、制度设计：中国公租房 REITs 的走向

摘　要：建设公租房是解决"夹心层"住房问题的一种有效途径。由于我国存在公租房融资难的问题，本文探索在公租房建设中引入 REITs 模式的可行性并分析其存在的法律障碍，通过借鉴美国、香港在保障性住房中运用 REITs 的成功经验，为推进 REITs 在公租房融资中的应用提出相应的对策建议。

关键词：REITs；公租房；法律构建

中图分类号：F293.30　　**文献标识码**：A　　**文章编号**：1008 - 9314(2013)06 - 0054 - 05

---

[*] 本文载于《国家行政学院学报》2013 年第 6 期（政治学类 CSSCI）。
作者简介：李智，女，上海大学法学院教授；乔海方，女，上海大学法学院 2010 级法律硕士，现任江苏长电科技股份有限公司法务。

目前,北京、上海、重庆等地都在进行保障性住房房地产投资信托(REITs)[1]的试点,本文试图借鉴美国、我国香港地区 REITs 的经验,将 REITs 引入公租房建设中,以解决我国公租房建设的资金难题。

一、理论铺叙:REITs 之法律解析

(一) 契约型 REITs 的信托法律关系

契约型 REITs 的法律主体主要有投资者(委托人兼受益人)、受托机构、资产管理机构、资金保管机构。其中包含以下法律行为:1. 受托机构与投资者签订信托契约,并发放受益权凭证;2. 受托机构聘请专业人士管理 REITs 的运作;3. 受托机构委托基金托管人对资金进行运作、执行管理人指令等。这里存在着两个信托法律关系:第一个是投资者与受托机构之间的信托法律关系,第二个是受托机构与资金保管机构之间的信托法律关系。[2]

(二) 公司型 REITs 的信托法律关系

公司型 REITs 的法律主体主要包括公司发起人、投资者、股份有限公司、资产管理机构。涉及四个法律行为:1. 发起人向社会发行股票;2. 投资者购买股票设立专营房地产投资的股份公司;3. 该公司委托专门的资产管理机构进行管理;4. 该公司将获得的营运收益在投资者间进行比例分配。这其中只存在一个信托法律关系,即股份有限公司与专门的房地产管理公司之间的信托法律关系。[3]

二、REITs 应用于公租房建设中的可行性

(一) 公租房的融资困境

1. 地方政府缺乏建设公租房热情

目前公租房的发展政策实行责任制,即省级政府总负责,市县政府具体落实。由此看来,各级地方政府肩负筹资重任,公租房由于社会需求量大、资金回笼周期

---

[1] 美国房地产投资信托联合会(NAREIT)将 REITs 的定义为:REITs 是一种筹集众多投资者的资金用于取得各种收益性房地产或向收益性房地产提供融资的公司或商业信托机构。参见巴曙松、张旭,王森:"廉租房建设融资现状和创新趋势",《国际融资》2006 第 9 期第 40—45 页。
[2] 陈博:《房地产投资信托法律制度研究》[D].上海:复旦大学 2011 年 5 月硕士学位论文,第 15 页。
[3] 陈博:《房地产投资信托法律制度研究》[D].上海:复旦大学 2011 年 5 月硕士学位论文,第 17 页。

较长的原因,导致其收益远远低于商品房建设,这导致地方政府对公租房建设缺乏热情。

2. 缺乏有效融资渠道

从北京、上海、重庆三地来看,由于政府财政资金充裕,以政府投资为主导暂时可以支撑公租房建设的开销,但过度依靠政府的投入是不可持续发展的,而且根据我国 2012 年公租房建设计划,除去目前下发的 660 亿元的补贴,仅仅公租房建设这一项就有 1065 亿元的缺口[4]。

3. 缺乏高效管理的专业机构

从国外公租房融资模式看,要想吸引社会资金进驻公租房的建设,必须依赖专业高效的融资机构。目前国内筹集公租房建设资金主要是通过政府的投融资。但不管是国家住房保障管理部门还是地方政府投融资平台都缺乏专业的融资水平,尤其是作为土地权属主体和筹集公租房建设资金双重主体的地方政府住房保障管理部门,集多种角色于一身,造成融资水平低下,加大了公租房的融资难度。

(二) REITs 运用于公租房建设的优势

1. 拓宽政府公租房建设的融资渠道

截至 2011 年底,对保障性住房的投资,国务院为 1713 亿元,地方财政为 3492 亿元,可以看出,保障性住房融资仍以传统渠道为主,但这些资金相对需求而言只是杯水车薪。如果引入 REITs 融资模式,不仅有效贯通公租房的开发资金链,拓宽政府的融资渠道,而且采用资产池打包可以激活用于公租房的资金。

2. 确保国有资产保值增值

迄今为止,各地政府为了调动开发商建设保障房的积极性,都会给予一些优惠政策。这些优惠政策由于其缺乏透明度,使得开发商从中获得巨大的非公开收入,导致了国有资产的悄然流失。采用 REITs 则是改善这一问题的一剂良药:政府将地方国有资产用于 REITs 融资且规定融资资金仅用于公租房建设。这不仅可以有效抑制潜规则、黑幕等的滋生,还有利于保障政府利益的最大化,甚至可以在公

---

[4] 参见:"公租房资金缺口达千亿盈利模式考验社会资本",中国经营报/2012 年/6 月/4 日/第 C15 版。

众对公租房溢价的范围内使国有资产增值。[5]

3. 开辟投资者投资新渠道

2012年年末,我国公民在金融机构本外币各项存款余额有94.3万亿元,住户存款余额达到41万亿,非金融企业存款余额达34.5万亿[6]。这凸显出以下问题:一是造成消费者信心不足,限制了投资渠道的拓宽;二是就银行系统而言,潜伏着较大的经济风险。而为这些民间资本找到更好出路的方式就是拓宽投资渠道。公租房REITs正好可以引领这些资本进入公共服务领域,为充分利用民间资本提供了解决途径。

三、瓶颈解构:公租房REITs的法律障碍

(一)设立障碍

1. 信托财产登记制度缺失

2001年出台的《信托法》仅在第十条针对信托登记问题作了原则性的规定,对于设立信托的财产,依法应当办理登记手续的,应当依法办理信托登记。可以看出:我国建立操作层面的信托登记制度依然任重而道远。为了确保信托财产管理的便利性及监督的有效性,我国法律可以通过房地产信托登记制度,来严格区分信托财产和其他财产。我国信托登记制度的长期缺失制约了REITs的健康发展。

2. 信托业融资的限制

我国《信托法》规定,信托投资公司发行的信托产品以200份为上限,且每份的价格不得低于5万元。尽管2007年央行颁布的《信托公司集合资金信托计划管理办法》中修改了200份的限制,但仍规定自然人数最多为50人,同时要求他们必须具有较高收入。这些规定不利于开放市场环境,为REITs设定了较高的准入门槛,使得大部分资金实力薄弱的自然人无法参与,从而加大了REITs在证券市场流通的难度。

---

[5] 姚玉:"保障房融资可探索信托投资基金"[N].经济参考报,2011年6月10日。
[6] 参见"中华人民共和国2012年国民经济和社会发展统计公报",来源自http://www.stats.gov.cn/tjgb/ndtjgb/qgndtjgb/t20130221_402874525.htm,最后访问时间:2012年3月5日。

(二) 运行障碍

1. 信托产品公共宣传方面的限制

公租房要更好地融入REITs,凭借的是信托受益凭证的流通性和低廉的流通成本。然而,现行法律对信托产品的公共宣传持否定态度。这将阻碍我国公租房领域通过REITs进行融资的进程,同时会出现信托流通性差、转让效率低的现象。

2. 我国REITs产品较短的存续期

通过房租收入对投资者进行收益分配的权益性REITs,是我国公租房融资普遍采用的形式。房地产信托存续期,我国通常规定在3年以内,而发达国家通常是8到10年。由于公租房在这个期间刚刚完成建设转入运营,没有雄厚的租金支持REITs的产品收益。投资者对这样的公租房REITs也无法产生多大的热情。

3. REITs税收优惠制度缺失

在REITs最为盛行的美国,REITs得以发展的根本原因在于REITs能享受税收优惠。反思我国相关的规定,公租房REITs融资模式中,REITs层面受托机构要缴纳营业税企业所得税、印花税等,投资者的税收负担沉重。显而易见,我国不但没有健全的REITs税收优惠制度,还加重了其负担。因此,我国公租房REITs的发展步履蹒跚。

(三) 风险监管障碍

1. 风险控制方面

公租房REITs在风险控制方面存在两方面问题:其一是信息披露。我国公租房REITs的参与方众多,如果其各自分别独立披露信息,不仅会造成信息的紊乱和失真,也不符合REITs市场的实际需求,法律应当确定信息披露主体并明确各方法律责任。我国以私募形式为主,而该形式下的法律监管采用由房地产公司向监管机构汇报的信息披露形式。这必然导致监管的约束力度不足、投资者的权益不能受到很好的保护。其二是关联交易。这是与公租房REITs产品密切相关的重大关系人之间进行的一种交易。这不仅要解决的是否在公租房REITs中允许关联交易,而且还要解决公租房REITs产品的关系人范围问题。

2. 监管方面

公租房REITs的监管分为内部监管和外部监管两类,内部监管方面存在二方面不足：一是信托投资公司的公司治理机制、操作流程和风险控制机制等方面有待加强；二是法律规范在房地产信托业务风险控制机制方面的欠缺。外部监管问题主要是对监管机构和监管内容的确定等。[7]

四、他山之石：美国和我国香港保障性住房REITs的经验

(一) 美国廉租公寓REITs的经验回顾

1. 完善的REITs法律制度

美国从1960年开始进行REITs的法律规范建设，对其组织结构、经营范围、管理模式、风险监管等方面进行法律限定。随着金融市场的改变，美国政府不断调整REITs的相关法律，每一次的法律规定调整也是为美国REITs开拓新的发展途径。如REITs种类的完善，从权益型、抵押型发展到混合型；REITs管理方式的调整，从只允许外部管理转变为自行选择管理方式；投资主体方面，从一开始主要给个人投资者提供投资渠道到90年后重视引导机构投资者参与；税收优惠方面，放宽对REITs享受税收优惠的限制。

2. 面向廉租房公寓的税收优惠政策

美国为引导REITs上市公司将基金投资于美国廉租房公寓，推出特别的税收优惠政策LIHTC，提高REITs投资保障性住房开发与运营的回报率。首先LIHTC的设计不仅能够每年为参与廉租公寓建设的REITs提供相当于建造成本4%(或9%)的税收返还，而且REITs可以在中介机构的帮助下将这部分税收返还证券化后转让给专业的投资基金，这为廉租公寓的开发建设筹集到相当于总建造成本一半的股权资金。其次LIHTC也让政府对廉租公寓建设的地点、针对人群、租金价格拥有选择权。

3. 对我国公租房REITs的启示

美国早在1960年就诞生了第一只REITs，半世纪的发展，目前全球REITs管理的资产总值超过6050亿美元。我国如果想在公租房建设中引入REITs，就必须要看到美国REITs对我们的帮助。我国在公租房建设中引入REITs，一方面，要

---

[7] 李智："中国房地产投资信托风险规避机制之建构"[J]，《上海大学学报》(社科版)2008年第6期。

重视相关法律规定的建设,只有从法律的层面上清晰界定出 REITs 的具体制度,针对公租房 REITs 投资计划给予特别的税收优惠,才能吸引更多的投资者放心参与到这一建设中来;另一方面,机构投资者的作用不可小觑。这不仅需要酝酿一个适合投资者参与的 REITs 组织结构,而且 REITs 受益凭证价格、个人投资者的认可度、市场透明度等方面也因投资者的参与而受益匪浅。

(二) 香港地区公租房 REITs 的经验扫描

2005 年香港领汇 REITs 上市,成为香港第一只上市的 REITs,该基金的成立目的是为香港公屋建设提供资金保障。

1. REITs 投资物业的多元化

领汇 REITs 投资的房地产物业包括政府名下商业物业和停车场,共计 180 项物业。投资的物业分布位置较为分散,遍布香港大部分地区,但投资的物业都集中在香港公共屯屋附近。领汇 REITs 的投资物业还有一个特点,即旗下投资的主要客户来源为普通消费者。相对于经营非必须品或以游客为主的零售店铺而言,该等物业中商场、停车场的运营,受经济及市场的波动因素影响较小。[8]

2. 成熟的风险信息披露制度

领汇的上市公文中对风险披露的内容进行了长达共计 20 多页的详细规定,共有五大类四十八项风险提示。虽然其中有些披露似乎是泛泛之谈没那么重要,但是总体来说香港领汇 REITs 在风险披露方面比较完备。除此之外,领汇 REITs 将每项风险都进行了详细的分析和阐述。如高度传染疫病、管理人主要行政人员离职、领汇或需要付出巨额费用防止环境污染等事项也被详尽披露。

3. 对我国内地公租房 REITs 的启示

内地公租房的融资瓶颈迟迟没有予以突破,借鉴领汇 REITs,内地可以将公租房小区的商业物业部分打包,向社会资本开放,那么内地公租房建设利用 REITs 募集资金便可大有作为。风险识别和信息披露是公租房监管中的重要环节,在这方面,可以学习香港地区对风险识别和信息披露进行较为细致的描述。

---

[8] 付铮铮:"我国廉租房建设建设引入 REITs 融资模式的研究"[D].湖南:湖南大学金融学院 2009 年 5 月硕士学位论文,第 16—17 页。

扩大对风险的理解,而不能囿于政策风险、法律风险等,千万不能如蜻蜓点水般浅尝辄止。

五、制度设计：中国公租房 REITs 的走向

(一)设立机制之构建

1. 建立健全信托登记制度

依照我国《信托法》第十条的规定,建立健全信托登记制度,为我国公租房运用 REITs 进行融资提供规范的运作环境。在此建议公租房以信托财产的形式向住房和城乡建设主管部门办理房屋信托登记,主要包括公租房信托资产的设立、变更转让和消灭等。

2. 放宽对 REITs 的融资限制

2007 年银监会颁布了《信托公司管理办法》、《信托公司集合资金信托计划管理办法》等有关信托的规定,取消了之前信托公司 200 份合同份数的限制,同时规定了单个集合资金信托计划的自然人投资者最多为 50 人,这些规定的出台自然也就提高了自然人投资者的准入门槛。本文建议采取公募发行公租房 REITs 的项目,取消对自然人的融资限制,如此这般,更加吸引自然人的投资目光,也激发了自然人参与公租房建设的热情。

3. 丰富证券的法律种类

如果要在我国公租房建设中适用 REITs 融资,首要条件就是要丰富国内证券种类,将 REITs 作为一种证券类型,允许其上市流通,与国际采取相一致的做法。从目前我国出台的有关 REITs 的建议稿或征求意见稿来看,不同的法律规范对 REITs"受益凭证"有着不同的命名,这样不能体现立法的一致性和严谨性,因此,应对 REITs 发行的受益凭证统一命名。

(二)运行机制之构建

1. 允许信托产品公开宣传

REITs 产品优势之一就在于它能够吸引较多的投资者进行资金的募集。我国现行的法律规定信托凭证可自由转让,然对信托产品的公开宣传却持否定态度。这一点大大降低了投资者对 REITs 产品的认知度。本文建议应该修改相关法律,

允许特定类型的信托产品(包括REITs产品在内)进行公开宣传,以此提高REITs产品流通的广度和效率。

2. 延长公租房REITs存续期

我国公租房建设处于起步阶段,周围没有相应的物业配套设施,物业基础不乐观。因为公租房投资具有相对稳定的租金收入,所以这类经营性项目得到投资者的青睐。公租房正常情况下要经营2—3年,租金才能稳步上升至市场租金的80%,并保证租客率,从而使公租房REITs投资者的收益率保持在一个稳定较高的数字上。因此我国再用REITs进行公租房融资时,应当延长其REITs的存续期,可设定5至10年,且不得低于5年。

3. 亟待完善的REITs税收体系

其一,公租房属于保障性安居工程,本身就是国家政策大力支持的项目,在税收方面给予了一定的税收优惠,但只有短期的执行期限,在此建议国家法律对有关公租房的税收支持延长执行期间,给予10—15年的确定执行期限。其二,借鉴美国的经验,通过税收补贴抵免公租房REITs纳税额的方式吸引民间资金的参与,即政府将用于公租房的补贴以税收抵免的方式返还给公租房REITs,该税收抵免额从公租房REITs应缴纳的税额中直接扣除。这种方式可以提高REITs的收益率,使其风险收益水平合理化,从而吸引更多的投资者进入公租房建设,取代政府担当最终的投资主体。税收抵免的金额取决于公租房REITs提供给被保障对象的租金金额、租客入住率以及房地产建设开发成本。其三,公租房REITs用于收益分配的收入所要缴纳的企业所得税应该以投资者为纳税义务人,按照各自所得的收益分配额缴纳企业所得税和个人所得税。

(三) 风险监管机制之构建

公租房REITs作为一种融资上资,在给投资者带来收益的同时,也存在着各种风险,由于政府在其设立、运行、发行中都充当一定的角色,其风险相对于其他金融投资方式而言较小,但从投资者的利益角度来看,必须要建立一定的风险监管机制。

1. 关于信息披露

为了保障投资者的权益,要求信托公司披露重大事件的同时,信息披露可以由一个中立的第三方来完成。法律应对披露的内容进行明确的规定,制定专门统一的信息披露准则,并对披露不尽和披露失实等相关行为人严格追究其法律责任。此外为了使信息披露的监管能够更加公开、透明,还可以设立相关"委托人、受益人监督委员会",以便定期对信息披露进行核查。

2. 明确关联交易的范围

国际上对关联交易的规定一般采取两种态度。一种以日本为代表,禁止关联交易。一种以中国香港为代表,允许经过认可的关联交易。我国可以允许一定范围的关联交易,但是这种关联交易至少要经过信托持有量70%以上的信托单位持有人的许可,同时及时披露关联交易的内容。

3. 完善信托公司内部风险监控机制

首先,要求从事公租房REITs的信托投资公司要有完善的公司治理结构和操作流程。例如在公司治理方面可以聘请专家和相关咨询顾问,引入独立董事制度。而在操作流程上对信托计划进行可行性分析,确保操作流程的严肃性和独立性,并解除相关行政干预的影响。其次,要建立健全房地产信托业务风险控制机制,以防范可能存在的市场风险、操作风险和信托财产管理等风险。在公租房REITs中尤其要重视信托财产管理风险,可设立公租房租金专用账户。

4. 确立REITs的监管机构和监管内容

我国公租房REITs外部监管建议采取联合监管制度,即银监会、证监会、证券交易所、行业协会联合监管体系。第一层次,在REITs成立后、上市前的监管机构由银监会来担任,其监管内容主要包括信托公司与基金公司REITs业务的准入、对REITs业务的日常监管和违规处罚。第二层次,REITs上市后无论是采取私募还是公募,证监会和证券交易所要共同行使监管职责。证监会的监管内容包括:(1)REITs受益凭证的发行、上市、交易、托管和结算事项。(2)审批REITs资金托管机构的资格并监管其资金托管业务。(3)严格依法对REITs上市的违法违规行为进行调查、处罚。证券交易所的监管内容:(1)实时监控REITs受益凭证的交易行为。(2)对REITs信息披露义务人披露信息的过程进行监管,督促其依法及时、准确有效地披露信息。(3)配合并辅助银监会对REITs受托机构的经营活动进行监管。第三层次,REITs成立到终止实行行业自律监管。这一职责可由中国信托业协会来承担,具体包括:(1)监察推出公租房 REITs 信托计划的受托机构是否遵守国家法律政策;(2)监督 REITs 的从业人员是否具备资格;(3)收集和发布 REITs 行业的统计信息,促进 REITs 行业信息公开化,如采取公募方式发行公租房 REITs 时发布其受益凭证的价格指数。

专题十九　经济适用房 REITs 的路径依赖与法律构建[*]

李　智[1]　彭科科[2]

(1. 上海大学法学院,上海 200444；2. 河南文丰律师事务所
河南 450000)

目　次

一、理念与优势：经济适用房 REITs 在中国的引入
二、可行性与瓶颈：经济适用房 REITs 在中国的入驻
三、源头与启示：经济适用房 REITs 的美国经验
四、框架与设计：中国经济适用房 REITs 的走向

摘　要：我国建立经济适用房 REITs 具有必要性和可行性,但目前存在一定的法律障碍。借鉴美国的经验,我国经济适用房 REITs 可采用较为保守的契约型方式设立,允许公众参与,严格限制信托人和管理人的资格,在运行中完善各项制度,包括受托人遴选制度、收益及分配制度和税费制度等,建立监管制度、受益人大会制度和信息披露制度等以防范风险,并规定退出机制。

关键词：经济适用房；REITs；法律构想

---

[*] 本文载于《中国青年政治学院学报》2014 年第 2 期。
　作者简介：李智,女,上海大学法学院教授,法学博士,主要研究信托法、公司法；彭科科,男,上海大学法学院 2010 级法律硕士,现任河南文丰律师事务所律师。

2013年3月1日,国务院公布了"国五条"实施细则,使得保障性住房成为人们热议的话题,而保障性住房所需要的巨大资金缺口无疑成为困扰各级政府的难题。房地产投资信托(Real Estate Investment Trusts,以下简称(REITs)发端于美国,并日渐成为我国香港及日本等地房地产市场的金融创新工具,适时地在我国经济适用房的建设中引入这种新型融资模式已势在必行。

一、理念与优势：经济适用房 REITs 在中国的引入

(一) REITs 的概念及其特征

REITs 是一种通过向大众投资者发行收益凭证等方式,将筹集的资金交由专门机构管理并运营房地产项目,再将收益按一定比例分配给投资者的信托基金。REITs 具有以下三个特征：第一,高分红和适度成长[1]。美国法律规定,REITs 必须将90%或者更高比例的收入以红利的形式分配给股东。REITs 的期望收益与投资风险在整个资本市场中通常介于债券和股票之间。第二,较高的透明度。美国的 REITs 是公众公司,其财务报表会定期向公众发布,由于受到公众的监督,公司的财务运作高度透明,有效地避免了内幕交易与暗箱操作。第三,较高的流动性与变现性。房地产投资流通性差,遇到急需资金情况,投资者只能降价出售房产。若投资于 REITs,因持有的是股票或受益凭证,其流通性和变现性非常强,投资者在需要资金时随时可在证券市场上进行交易,没有传统房地产脱手难的问题。

(二) REITs 的优势分析

第一,丰厚的投资回报。根据美国《1960年国内税法典》,股东至少能从 REITs 中获得90%以上的股息收入,即使在股票市场变动的情况下也如此。投资房地产的基金年平均收益率一般在6.7%,[2] 而 REITs 投资于各类房地产,其租金收入远远高于这个比例,而且 REITs 在市场低迷时业绩仍优于股票,REITs 已成为诱人的"赌注"。第二,分散的投资风险。REITs 将募集的资金以专业化的管理方式、多元化的投资方略,按区位和种类对房地产进行搭配组合,从而有效分散

---

[1] 参见樊司乔、郭平："基于 REITs 的保障性住房投融资模式创新研究",《集体经济》2011年第6期。
[2] 这种风险小于股票的同时,却远远高于银行存款的收益。

与降低了投资风险[3]。第三,优惠的税收待遇。根据美国相关税收法律,为了鼓励REITs实体的成长,只对REITs返还给股东的现金红利征收个人所得税,免除公司所得税,从而有效避免双重征税。

(三) 我国经济适用房建设中存在的主要问题

1. 社会问题——表象

20世纪末,经济适用房开始在我国出现,低廉的房价使之成为中低收入家庭的首选。然而,因为其缺乏相关法律制度的制约,在高速发展一段时间之后产生了不少社会弊端:摇号过程中的"潜规则",宝马车主现身经适房购买长队,经适房渐变"官适房"。2012年底,郑州"房妹"事件的曝光,引发了公众的高度关注,随后广州"房叔"、"房婶"事件接踵而至。这一系列事件的出现绝非偶然,经济适用房的黑幕显现了冰山一角。

2. 经济因素——原因

目前,我国经济适用房的建设速度比较缓慢,甚至在部分地区已被暂停。政府基于政绩与财政收入的压力,通常在土地供给与建设资金的投入上心有余而力不足;对房地产开发商而言,微薄的利润难以支撑企业的发展;相对而言,经济适用房的价格依然让中低收入者望而却步。

3. 融资困境——根源

按照国务院发展计划,5年内规划建成3600万套保障性住房,这需要近5万亿元投资,资金缺口高达万亿元。面对如此巨大的资金缺口,没有一个金融工具比REITs更适合运作保障房[4]。对于保障性住房,政府制定了一定的税收优惠政策,国投瑞银基金副总经理盛斌认为,这确保了REITs稳定合理的回报率,因此自然能吸引投资者的资金参与。

---

[3] 参见陆却非:《房地产投资信托基金系统性风险研究》,中国科学技术大学2011年5月博士学位论文,第9页。
[4] 参见"REITs再临推出良机",http://finance.chinanews.com/fortune/2012/02-22/3689979.shtml,最后访问日期:2012年12月9日。

（四）经济适用房 REITs 之法律界定

经济适用房 REITs 被界定为一种集中投资于经济适用房项目的基金，它以公司、信托等形式，由各级政府牵头，发行受益凭证，是一种集收购、持有及参与经济适用房类房地产项目为一体的投资组合。

二、可行性与瓶颈：经济适用房 REITs 在中国的入驻

（一）经济适用房 REITs 的可行性分析

第一，巨大的融资需求。国务院发布"国五条"细则之后，住房和城乡建设部规划本年度建设与新开土保障性住房分别为 470 万套、630 万套，预算需要总投资 1.3 万亿，通过各种渠道可筹集 8200 亿，占总资金的 36.9％，尚缺口 4800 亿元。由此可见，现阶段融资模式所能筹集的资金总量远远不能满足建设需求[5]，巨大的资金缺口在所难免。

第二，充足的民间资本。根据中国人民银行 2013 年 1 月份的统计，全国金融机构存款高达 929345.33 亿元，包括个人存款 418617.80 亿元，其中包括大量的闲散资金。这些资金的拥有者迫切需要投资于一种稳定性良好、收益率又比银行存款高的产品，以免资金继续"闲置"。

第三，境内 REITs 市场的跃跃欲试。早在 2005 年，全国工商联住宅产业商会就以提案方式正式提出发展 REITs 基金，建立廉租房体系。该提案的提出，标志着利用 REITs 解决保障性住房融资困难的思路在国内首次出现。2009 年 6 月，国务院批准北京、上海、天津作为 REITs 试点城市。虽然离 REITs 在中国市场的全面施行还有很长的路要走，但中国活跃的房地产市场与 REITs 的结合是必然结果。2012 年 3 月北京市规划发行 REITs 涵盖几个试点项目，其中计划建设、收购保障房 16 万套，现已竣工 7 万套，剔除土地费用，尚需投入资金约 510 亿元，可以预计，此项目的落实将使北京的保障房融资渠道更为顺畅。[6]

---

[5] 参见张彦春、丁传明等："保障性住房 REITs 发展路径研究"，《中南人学学报》（社会科学版）2012 年第 2 期。
[6] 参见李欣鞠："北京保障房 REITs 试点将提交证监会审批"，资料来源：http://www.guandian.cn/article/20120308/118918.html，最后访问日期：2012 年 12 月 18 日。

(二) REITs 嫁接经济适用房的法律障碍

1. 专门 REITs 法律法规的空缺

虽然房地产金融市场对发展 REITs 跃跃欲试,但由于没有相应的法律法规,谁也不能擅自发行 REITs,REITs 在我国只能以试点的形式进行初步探索。虽然《信托公司集合资金信托计划管理办法》(2007)(以下简称《管理办法》)从框架上界定了信托公司集合资金信托业务的经营行为,《证券投资基金法》(2004)从基金活动角度提出了证券投资基金的基本要求,但不论是对 REITs 所应享受的税收优惠,还是对 REITs 的具体运作程序等,都未予以明确。

2. REITs 的引入在现行信托法中的障碍

第一,信托公司的注册要求过高。在我国信托公司注册最低需要实缴 3 亿元人民币,如此高的注册门槛不仅不利于 REITs 在中国的推广,更不利于社会上闲散资金的募集。

第二,信托委托人严格的资格要求。依据《管理办法》,信托委托人不仅要是合格投资者,而且在数量上单个信托计划的自然人人数上限为 50 人。同时,还明确要求"合格投资者"符合下列条件:能自担风险且有民事行为能力的人;自然人、法人或其他组织投资单个信托计划的最低门槛为 100 万元人民币;自然人认购时需提供个人或家庭总资产超过 100 万元的相应证明;自然人最近 3 年年均收入超过 20 万元人民币或夫妻双方最近 3 年合计年收入超过 30 万元人民币,并提供相关证明。这些限制严重阻碍了资产或收入不够标准的个人投资于 REITs。

第三,信托财产登记管理程序的缺失。像不动产一样,信托财产在我国实行登记生效原则,信托未经登记的必须补办,未补办的不生效。《信托法》第二章第十条对此有严格规定,但是在具体实施中,对于 REITs 所涉及的房地产应怎样登记、何时生效,则只是泛泛而谈,一直徘徊在只知原则不知如何具体操作的层面。

第四,信托受益权的转让和流通受限。虽然《信托法》第四十八条规定,受益人的信托受益权在法律规定范围内可以自由转让和继承,《管理办法》第二十九条第一款也规定,在信托计划存续期间允许受益人向合格投资者自由转让其持有的信托份额,但其第二款和第三款又接着规定了禁止自然人作为受益人接受信托受益权的拆分转让,禁止自然人作为受益人从机构获得拆分转让的受益权。同时,我国《信托法》还禁止广告行为进入信托产品领域,如此种种限制制约了信托产品的转让和流通。

3. REITs 的引入在现行房地产法中的障碍

第一,产权登记程序过于复杂。我国房地产普遍实行登记生效原则,繁琐的登记程序虽然能在最大限度上保证房地产各当事人的合法权益,但是也影响了效率,从而增加了不必要的成本,降低了 REITs 的运行效率。第二,对一些新型权利没有与时俱进地作出规定。目前,我国法律法规对房地产仅规定了所有权、使用权、抵押权、租赁权等,但随着金融创新活动的日益频繁,真正意义上的 REITs 即将到来,权利已经有了新形式的改变,这些都呼唤前瞻性规定的出现。第三,某些产权转让规定过于粗略。虽然《物权法》《经济适用住房管理办法》等在总体上对转让进行了规定,但目前具体细则还比较缺乏或者需要补充完善,导致 REITs 在产权转让等方面并无细则可遵循。

4. 税收方面的障碍

对于机构投资者而言,如果其投资收益已经在被投资企业缴纳企业所得税,并且所得税率高于或等于投资企业的所得税率,则该企业不必再缴税,反之,则需要补缴。因此,REITs 在机构投资者缴纳企业所得税方面不存在重复纳税的问题。对于个人投资者来说,虽然企业已经缴纳了企业所得税,但在给个人投资者分配红利的过程中,还要被扣缴 20% 的个人所得税。因此,对于个人投资者而言,存在重复纳税的问题。

三、源头与启示:经济适用房 REITs 的美国经验

(一) 美国的保障房 REITs 及"LIHTC"法案

美国的保障房融资早在 20 世纪 80 年代就开始运用 REITs 了,1986 年美国出台了"低收入家庭住房建设税收抵免制度"("LIHTC"法案),用来解决中低收入家庭的住房困难。在该法案中,如果公司或 REITs 投资的住房达到一定建设标准(此标准指所建住宅必须被 60% 以上的当地普通家庭所接受),则在 10 年内整个

地产造价4%的税费将由政府返还,同时在10年内还将分期返还相应的减免额。LIHTC法案的出台打消了投资者对于开发和投资廉租房利润低的忧虑,大大地提高了投资REITs的热情[7]。

(二)美国保障房REITs所带来的启示

第一,法制改革引领金融变革。REITs的发展需要相关法律法规尤其是税法的完善和健全,甚至可以说美国REITs乃至整个房地产金融市场变革的主导因素是税法的改革,如通过分期返还政策、低收入家庭住房建设税收抵免制度、极具诱惑力的税收优惠等激发REITs的目标投向聚焦在保障性住房建设领域。第二,金融改革推动法制完善。在20世纪中叶及80年代末期,美国的保障性住房建设之路也曾出现过重重的阻碍。当时,社会对保障性住房的需求过大,而法律的规制远不能满足现实的需求。美国政府通过对REITs市场的评估与考量,不断地对税法、证券基金法等相关条文做出了修改与完善。

四、框架与设计:中国经济适用房REITs的走向

(一)经济适用房REITs之设立

第一,关于发行和募集方式。经济适用房REITs可采用较为保守的契约型方式设立,首先由信托投资公司担任经济适用房REITs的受托人,发行信托基金受益凭证来募集资金,时机成熟后可以再尝试用公司型的方式。目前,我国资本市场还不够完善,私募方式本身也存在较大的市场风险和一定的政策风险,这些都极易滋生乱集资现象。因此,为了引导居民储蓄参与长期产业投资,基金的募集方式更宜采用公募方式。这与当前我国居民整体储蓄额巨大而单个数额相对较小的特点相吻合[8]。第二,关于发行对象。目前我国已在北京、上海、天津等多个城市进行REITs的试点工作,这些试点的发行对象仅仅是部分机构,而不对公众开放。经济适用房REITs需要从立法上允许公众参与投资经济适用房,最大化利用社会闲散资金。第三,关于信托人与管理人。应在法律上对REITs产品的信托人与管理人

---

[7] 参见楼建波、陈莹:"保障性住房建设可鉴美国",资料来源:http://business.sohu.com/20120408/n340017471.shtml,最后访问日期:2012年12月28日。
[8] 参见王新:"我国房地产投资信托基金的模式研究",《住宅产业》2009年第8期。

的资格进行严格限制,不仅规定信托人与管理人的职责与任职条件、专业能力,还应明确信托人与管理人的责任与义务等,以确保投资者的利益。第四,关于发行经济适用房 REITs 产品的基本要求,应确定可预见的投资回报率、投资的渠道与比例限制、分红的原则等,"这些要求将控制 REITs 的运作风险与保证投资者能取得合理的回报"[9]。

(二) 经济适用房 REITs 之运行

1. 经济适用房 REITs 的主要参与者

信托基金的主要参与者为投资者(包括政府)、委托人(即基金发起人)、受托人(即信托公司)、资产管理人(代表信托公司在授权范围内运营经济适用房 REITs 产品)和受益人(一般为投资者本身,一定条件下也可以为第三人)[10]。

2. 受托人资格遴选制度

依据《信托法》第 24 条的规定,合格的受托人首先是完整的法人和具有完全民事行为能力的自然人。为满足经济适用房 REITs 的高盈利水平和透明度要求,以及较高的增值需要,受托人必须具有信托执业资格、房地产专业知识和运营管理能力。不仅如此,法律还应对受托人的选任标准、选任程序、合格受托人的标准以及选任结果公示等方面予以明确规定。

3. 收益及分配制度

在税收优惠和财政补贴的基础上,受益人还将获得信托财产所得各项收入 90% 以上的收益,这些收益扣除成本、费用及相关税、费等支出之后,按照出资比例进行分配。

4. 税费制度

第一,避免重复征税。REITs 产品的一大特征就是免税性,但按照我国目前的税法,REITs 的投资者们将不得不缴纳双重税收,即个人所得税和公司所得税,因此为了发挥 REITs 的独特优势,应该对公司所得税予以全免。当然,享受这种税收优惠也不是无条件的,可借鉴美国的做法作出如下规定:"第一,受益凭证持有

---

[9] 沈田丰、韩灵丽:"中国房地产市场引进 REITs 的制度障碍与创新",《财经丛论》2011 年第 4 期。
[10] 参见张彦春、丁传明等:"保障性住房 REITs 发展路径研究",《中南大学学报》(社会科学版),2012 年第 2 期。

者在100个以上;第二,每年盈利的95%以上必须分发给REITs股份的持有人;第三,每年盈利的75%以上必须来自房地产相关的收益;第四,75%以上的资产要投资在政府公债、房地产担保债券等低风险债券领域。"REITs须同时满足以上四个条件方可避免双重征税[11]。

第二,建立中国式"LIHTC"制度。该制度可以规定,一方面,既可以将税收抵免额度分配给开发者,使之用于抵免税收,或用来出售、抵押给投资者以换取资金,又可以将税收抵免额度分配给投资者,使之用于抵免纳税;另一方面,任何公司或REITs投资的住房只要符合一定的建设标准,政府就会在10年内分期返还占整个地产造价一定比例的税费。这种建设标准具体是指所建住宅要能被大部分当地普通家庭所接纳。

第三,经济适用房、REITs二者的税收优惠并存。二者的税收优惠双管齐下,同时发挥二者的税收优势,在符合市场规律的前提下最大限度地给予经济适用房REITs以税收优惠,对于保障房建设、REITs的发展乃至整个房地产金融市场都是一股强劲的推力。

(三) 经济适用房REITs之风险防范

第一,建立完整的监管框架。央行、证监会、银监会、税务总局、证券交易所、房地产管理机构、住房保障机构等各司其职,并且它们之间应相互配合与协调,建立一个完整的监管体系。这些都要求《公司法》、《证券法》、《房地产法》、《信托法》等一系列法律相关内容的不断跟进与完善。

第二,确立受益人大会制度。受益人大会类似于股东大会,会议对基金管理和运作的重大事项进行表决,这些事项包括撤换受托人、改变投资策略、增发新受益证券、终止基金等。将受益人大会制度引入经济适用房信托基金中,可以确保投资者合法权益的实现。受益人大会应明确信托基金各方当事人的权利和义务,规范信托财产的管理和运作,并建立严密的风险防范制度。

第三,建立严格的信息披露制度。经济适用房REITs应建立严格的信息披露

---

[11] 参见陈浩铭:《我国房地产投资信托基金问题研究》,华中师范大学2012年5月硕士学位论文,第29页。

制度，必须在监管机关指定的媒体如网络、报纸、电视等进行信息披露，如实呈现披露的内容。在资本市场上，风险与收益是并存的，很多时候想划清 REITs 的发起人、管理人、投资者与市场监管者之间的责任是困难的，最好的方法就是建立良好的信息披露制度，在此基础上，法律可以实现投资者风险自担。加强监管才是硬道理，这是国际保障性住房 REITs 发展的经验。

第四，明确中介机构的相应法律责任。会计师、律师、保荐人、资产评估师等人才和专业机构在 REITs 的发行与运作中，将提供不可或缺的专业服务，使得 REITs 更具有公信力，这是 REITs 产品能够成功运作与合理防范风险的关键所在。相关的法律法规应该对中介机构做出严格的限制。首先，信托投资公司必须为投资者定期提供中介机构的报告与意见，这也是投资者的权利；其次，由信托财产支付中介机构的报酬，这能有效保证信托机构的中立性；最后，明确规定中介机构违规时应承担的法律责任[12]。

（四）经济适用房 REITs 之退出

1. 退出机制的选择

为维护投资者的合法权益，经济适用房 REITs 应该就其退出事项作出明确的规定。经济适用房 REITs 应当在下列事项发生时予以终止：约定的存续期限届满、破产、法院判决终止、受益人大会决定终止、主管机关决定等。

在出售经济适用房时，结合我国《经济适用住房管理办法》，应该规定购买者满足以下条件：(1)购买者须为低于或接近当地平均收入水平的自然人；(2)购买经济适用房 5 年以后才能上市交易。这样即使经济适用房供不应求，也不会成为投机者敛财的工具。

监管部门可以赋予物业公司以一定的监管权力，可定期或不定期核查经济适用房的实际居住人，当发现不合格的居住人时，应当对其进行举报，由相关监管部门进行核实，一经确认，予以处罚。这"从法律的角度加大惩罚力度，保证经济适用房再以保障性住房进入流通领域"。[13]

---

[12] 参见李雁函：《完善我国房地产投资信托相关法律制度的研究》，西南政法大学 2011 年 5 月硕士学位论文，第 41 页。

[13] 赵秀池："改革经济适用房退出制度"，《北京观察》2013 年第 4 期。

2. 退出的后续事宜

当经济适用房 REITs 发生退出情况后,信托基金公司一方面应该及时通知经济适用房 REITs 持有人,另一方面应当在一定时间内对外发出通告。与此同时,相关的清算组织应对这些财产进行清算,并根据相关规定报相关管理部门进行备案,使退出的后续事宜得以完善。

第四编　新型信托法律制度研究

专题二十　家族信托法律问题探析

专题二十　家族信托法律问题探析[*]

李　智[1]　王　琼[2]

(1. 上海大学法学院,上海　200444;2. 建设银行上海市分行,上海　200000)

目　次

一、打破"魔咒":家族信托之兴起

二、发展与缺憾:我国家族信托之现状与窘境

三、回荡与探索:英美家族信托之发展与启示

四、且行且完善:我国家族信托法律问题之思考

内容提要:我国一直有"富不过三代"的说法,家族财富的传承成为困扰人们的难题。家族信托通过信托机构代为管理财富,以实现财富传承的目的,具有财产的保护隔离、专业理财等优势。我国现行《信托法》颁布施行已经有十余年,本文主要探讨我国现行法律规定存在的问题,在考察英美国家的家族信托法律制度基础上,提出完善我国家族信托法律问题的建议。

关键词:家族信托;信托财产;信托登记

"富不过三代"的说法流传至今,像"魔咒"一般使很多家族应验。如何才能打破魔咒,实现家族财富的基业常青?在欧美国家越来越多的富人把"家族信托"当

---

[*] 本文载于《2014年中国商法年刊》,法律出版社2014年版,第487—493页。

作者简介:李智(1968—),女,法学博士,上海大学法学院教授。王琼(1991—),女,上海大学法学院民商法2013级法学硕士,现任职于建设银行上海市分行。

作传承家族财富的重要方式。例如：洛克菲勒家族、肯尼迪家族、班克罗夫特家族等全球资产大亨都通过家族信托来管理家族财产,以保障子孙的收益及对资产的集中管理。[1]家族信托是指由信托机构受个人或家族委托,代为管理家庭财产的财产管理方式。随着平安信托发售国内首款家族信托产品[2],家族信托的发展前景广阔,我国《信托法》颁布于2001年,距今已有十几年,由于法律具有滞后性,立法的当时不可能面面俱到,在设立家族信托之时财产所有权的归属、财产登记制度、受托人的权利与义务平衡等问题仍有待完善。

一、打破"魔咒"：家族信托之兴起

案例一：2012年《胡润女富豪榜》中国女首富、龙湖集团的董事长吴亚军被爆出与丈夫蔡奎离婚的消息,引发公众对龙湖地产股权变动的关注。但是事实证明,龙湖地产并没有出现财富与股权纠纷、企业运营失控等负面效应。原来早在龙湖地产上市以前,吴亚军夫妇就通过汇丰国际信托有限公司,分别建立了吴氏家族信托和蔡式家族信托,受益对象为各自的家族成员,到2009年龙湖地产上市时,吴亚军夫妇的股份只是使用权合一,所有权已经分离。[3]家族信托的设立成为龙湖集团企业财产保护的防火墙,主要负责人婚姻家庭的变动并没有实质性影响到企业的发展。

案例二：美国家喻户晓的洛克菲勒家族被称为"富过六代的家族",到21世纪,洛克菲勒家族已经发展到第六代了,如今依然是美国最富有的家族。洛克菲勒家族财富传承的秘密正是因为设立了家族信托,由专门机构负责管理信托财产,保障家族财富的传承。

通过以上的案例我们可以得出：家族信托作为财富传承的重要方式,具有诸多优势。第一,实现财产的保护隔离。通过家族信托的设立,使信托财产独立于企

---

[1] 参见："王菲为女儿置办信托富人为何钟情家族信托",载凤凰财经 http://finance.ifeng.com/a/20131018/10881859_0.shtml,最后访问时间：2014年6月14日。
[2] 参见："平安信托给家族信托设门槛5000万元",载网易财经 http://money.163.com/13/0114/02/8L562H6I00253B0H.html,最后访问时间：2014年6月15日。
[3] 参见："吴亚军：女首富的婚变与商变",载网易财经 http://money.163.com/12/1204/09/8HSE9BAB00253B0H.html,最后访问时间：2014年6月14日。

业和个人,即使在公司破产的情况下,债权人也不可追索至信托财产(信托财产为非法所得的除外);而且在经营人婚姻状况发生重大变化、被迫分家析产的情况下,也不会影响企业的正常经营,如案例一;另外,信托规定的受益人以外的人不能获得收益,这样可以避免委托人逝世以后家族内部出现遗产纠纷。第二,实现专业理财。信托财产由专业人士或者机构负责管理,相当于聘请了专门的理财专家。第三,节税、避税的优势。在美国,遗产税是税率最高的税种,设立家族信托则可以避免高额的遗产税。在英美国家,家族信托设立以后,信托财产的所有权就由委托人转移到受托人,委托人去世时,信托财产因其独立性而不再是遗产,不必缴纳遗产税。在我国,随着新《中华人民共和国遗产税草案》[4]的出台,征收遗产税也引发热议,如果将来出台遗产税,税收筹划将成为现实需要。

二、发展与缺罅:我国家族信托之现状与窘境

信托最早产生于11世纪的英国,最初是为了规避当时附属于土地所有权的繁重负担。信托被称为是英国人对法学领域做出的最大贡献,是"普通法皇冠上的宝石"[5],虽然历经时代的变迁,依然熠熠生辉。1979年我国国际信托公司成立,正式引入信托制度。我国2001年通过的《信托法》并没有明确规定家族信托,随着我国高净值客户的增加以及"富一代"家族财富传承的需要,2012年平安信托发售首款信托产品以后,其他信托公司、私人银行和第三方理财机构纷纷尝试,故有人称2013年为"我国家族信托元年"。[6]上海自贸区的建立也为我国家族信托的发展提供了新契机,自贸区为国内信托法律体系与国外信托法律体系接轨提供了机会。不可否认的是由于我国信托起步较晚,信托立法的滞后,家族信托的发展仍面临若干法律问题亟待解决。

---

[4] 2004年9月21日,首次公开刊登了《遗产税暂行条例(草案)》,2010年8月新出《草案》,对其中部分内容作了修订,并且添加了新的内容。
[5] 何宝玉:《英国信托法原理与判例》,法律出版社2001年版,第1页。
[6] 方丽:"家族信托元年骨子里的中国",载《证券时报》2013年11月25日。

(一) 我国家族信托的发展现状

1. 鸿承世家——国内首款家族信托

根据招商银行与贝恩公司联合发布的《2013 中国私人财富报告》,我国许多高净值人士(富人)更加关注财富保障与财富传承。调研显示,约有三分之一的高净值人士已经开始考虑财富传承,在超高净值人士中比例升至二分之一。在诸多金融产品中,家族信托的需求率位于首位,提及率接近 40%,并且有超过 15% 的受访超高净值人士已经开始尝试接触家族信托。[7]

2012 年下半年平安信托发售国内首款信托产品,"该产品为家族财富传承系列信托产品——平安财富·鸿承世家系列单一万全资金信托。"[8]该家族信托产品总额度为 5000 万元,合同期为 50 年,客户是一位年过 40 岁的企业家。根据约定,信托财产由信托委托人和受托人平安信托共同管理。委托人可以指定继承人为受益人来实现财产继承,收益分配方案根据委托人的要求来执行。受托人出于保护客户隐私的需要,并没有更详细公布该款家族信托产品的信息。

目前,除了平安信托以外,多家银行和金融机构都在积极策划推出家族信托产品。如:招商银行推出了家族信托服务;农业银行也正在积极筹备家族事务所;上海信托宣布将着手为中国的企业家度身定制具有家族特色、家族文化的传承规划;北京信托联手北京银行表示应该把信托制度运用于家族信托,以解决家族财富发展、风险防范的问题。[9]

2. 上海自贸区提供新契机

2013 年上海自由贸易区正式成立,自贸区成为我国深化改革、扩大开放的实验区。自贸区推行新的政策,鼓励利率市场化、金融业对外开放、金融业创新等。种种政策创新将有可能破除限制现有信托公司发展的法律和制度障碍,为信托公司的海外投资、开展跨境资产管理业务等提供积极条件。故有学者提出对信托发

---

[7] 参见:"2013 中国私人财富报告",载 e 财富管理网。http://www.wangcaiwang.com/yanjiu/2013-05-21/5846.html,最后访问时间:2014 年 6 月 15 日。

[8] 参见"平安信托给家族信托设门槛 5000 万元",载网易财经 http://money.163.com/13/0114/02/8L562H6I00253B0H.html,最后访问时间:2014 年 6 月 15 日。

[9] 参见"中国家族信托破冰:平安信托接首单客户为年过 40 企业家",载凤凰网财经 http://finance.ifeng.com/a/20131021/10895831_0.shtml,最后访问时间:2014 年 6 月 15 日。

展的预期:"最快明年(2015)年底将在新加坡、中国香港向国内客户提供全球资产配置。"[10]

目前,我国已经设立家族信托的富豪大多通过境外的信托公司,一方面是因为境外信托公司比较成熟的信托运作模式,另一方面是境外比较健全的信托立法。自贸区的设立为我国信托法的立法与国际接轨提供了契机,通过立法的完善来促进家族信托的发展。

(二) 我国家族信托面临的法律瓶颈

国内首款信托产品的问世、上海自贸区为信托发展提供的新契机等都预示着家族信托的广阔前景,但是前途是光明的,道路是曲折的,我国家族信托发展面临的法律问题成为信托发展的瓶颈,严重限制了家族信托的发展。

1. 信托财产所有权归属问题

信托财产(trust property),亦被称作"trust res"、"trust corpus"等,信托财产所有权归属问题是信托的基本问题。在英美国家,信托财产既具有独立性也具有双重所有权的属性。信托财产的独立性是指当信托设立以后,信托财产的所有权由委托人转移给受托人,受托人取得信托财产法律上的所有权,信托财产就独立于委托人,委托人的债权人对信托财产没有请求权;同时,信托财产也是独立于受托人自己的财产的,受托人的债权人对信托财产亦没有请求权;受益人的债权人也不可追索至信托财产。信托财产的双重所有权是指受托人拥有法律上的所有权,而受益人拥有衡平法上的所有权。有学者称信托财产的双重所有权设计为"魔法设计"[11],充分显示了对信托财产的双重所有权制度的肯定。

信托制度源于英国,我国立法则沿袭了大陆法系国家"一物一权"的认识,《信托法》第二条规定了信托的含义,信托是指委托人基于对受托人的信任,将其财产权委托给受托人,由受托人按委托人的意愿以自己的名义,为受益人的利益或者特定目的,进行管理或者处分的行为。该条表述为"将财产权委托给受托人",即回避了信托财产的所有权是否由委托人转移给受托人。由此导致的问题是"委托"一词

---

[10] 上海国际信托有限公司董事长潘卫东在"国家使命:上海自贸区与金融创新"论坛上提出。
[11] 陈雪萍等著:《信托关系中受托人权利与衡平机制研究》,法律出版社2008年版,第39页。

把信托关系与委托关系混同,而且根据立法信托财产是否独立于委托人也是难以确定的,这与信托财产的独立性是相悖的。

2. 信托财产登记制度的障碍

我国《信托法》第十条规定,设立信托的信托财产,有关法律、行政法规规定应当办理登记手续的,应当依法办理信托登记。未登记的,信托不产生效力。可以看出,本条规定比较笼统和概括,而且把登记作为信托的生效条件是否合理也有待商榷。首先,该条规定的有关法律、行政法规是指物权法还是专门的关于信托登记的立法,并未明晰;其次,对于信托财产未登记,则信托不产生效力的规定,有学者认为,这一规定明显混淆了债权的任意性与物权的公示性,将办理信托登记这一适用于物权公示的规则不当地适用于债权领域内。[12] 最后,由于我国信任体系的不健全,立法规定通过办理信托登记的方式来保证交易的安全性,会造成信托设立效率低下的问题。特别是在家族信托的设立中,委托人会更加注重隐私权的保护,如果强制规定登记以后信托才能生效将大大降低委托人设立家族信托的积极性。综上所述,将信托登记作为家族信托的生效要件是弊大于利的,不利于我国家族信托的发展。

需要说明的是,信托登记是否作为信托生效的要件与是否承认信托财产的所有权转移也是紧密相关的。因为如果承认家族信托设立后信托财产的所有权由委托人转移给受托人,那么只需要办理所有权变更登记,而不必要办理信托登记。

3. 受托人权利与义务分配失衡

受托人是信托法律关系的核心,完善的受托人权利义务规定有利于充分发挥信托法律制度的价值与优势,我国家族信托法律制度的完善也面临受托人权利、义务的问题。我国《信托法》关于受托人的规定一共有十九条,但是大多数为义务性条款,势必会加重受托人的责任,阻碍受托人积极性与能动性的发挥。

我国《信托法》第三十条规定了受托人在有约定或不得已的情况下享有转委托权,但同时又规定了受托人需要对他人处理信托事务的行为承担责任。如此规定,实际上是受托人对转委托承担绝对责任,但是依据美国的相关规定,将受托人转委托的责任限定在谨慎选择与监督代理人的代理行为。类似的规定还有《信托法》第

---

[12] 参见李霞:"遗嘱信托制度论",《政法论丛》2013年第2期。

三十八条规定的受托人的辞任权,该条规定:"经委托人和受益人同意,委托人可以辞任"。委托人选择受托人管理信托财产往往是出于对受托人的信任,一旦失去这种信任,委托人可以解任受托人(《信托法》第二十三条),在出现受托人辞任的事由时,为什么受托人不可以直接提出辞任呢?《信托法》第三十八条的规定事实上是对受托人辞任权的限定。在英美国家,受托人的辞任权是当事人之间的意定权利之一[13],在出现受托人辞任的事由时,受托人只要通知委托人、受益人并安排好信托事务即可。总的来说,我国《信托法》更多规定了受托人的义务,对受托人权利的规定则相对较少。

三、回荡与探索:英美家族信托之发展与启示

(一) 英美国家家族信托制度的源起及发展

1. 家族信托制度的源起

提到家族信托就不得不提起信托制度,家族信托就是在信托的基础上发展和完善的。近现代意义的信托肇始于中世纪的英国的用益(uses)[14],用益与信托有着剪不断的联系,甚至在一定程度上用益即是信托,只是不同的发展阶段称呼不同而已[15]。当时英国的封建制度对土地所有权附加的负担非常繁重,例如:土地继承时需要向领主缴纳继承金;土地领主有权决定继承人的婚姻;当土地所有权人犯有某种罪行时,土地会被领主占领或没收等。为了逃避这些不合理的规定,人们设法通过将土地所有权转移给别人,自己只保留使用权,以免受土地附属负担的约束,这样就产生了用益。

用益的设计使人们通过所有权和使用权的分离而避免土地所有权的附属负担,而且通过用益,教会可以作为受益人,避开禁止教会拥有土地的法律规定,以表达对宗教的虔诚信仰。但是,用益只是受人们的道德约束,因为并没有以保护此种利益的"令状",这样根据普通法,受益人没有任何权利[16]。因此,有些不诚实的人开始

---

[13] 高凌云:《被误读的信托——信托法原论》,复旦大学出版社2010年版,第270页。
[14] 关于信托的起源,主要存在两种观点:一种观点认为,信托源于罗马法上的遗赠和遗产信托;另一种观点认为,信托源于英国衡平法的用益,我们认为近现代意义的信托是起源于英国的。
[15] 参见高凌云:《被误读的信托——信托法原论》,复旦大学出版社2010年版,第14页。
[16] 勒内·达维德:《当代主要法律体系》,漆竹生译,上海译文出版社1984年版,第330页。

利用用益进行欺诈行为,从普通法法院得不到救济的人们开始向国王或衡平法院请求救济。直到15世纪,衡平法院才受理这些请求。后来,利用用益设计的欺诈愈演愈烈,严重影响了当时社会经济的发展,1536年英国颁布了《用益权法》,企图全面禁止用益权制度。[17] 为了规避该法的适用,英国人又创设了"双层用益",即在一种用益之上再设定一种用益。后来,1643年"Sanbach V. Dalston"一案中[18],确认第二层用益不受《用益权法》的约束,在判决中法官称第二层用益为"Trusts",后来"用益法"被废除,"Use"和"Trust"统一于"Trusts"概念,现代信托制度自此确立。[19]

可以看出的是,信托在产生之初就是为了保全自己的财产,私人信托是英美信托的灵魂。家族信托在美国的应用非常广泛。美国家族信托由来已久,最早出现于19世纪末20世纪初,后来演变为富人财富规划和传承的主要工具。

2. 家族信托制度的发展

随着信托的发展,信托的目的也从实现财产的转移转变为财产转移和财产管理的双重目的,并且将家族财产的管理作为首要目标,此外还有为了达到避免各种税收负担和繁琐的遗产检验程序的目的。在家族信托中,受托人的角色定位也变为实现财产的管理和增值。美国的商事信托异常发达,民事信托也不例外,在诸多民事信托中,家族信托是富人们为实现财富管理和家族财富传承的主要方式。如前文提到的洛克菲勒家族、肯尼迪家族、班克罗夫特家族等全球资产大亨,通过设立家族信托,既可以实现财产的风险隔离又可以保证家族财富的传承。此外,信托的发展使英美国家信托法的成文化趋势更为明显。英国先后颁布了《信托变更法》(1958年)、《受托人投资法》(1961年)和《国家受托人法》(1971年)等等。美国《信托法重述》的出版及再版,成为各州立法和司法的样板。当然,作为判例法国家,判例仍然占有举足轻重的地位。

总的来说,在英美国家信托的历史更久,家族信托制度的发展也更加完善和成熟。众多英美国家的家族信托法律规则值得我们学习和借鉴。

---

[17] 参见柳经纬主编:《信托法》,厦门大学出版社2007年版,第25页。
[18] 参见《牛津法律词典》,光明日报出版社1989年版,第857页。
[19] 参见周小明:《信托制度比较研究》,法律出版社1996年版,第82页。

(二) 英美家族信托制度之相关法律问题

1. 信托财产所有权的归属

信托财产是信托活动和信托关系的核心,与大陆法系不同的是英美法系在立法中对于财产没有绝对所有权的概念,"财产不仅经常不加区分地用来指货币价值的权利客体,而且常用来指人们对财务的权利"。[20] 在英美法中,动产、不动产,有形财产、无形财产,甚至法律上的权利都可以作为信托财产。对于家族信托来说,关于信托财产并没有特殊的限制。

信托财产的"双重所有权"植根于普通法与衡平法的长期对峙中,成为英美信托制度的基础。如英国信托法认为,根据一项信托,一旦信托财产转移给受托人,则应当推定该项财产完全属于受托人。这种双重所有权原则使受托人享有普通法上的所有权,受益人享有衡平法上的所有权,即所有权的管理属性与利益属性相分离。在家族信托设立以后,委托人对信托财产的所有权就转移给受托人,受托人以自己的名义管理信托财产;受益人拥有实质上的所有权,信托财产所生利益归属于受益人,这样家族信托就可以实现受益人利益最大化的目的。

2. 信托财产登记制度

在英美国家,信托立法中并没有信托公示制度的规定,这也成为大陆法系与英美法系的信托立法重要的差异之一。因为在英美国家信托的设立更为灵活,甚至英美法还承认宣言信托,即委托人对外宣布自己为受托人,那么信托就成立,无需转移信托财产的所有权。这样,英美国家的家族信托的设立中更好地保护了委托人的隐私,信托的设立不仅不需要公示,而且还可以秘密设立,信托的对抗效力也不需要通过公示来实现。

在大陆法系国家,日本、韩国和我国台湾地区的信托法均采用登记对抗主义。也就是说,法律规定需要登记的信托财产,如果在设立时并没有履行登记,那么该信托不得不对抗第三人,无论第三人是善意还是恶意。

3. 受托人的权利与义务

英美信托立法十分重视受托人的权利,例如英国《受托人法》第二章非常详尽

---

[20] 钟瑞栋等:《信托法》,厦门大学出版社2007年版,第145页。

具体地列举了受托人享有的信托权利。具体包括：第一，受托人所具有的管理处分信托财产的权利。家族信托设立以后，委托人便不再干涉信托财产的运作，受托人可以充分发挥其自主性，实现财产的保值增值。第二，受托人投资的权利。例如美国信托立法中规定，在不违背谨慎投资人标准的前提下，受托人可以自主作出投资决定。英国的《受托人法》也明确规定，受托人如同信托财产的完全所有人一样，可以做任何投资。第三，收取报酬的权利。虽然在信托出现之初，受托人往往是无偿的，随着经济和社会的发展，营业信托开始出现，各国立法逐渐确认了受托人收取报酬的权利。

为了防止受托人权利的滥用，保障信托活动的顺利进行，立法也明确规定了受托人的义务。第一，遵照信托文件的义务。信托文件是受托人行为的主要依据，如宪法般是双方都必须遵守的。第二，忠实和谨慎的义务。受托人必须为实现受益人的最大利益处理信托事务，故自我交易是被禁止的。谨慎义务要求受托人在处理信托财产时负有运用通常谨慎的人处理自己财产时应有的谨慎和技巧。有偿受托人的注意标准通常要高于无偿受托人。

总的来说，英美信托立法对受托人的权利和义务的规定比较具体和完善，通过法律的规定实现受托人与受益人权利义务的均衡，从而保证家族信托的顺利进行。

四、且行且完善：我国家族信托法律问题之思考

（一）明确信托财产所有权的归属

我国《信托法》第二条规定的信托的含义，用"委托"一词回避了信托财产所有权的转移问题。家族信托往往被称为"埋在坟墓里的手"，试想如果信托财产的所有权没有转移给受托人，在委托人离世的情况下信托财产岂不是要作为遗产来分配？这显然是荒谬的。因为信托财产在信托设立以后即具有独立性。只有承认信托财产所有权的转移才能在法理上说得通，真正赋予受托人以自己的名义管理信托财产的权利，保障家族信托的顺利进行，实现财富管理与传承的目的。

（二）完善信托财产登记制度

在信托登记的效力方面，我国 2000 年的《信托法（草案）》采用信托登记对抗主

义,在草案第十八条规定:"委托人以法律规定应登记的财产进行信托的,应当向有关登记机关办理信托登记。未登记的,信托不得对抗第三人。"但是,在正式颁布的《信托法》采用的是登记生效主义。

采用信托登记生效主义,则意味着登记是信托发生法律效力的必备要件,如果没有履行信托登记则信托不能产生法律上的效力,造成的结果是已成立的信托除不能对抗第三人之外也不能约束信托当事人。但是如果采用信托登记对抗主义,即使信托财产没有登记,信托也可以成立并生效,没有履行登记仅仅不具有对抗第三人效力,只是对当事人是具有约束力的。所以,笔者认为我国信托财产登记制度可以参照日本、韩国和我国台湾地区关于信托登记的立法,将我国《信托法》第十条第二款修改为:"未办理信托登记的,不得对抗第三人。"增加一款:"以有价证券作为信托财产设立信托的,应当在证券上或权利证书上载明为信托财产,否则不得对抗第三人。"

(三) 均衡受托人的权利与义务

家族信托目的的实现依赖于受托人的信托管理行为,均衡受托人的权利与义务是十分必要的。如果赋予受托人过多的权利,则有可能导致受托人权利的滥用,造成对受益人权利的侵害;反之,过多地限制受托人的权利,则会束缚受托人的行为,不利于信托财产的管理。英美国家的信托立法较为合理地分配了受托人的权利义务,在不违反信托目的的前提下,受托人以自己的名义管理、处分信托财产,同时明确规定受托人的义务,这样既保证信托的安全性又实现了信托的效率性。

我国《信托法》更多地规定了受托人的义务,受托人的权利性规定则很少,这使得受托人的负担太重,不利于鼓励受托人接受任命。对此,可以借鉴英美国家关于受托人权利义务的规定,适当强化受托人的权利,同时明确规定受托人的义务,从而使受托人对信托财产的高效、能动的管理,实现信托保值增值的目标。

信托作为历史发展的产物,根植于英美国家,于我国来说,信托是"舶来品",但是随着我们经济社会的发展以及人们思想观念的转变,家族信托的前景广阔。在我国信托业发展的过程中需要法律制度的完善来保驾护航,要知道"行走于自由和良心之间的信托不仅仅属于盎格鲁·撒克逊的民族"。[21]

---

[21] 周勤:《信托的发端与展开》,知识产权出版社2013年版,第277页。

图书在版编目(CIP)数据

商事主体与商事信托法律制度研究/李智等著. —上海：上海三联书店，2016.11
(上大法学文库)
ISBN 978-7-5426-5596-7

Ⅰ.①商… Ⅱ.①李… Ⅲ.①信托法－研究－中国 Ⅳ.①D922.282.4

中国版本图书馆 CIP 数据核字(2016)第 114727 号

商事主体与商事信托法律制度研究

著　者 / 李　智等

责任编辑 / 王笑红　郑秀艳
装帧设计 / 汪要军
监　制 / 李　敏
责任校对 / 张大伟

出版发行 / 上海三联书店
　　　　　(201199)中国上海市都市路 4855 号 2 座 10 楼
网　　址 / www.sjpc1932.com
邮购电话 / 021-22895557
印　　刷 / 上海惠敦印务科技有限公司

版　次 / 2016 年 11 月第 1 版
印　次 / 2016 年 11 月第 1 次印刷
开　本 / 710×1000　1/16
字　数 / 250 千字
印　张 / 17
书　号 / ISBN 978-7-5426-5596-7/D·326
定　价 / 45.00 元

敬启读者，如发现本书有印装质量问题，请与印刷厂联系 021-56475597